◇導入対話◇
による

商法講義（総則・商行為法）

〔第2版〕

中島史雄　　末永敏和　　西尾幸夫
伊勢田道仁　黒田清彦　　武知政芳

不磨書房

―――〔執筆分担〕―――

中島 史雄	（金沢大学教授）	第1章～第3章
末永 敏和	（大阪大学教授）	第4章～第6章
西尾 幸夫	（関西学院大学教授）	第7章～第9章
伊勢田 道仁	（金沢大学教授）	第10章～第12章
黒田 清彦	（南山大学教授）	第13章～第15章
武知 政芳	（専修大学教授）	第16章～第18章

―――〔執筆順〕―――

第2版はしがき

　本書の初版発行後4年半の間に，いくつかの関連法分野で重要な法改正がなされた。主要なものをあげれば，なんといってもダイナミックな会社法の改正が注目される。とりわけ2001年6月から2002年5月にかけて4度にわたり行われた，企業金融や企業統治の分野に関する重要な商法改正事項について，関連箇所で言及した。

　民法では，2000年4月1日から成年後見制度が創設され，自然人の営業能力に関連して，これにも言及した。

　さらに，2001年4月1日から消費者契約法が施行され，また同年6月1日から訪問販売法が新たに特定商取引法と改称して施行されたので，「第10章　消費者売買」を大幅に改訂した。

　この第2版においては，これらの改正を織り込むとともに，最近の重要判例も補充し，また参考文献も，版を改められたものについては最新のものを表示するなど，一層の充実を心掛けた。

　　2003年3月

執筆者を代表して
中　島　史　雄

はしがき

　本書は，不磨書房の企画による「導入対話シリーズ」のうち，商法講義シリーズの第一冊である。その内容は，書名のとおり，商法の総論部分にあたる商法総則と企業取引活動法としての商行為法の領域を対象とする最新のテキストである。本書の目的，ねらい（目標）および学習方法については，「本シリーズの特色」および「本シリーズでの学習方法」においてガイダンスしているので必ず一読されたい。

　商法の分野では，会社法は景気の変動や経済活動のボーダレス化に伴う資金調達の需要や会社役員の不祥事の発生に対応して頻繁に改正がおこなわれているが，総則・商行為・海商の分野は，総則における1962年の商業帳簿の改正および船荷証券統一条約と船主責任制限条約を採り入れた国際海上物品運送法（1957年）および船舶所有者等の責任の制限に関する法律（1975年）の制定を除き，旧態依然たる現実離れした100年来の規定のまま推移しており，その抜本的な現代化が最大の立法課題といえるが，あまりにも大事業に過ぎ早急な実現を期待するよしもない。それゆえ，通説・多数説による従来の標準的教科書で概説的に自習する場合，ともすれば商法ぎらいを育てかねない傾向なきにしもあらずといえた。そこで，最近フローチャートや図表を多用して関心をそそる試みもなされている。もとより，そのような学習書の効用も否定するものではないが，体系的・論理的思考能力の涵養という点では物足りなさを感じないわけにはいかない。

　本書では，オーソドックスな体裁をとりながら，「導入対話」をまず重視した。授業において講義を聴く場合の予習や自学自習に応じられるようその章節のみならず，民法や他の商法分野との関係まで，学生と教師の対話形式で，できるだけ分かり易く学習目標がもてるよう配慮した。

　次いで，「基本講義」に入り，ここでは通説や確定判決を中心に基礎知識が体系的に習得できるよう簡潔な解説がなされている。六法の条文を参照しなが

ら通読していただきたいところである。

　さらに、「展開講義」において、基本講義で十分に説明しえなかった歴史的・体系的必須知識や学説に対立が見られる重要な論点や重要判例等を取り上げている。学説や判例の論争点については、簡潔に各説の結論に至る論理構成を示し、端的な理由を付して自説を述べている場合も少なくない。ここでは、注目される参考文献を引用しているので、それを手掛りとして一層深く研究していただければ幸いである。重要判例はほとんど網羅しており、巻末に判例索引も掲載しているので、判例解説書でさらに詳しく自習するのも一法である。この「展開講義」は、司法試験や公認会計士試験さらには大学院の入学試験等において近時、商法総則や商行為法から時折出題される傾向が増加していることをも踏まえて工夫してあることを付言しておきたい。他方、「代理商」については、商法総則の章立てに従い「商業使用人」の後に位置づける類書と異なって、第13章「仲立営業」の前章に置いて第14章「問屋営業」とともに仲介業全体を理解し易くすることを試みるとともに、第10章「消費者売買」の章を設けたり、第12章「代理商」において特約店契約やフランチャイズ契約を、また第14章「問屋営業」で最近の証券取引も取り上げるなど現代型取引も解説している。類書の多い分野にあって、以上のような特色をもった本書が一定の存在意義を有することになれば望外の喜びとするところである。

　本書は六名の共同執筆になっており、できるかぎり統一に留意したが、思わぬ措辞その他に若干不統一な点があるかもしれないが、講義の経験を積むとともに読者の教示をいただきながら、より充実したものにしていきたいと念じている。

　最後に、原稿の督促や整理に一方ならないお世話をいただいた不磨書房の稲葉文彦氏に心からお礼を申し上げたい。

　　　1999年9月

　　　　　　　　　　　　　　　　　　　　　　　執筆者を代表して
　　　　　　　　　　　　　　　　　　　　　　　　　中島　史雄

本シリーズの特色

(1)【導入対話】
　学習の《入口》である導入部分に工夫をこらしました。学習に入りやすい"導入対話"です。通常その項目で最初にいだくかもしれない「疑問」を先取りして，学ぶ者と教師との対話により，学習目標を明らかにしようとしています。いわば，《学習のポイント・予備知識》です。学習の入口となるものですから，必ずここから読み始めてください。

(2)【基本講義】
　基礎的・標準的な"基本講義"です。通常の講義で語られる《基礎的なツールを，スタンダード》に，条文の解釈を中心にしながら解説し，筆者の自説を「押し売り」することをできるだけ避けているはずです。この部分は必ず，『六法』の条文を参照しながら読んでください。授業では，講義を聞きながら，いわば《講義ノート》の役割をはたします。

(3)【展開講義】
　基本講義を抽象的に理解するだけでなく，実践的に・具体的にしかも現代的に《重要問題について展開》しています。基本講義を一通り理解し，より深い学習をしたい方は，これだけを抜き読みすることも一つの方法です。また，ゼミナールなどでの学習にも，使いやすく効果的です。

本シリーズでの学習方法

　本シリーズの効果的な学習方法を提案してみましょう。
　法律の勉強に限らず，どんな勉強でも，1回で分かることはないでしょう。最低2回以上は同じ本を読んで理解を深める必要があります。そこで，
　① 1回目は，【導入対話】とそれに続く【基本講義】のみを読んでみる。
　② 2回目は，【導入対話】→【基本講義】→【展開講義】と，全体を一通り読んでみてください。
　　《その際，できれば目次をコピーして，今自分がどのあたりを読んでいるかを確かめながら進むことも大切です。地図をたよりに，どこか知らない観光地に旅しているような気分になるでしょう。》
　③ 3回目は，目次を見ながら，書かれてあった事柄が思い出せないところ，不確かなところをもう一度読んでみるといいでしょう。

　このような順序をふまえながら，学習進度に応じて読み進むことにより，確かな実力を得ることができるように工夫されています。

目　次

第2版はしがき
はしがき
本シリーズの特色・学習方法

第1章　商法総論
1　商法の意義 …………………………………………………………3
　◆ 導入対話 ◆
　1.1　形式的意義における商法 …………………………………4
　1.2　実質的意義における商法 …………………………………5
　1.3　形式的意義における商法と実質的意義における商法の関係…………6
【展開講義　1】　形式的意義における商法の歴史（外国）………………6
【展開講義　2】　形式的意義における商法の歴史（日本）………………7
【展開講義　3】　実質的意義における商法＝企業法説にいたる学説の
　　　　　　　　系譜 …………………………………………………8
2　商法の特色 ………………………………………………………9
　◆ 導入対話 ◆
　2.1　企業の取引活動に関する商法の特色 ……………………10
　2.2　企業の組織に関する商法の特色 …………………………12
【展開講義　4】　商法の発展傾向上の特色 …………………………14
3　法体系上における商法の地位 ………………………………14
　◆ 導入対話 ◆
　3.1　商法と民法 …………………………………………………15
　3.2　商法と労働法 ………………………………………………16
　3.3　商法と経済法 ………………………………………………16
　3.4　商法と証券取引法 …………………………………………16

　　　　3.5　商法と税法 …………………………………………………… *17*
　　　　3.6　商法と民事訴訟法・民事執行法・民事保全法 ……………… *18*
　　4　商法の法源とその適用順序 ………………………………………… *18*
　　　◆ 導入対話 ◆
　　　　4.1　商事制定法 …………………………………………………… *19*
　　　　4.2　商事条約 ……………………………………………………… *20*
　　　　4.3　商事自治法 …………………………………………………… *20*
　　　　4.4　商慣習法 ……………………………………………………… *21*
　　　　4.5　各種法源の適用順序 ………………………………………… *21*
　【展開講義　5】　普通取引約款の規範性とその拘束力 ……………… *22*

第2章　商法の基本概念

　　1　商人の意義と種類 …………………………………………………… *23*
　　　◆ 導入対話 ◆
　　　　1.1　固有の商人 …………………………………………………… *24*
　　　　1.2　擬制商人 ……………………………………………………… *24*
　　　　1.3　小商人 ………………………………………………………… *26*
　　2　商行為の意義と種類 ………………………………………………… *26*
　　　　2.1　絶対的商行為 ………………………………………………… *27*
　　　　2.2　営業的商行為 ………………………………………………… *29*
　　3　附属的商行為 ………………………………………………………… *32*
　　　　3.1　商人たる適格 ………………………………………………… *33*
　【展開講義　6】　商人資格の取得時期 ………………………………… *34*
　　　　3.2　営業能力 ……………………………………………………… *35*

第3章　商人の補助者——商業使用人

　　1　商業使用人 …………………………………………………………… *37*
　　　◆ 導入対話 ◆
　　　　1.1　商業使用人の意義 …………………………………………… *38*
　　　　1.2　商業使用人の種類 …………………………………………… *38*

2　支配人 …………………………………………………………… *39*
◆ 導入対話 ◆
2.1　支配人の意義 ……………………………………………… *40*
2.2　支配人の選任・終任 ……………………………………… *40*
2.3　支配人の代理権（支配権） ……………………………… *42*
2.4　支配人の義務 ……………………………………………… *44*
2.5　表見支配人 ………………………………………………… *46*
【展開講義　7】　支配権の客観的性質 …………………………… *48*
【展開講義　8】　支配人と代表取締役または執行役の法的地位の相違点 ……………………………………………………… *48*
3　その他の商業使用人 …………………………………………… *49*
◆ 導入対話 ◆
3.1　部分的包括営業代理権を有する使用人 ………………… *50*
3.2　物品販売店舗使用人 ……………………………………… *51*

第4章　商　　号

1　商号の意義 ……………………………………………………… *53*
◆ 導入対話 ◆
1.1　商号とは何か ……………………………………………… *53*
1.2　商号の選定 ………………………………………………… *54*
1.3　商号の数 …………………………………………………… *56*
【展開講義　9】　東京瓦斯事件 …………………………………… *57*
2　商号の保護 ……………………………………………………… *57*
◆ 導入対話 ◆
2.1　商号の登記 ………………………………………………… *58*
2.2　商号の仮登記 ……………………………………………… *59*
2.3　商号権 ……………………………………………………… *60*
【展開講義　10】　商号関係諸規定の経緯 ………………………… *61*
3　名板貸 …………………………………………………………… *62*
◆ 導入対話 ◆

　　　　3.1　意義 …………………………………………………………………… *62*
　　　　3.2　名板貸人の責任の要件 ………………………………………………… *62*
　　【展開講義　11】　商法23条の類推適用 …………………………………………… *65*
　　4　商号の譲渡 ………………………………………………………………………… *66*
　　　◆ 導入対話 ◆
　　　　4.1　商号の譲渡 …………………………………………………………… *66*
　　　　4.2　商号の相続 …………………………………………………………… *67*
　　5　商号の廃止・変更 ………………………………………………………………… *67*
　　　◆ 導入対話 ◆

第5章　商業帳簿

　　1　商業帳簿制度の必要性とその意義 …………………………………………… *69*
　　　◆ 導入対話 ◆
　　　　1.1　商業帳簿制度の目的 ………………………………………………… *70*
　　　　1.2　商業帳簿の意義 ……………………………………………………… *72*
　　2　商業帳簿の作成・保存・提出 ………………………………………………… *73*
　　　◆ 導入対話 ◆
　　　　2.1　商業帳簿の作成 ……………………………………………………… *73*
　　　　2.2　保存義務 ……………………………………………………………… *74*
　　　　2.3　提出義務 ……………………………………………………………… *74*
　　　　2.4　義務違反に対する措置 ……………………………………………… *75*
　　3　商業帳簿の種類 …………………………………………………………………… *75*
　　　◆ 導入対話 ◆
　　　　3.1　会計帳簿 ……………………………………………………………… *75*
　　　　3.2　貸借対照表 …………………………………………………………… *76*
　　4　資産の評価 ………………………………………………………………………… *79*
　　　◆ 導入対話 ◆
　　　　4.1　意義 …………………………………………………………………… *79*
　　　　4.2　現行法の立場 ………………………………………………………… *80*
　　【展開講義　12】　時価会計の導入 ………………………………………………… *81*

第6章　商業登記

1　商業登記の意義 …………………………………………………… 83
　◆ 導入対話 ◆
　　1.1　総説 ……………………………………………………… 83
　　1.2　商業登記簿の種類 ……………………………………… 83
【展開講義　13】　商業登記の公示的機能 …………………………… 84
2　商業登記事項とその通則 ………………………………………… 84
　◆ 導入対話 ◆
　　2.1　登記事項の分類 ………………………………………… 85
　　2.2　登記事項に関する通則 ………………………………… 85
【展開講義　14】　免責的登記事項 …………………………………… 86
3　商業登記の手続 …………………………………………………… 86
　◆ 導入対話 ◆
　　3.1　商業登記の申請・管轄 ………………………………… 87
　　3.2　登記官の審査権 ………………………………………… 87
　　3.3　登記の更正および抹消 ………………………………… 88
　　3.4　商業登記の公示 ………………………………………… 88
【展開講義　15】　商法19条に違反する登記申請が受理され登記が完了
　　　　　　　　したときと審査請求の許否 …………………… 89
4　商業登記の効力 …………………………………………………… 90
　◆ 導入対話 ◆
　　4.1　一般的効力 ……………………………………………… 90
　　4.2　商業登記の特殊的効力 ………………………………… 93
　　4.3　不実登記の効力 ………………………………………… 94
【展開講義　16】　登記簿上のみの取締役の対第三者責任 ………… 94

第7章　営　　業

1　営業の意義 ………………………………………………………… 95
　◆ 導入対話 ◆
　　1.1　営業の意義 ……………………………………………… 96

1.2　客観的意義における営業 ……………………………………… *96*
　　　1.3　営業所 ……………………………………………………………… *96*
　【展開講義　17】　侵害の対象としての営業 ………………………… *98*
　2　営業活動 …………………………………………………………………… *98*
　　◆ 導入対話 ◆
　　　2.1　営業の自由とその制限 ………………………………………… *99*
　　　2.2　営業の規制緩和 ………………………………………………… *101*
　【展開講義　18】　「営業の自由」論争 ……………………………… *102*
　3　営業組織とその譲渡 …………………………………………………… *102*
　　◆ 導入対話 ◆
　　　3.1　営業譲渡の意義 ………………………………………………… *103*
　　　3.2　営業譲渡と第三者保護 ………………………………………… *105*
　　　3.3　営業の賃貸借と経営委任 ……………………………………… *107*
　　　3.4　営業の担保化 …………………………………………………… *107*
　【展開講義　19】　営業譲渡と競業避止義務 ………………………… *108*

第8章　商行為に関する特則

　1　商事契約の成立に関する特則 ………………………………………… *111*
　　◆ 導入対話 ◆
　　　1.1　申込の効力 ……………………………………………………… *112*
　　　1.2　諾否の通知義務 ………………………………………………… *112*
　【展開講義　20】　商法509条は附属的商行為に適用されるか ……… *113*
　2　商事代理および商事委任に関する特則 ……………………………… *114*
　　◆ 導入対話 ◆
　　　2.1　代理の方式 ……………………………………………………… *114*
　　　2.2　代理権の存続 …………………………………………………… *115*
　　　2.3　受任者の権限 …………………………………………………… *115*
　【展開講義　21】　商事代理と民法上の代理 ………………………… *116*
　3　商事債権に関する特則 ………………………………………………… *117*
　　◆ 導入対話 ◆

  3.1 多数債務者間の連帯 …………………………………………… *117*
  3.2 利率 ……………………………………………………………… *119*
  3.3 商事留置権 ……………………………………………………… *119*
  3.4 流質契約 ………………………………………………………… *120*
  3.5 商事時効 ………………………………………………………… *121*
  3.6 債務履行の場所・時間 ………………………………………… *121*
 【展開講義　22】　銀行の預り手形と商事留置権 ………………………… *122*

第9章　商 事 売 買

 1 売主の供託・競売権 ………………………………………………… *123*
  ◆ 導入対話 ◆
  1.1 受領拒絶・不能における売主の権利 ………………………… *123*
  1.2 売主の供託権 …………………………………………………… *124*
  1.3 売主の自助売却権 ……………………………………………… *124*
 【展開講義　23】　供託権・自助売却権と損害賠償請求 ………………… *124*
 2 買主の検査・通知義務 ……………………………………………… *125*
  ◆ 導入対話 ◆
  2.1 売買目的物の瑕疵または数量不足 …………………………… *125*
  2.2 検査・通知義務 ………………………………………………… *126*
  2.3 検査・通知義務の対象と効果 ………………………………… *127*
 【展開講義　24】　不特定物と商法526条 ………………………………… *127*
 3 買主の保管・供託義務 ……………………………………………… *128*
  ◆ 導入対話 ◆
  3.1 目的物の保管・供託 …………………………………………… *128*
  3.2 保管・供託義務 ………………………………………………… *129*
 【展開講義　25】　超過分と代金支払義務 ………………………………… *130*
 4 確定期売買 …………………………………………………………… *130*
  ◆ 導入対話 ◆
  4.1 確定期売買 ……………………………………………………… *131*
  4.2 双方的商行為の要件 …………………………………………… *131*

【展開講義 26】 確定期売買と当事者の意思 …………………………… *132*

第10章　消費者売買

1　総　説 ……………………………………………………………………… *135*
　◆ 導入対話 ◆
　　1.1　消費者保護の必要性 ……………………………………………… *135*
　　1.2　消費者保護法の原理 ……………………………………………… *136*
　　1.3　消費者契約法の制定 ……………………………………………… *136*
2　信用販売 …………………………………………………………………… *137*
　◆ 導入対話 ◆
　　2.1　信用販売と割賦販売法 …………………………………………… *137*
　　2.2　信用販売の種類 …………………………………………………… *138*
　　2.3　割賦販売に対する規制 …………………………………………… *140*
　　2.4　ローン提携販売に対する規制 …………………………………… *142*
　　2.5　割賦購入あっせんに対する規制 ………………………………… *142*
　　2.6　前払式特定取引に対する規制 …………………………………… *143*
【展開講義 27】 ローン提携販売と割賦販売法5条・6条 …………… *143*
【展開講義 28】 割賦販売法30条の4の法的性質 …………………… *144*
3　特定商取引 ………………………………………………………………… *145*
　◆ 導入対話 ◆
　　3.1　特定商取引に関する法律 ………………………………………… *146*
　　3.2　特定商取引の種類 ………………………………………………… *146*
　　3.3　訪問販売の規制 …………………………………………………… *149*
　　3.4　電話勧誘販売の規制 ……………………………………………… *150*
　　3.5　通信販売の規制 …………………………………………………… *150*
　　3.6　ネガティブ・オプション ………………………………………… *151*
　　3.7　連鎖販売および業務提供誘引販売 ……………………………… *152*
　　3.8　特定継続的サービス提供の規制 ………………………………… *152*
【展開講義 29】 インターネットによる通信販売の規制 ……………… *153*

第11章　交互計算と匿名組合

1　交互計算 …………………………………………………………… *155*
　◆ 導入対話 ◆
　　1.1　交互計算の意義 ………………………………………… *155*
　　1.2　交互計算の効果 ………………………………………… *157*
　　1.3　交互計算の終了 ………………………………………… *158*
【展開講義　30】　交互計算に組み入れられた債権の差押え … *159*
2　匿名組合 …………………………………………………………… *160*
　◆ 導入対話 ◆
　　2.1　匿名組合の意義 ………………………………………… *161*
　　2.2　匿名組合の対内関係 …………………………………… *163*
　　2.3　匿名組合の対外関係 …………………………………… *164*
　　2.4　匿名組合契約の終了 …………………………………… *164*
【展開講義　31】　民法上の組合と匿名組合の相違 …………… *165*

第12章　代　理　商

1　代理商の意義と形態 ……………………………………………… *167*
　◆ 導入対話 ◆
　　1.1　経済的機能 ……………………………………………… *168*
　　1.2　代理商の意義 …………………………………………… *168*
　　1.3　特約店その他 …………………………………………… *170*
【展開講義　32】　フランチャイズ契約 ………………………… *171*
2　代理商の権利・義務 ……………………………………………… *172*
　◆ 導入対話 ◆
　　2.1　代理商と本人の関係 …………………………………… *172*
　　2.2　代理商と第三者の関係 ………………………………… *174*
【展開講義　33】　損害保険代理店の代理権 …………………… *175*
3　代理商契約の終了 ………………………………………………… *176*
　◆ 導入対話 ◆
　　3.1　一般的終了原因 ………………………………………… *176*

3.2　解除による終了 …………………………………………… *176*
　【展開講義　34】　特約店契約の解除 …………………………… *177*

第13章　仲 立 営 業
　1　仲立人の意義 ……………………………………………………… *181*
　　◆ 導入対話 ◆
　　1.1　仲立人の概念 ………………………………………………… *182*
　　1.2　仲立人と類似業者 …………………………………………… *182*
　2　仲立契約の法的性質 ……………………………………………… *183*
　　◆ 導入対話 ◆
　3　仲立人の権利・義務 ……………………………………………… *184*
　　◆ 導入対話 ◆
　　3.1　仲立人の義務 ………………………………………………… *184*
　　3.2　仲立人の権利 ………………………………………………… *186*
　【展開講義　35】　民事仲立人は，媒介した行為の相手方に報酬を請求
　　　　　　　　　することができるか ………………………………… *187*
　【展開講義　36】　委託者が仲立契約を一方的に解除して後に直接取引
　　　　　　　　　をした場合，仲立人は報酬請求権を有するか ……… *188*

第14章　問 屋 営 業
　1　問屋の意義 ………………………………………………………… *191*
　　◆ 導入対話 ◆
　　1.1　問屋の概念 …………………………………………………… *192*
　　1.2　準問屋 ………………………………………………………… *193*
　2　問屋の法的地位 …………………………………………………… *193*
　　◆ 導入対話 ◆
　　2.1　問屋契約の内部関係：問屋と委託者 ……………………… *193*
　【展開講義　37】　問屋が委託者の指示にもとづかないで行った売買取
　　　　　　　　　引の効力はどうなるか ……………………………… *194*
　【展開講義　38】　問屋から委託者への権利移転がなされる前に問屋が

　　　　　　破産した場合に，委託者は，問屋が委託売買の実行
　　　　　　により取得した権利を取り戻すことができるか …… *195*
　　 2.2　問屋契約の外部関係：問屋と相手方・委託者と相手方 ………… *197*
　3　問屋の権利・義務 ……………………………………………………… *197*
　　◆ 導入対話 ◆
　　 3.1　問屋の義務 ……………………………………………………… *198*
　　 3.2　問屋の権利 ……………………………………………………… *200*
　4　問屋と証券取引 ………………………………………………………… *202*
　　◆ 導入対話 ◆
【展開講義　39】証券取引所の会員が未知の顧客から委託を受ける場
　　　　　　合，どのような注意を払わなければならないか …… *204*

第15章　運送取扱営業

　1　運送取扱人の意義 ……………………………………………………… *207*
　　◆ 導入対話 ◆
　2　運送取扱人の権利・義務 ……………………………………………… *208*
　　◆ 導入対話 ◆
　　 2.1　運送取扱人の義務 ……………………………………………… *208*
【展開講義　40】運送取扱人の責任は「荷受人が留保しないで物品を
　　　　　　受け取りかつ運送賃その他の費用を支払ったときは
　　　　　　消滅する」旨の約款条項によって，運送取扱人は免
　　　　　　責されるか …………………………………………… *210*
　　 2.2　運送取扱人の権利 ……………………………………………… *210*
　3　荷受人との関係 ………………………………………………………… *212*
　　◆ 導入対話 ◆
　4　相次運送取扱 …………………………………………………………… *213*
　　◆ 導入対話 ◆
　　 4.1　相次運送取扱の意義 …………………………………………… *213*
　　 4.2　中間運送取扱人の義務 ………………………………………… *213*
　　 4.3　中間運送取扱人の権利 ………………………………………… *214*

第16章 運送業

1 運送人の意義（荷受人の地位を含む） ……………………………… *215*
　◆ 導入対話 ◆
　　1.1 総説 …………………………………………………………………… *215*
　　1.2 運送人の意義 ……………………………………………………… *216*
　　1.3 物品運送契約 ……………………………………………………… *216*
　　1.4 荷受人の地位 ……………………………………………………… *217*
2 物品運送人の権利・義務 ………………………………………………… *218*
　◆ 導入対話 ◆
　　2.1 物品運送人の権利 ………………………………………………… *219*
　　2.2 物品運送人の義務 ………………………………………………… *220*
　　2.3 物品運送人の責任 ………………………………………………… *222*
【展開講義　41】商法588条２項の運送人の「悪意」の意義 ……… *226*
【展開講義　42】運送人の契約責任と不法行為責任 ………………… *227*
3 相次運送 ……………………………………………………………………… *228*
　◆ 導入対話 ◆
　　3.1 相次運送の意義および種類 ……………………………………… *228*
　　3.2 相次運送人の責任 ………………………………………………… *229*
　　3.3 相次運送人の権利 ………………………………………………… *230*
　　3.4 複合運送 …………………………………………………………… *230*

第17章 場屋営業

1 場屋営業者の特別責任 …………………………………………………… *231*
　◆ 導入対話 ◆
　　1.1 総説 …………………………………………………………………… *231*
　　1.2 場屋営業者の物品に関する責任 ………………………………… *232*
　　1.3 高価品に関する責任 ……………………………………………… *233*
　　1.4 責任の消滅 ………………………………………………………… *234*
【展開講義　43】商法594条の「不可抗力」の意義 ………………… *234*

第18章　倉庫営業

1　倉庫営業者の意義 ……………………………………………………… *237*
　◆ 導入対話 ◆
　　1.1　倉庫営業 …………………………………………………………… *237*
　　1.2　倉庫営業者の意義 ………………………………………………… *238*
　　1.3　倉庫寄託契約 ……………………………………………………… *239*
2　倉庫営業者の権利・義務 ……………………………………………… *239*
　◆ 導入対話 ◆
　　2.1　倉庫営業者の義務および責任 …………………………………… *240*
　　2.2　倉庫営業者の権利 ………………………………………………… *243*
【展開講義　44】倉荷証券所持人は保管料支払義務を負うのか ……… *244*
3　倉庫証券 ………………………………………………………………… *245*
　◆ 導入対話 ◆
　　3.1　倉庫証券（倉荷証券）の意義 …………………………………… *245*
　　3.2　倉荷証券の性質および効力 ……………………………………… *248*
　　3.3　荷渡指図書 ………………………………………………………… *251*
【展開講義　45】倉荷証券の文言性と要因性 …………………………… *252*
【展開講義　46】不知約款 ………………………………………………… *253*

事項索引 ……………………………………………………………………… *255*
判例索引 ……………………………………………………………………… *261*

文献略語表

【体系書】
石井＝鴻・総則　　　石井照久＝鴻常夫・商法総則（商法Ⅰ）（勁草書房）
石井＝鴻・商行為　　石井照久＝鴻常夫・商行為法（商法Ⅴ）（勁草書房）
江頭・　　　　　　　江頭憲治郎・商取引法［第2版］（弘文堂）
大隅・総則　　　　　大隅健一郎・商法総則［新版］（有斐閣）
大隅・商行為　　　　大隅健一郎・商行為法（青林書院）
鴻・　　　　　　　　鴻常夫・商法総則［新訂第5版］（弘文堂）
大森・　　　　　　　大森忠夫・新版商法総則講義（有信堂）
神崎・通論　　　　　神崎克郎・商法総則・商行為法通論［新訂版］（同文舘）
神崎・商行為　　　　神崎克郎・商行為法Ⅰ（有斐閣）
木内・　　　　　　　木内宜彦・企業法総論（勁草書房）
小橋・　　　　　　　小橋一郎・商法総則（成文堂）
小町谷・商行為　　　小町谷操三・商行為法論（有斐閣）
近藤・　　　　　　　近藤光男・商法総則・商行為法［第4版］（有斐閣）
鈴木・　　　　　　　鈴木竹雄・新版商行為法・保険法・海商法（弘文堂）
田中・総則　　　　　田中誠二・全訂商法総則詳論（勁草書房）
田中・商行為　　　　田中誠二・商行為法［新版］（千倉書房）
西原・　　　　　　　西原寛一・商行為法（有斐閣）
服部・　　　　　　　服部栄三・商法総則［第3版］（青林書院）
平出・　　　　　　　平出慶道・商行為法［第2版］（青林書院）

【演習書】
争点Ⅰ・Ⅱ　　　　　北沢正啓＝浜田道代編「商法の争点Ⅰ・Ⅱ」（有斐閣）

【注釈書】
基コメ　　　　　　　服部栄三＝星川長七・基本法コンメンタール商法総則・商行為法［第4版］（日本評論社）
田中＝喜多・コンメ総則　田中誠二＝喜多了祐・全訂コンメンタール商法総則（勁草書房）
田中他・コンメ商行為　田中誠二＝喜多了祐＝堀口亘＝原茂太一・コンメンタール商行為法（勁草書房）

【判例解説】
百選［第3版］　　　鴻常夫＝竹内昭夫＝江頭憲治郎編・商法（総則・商行為）判
百選［第4版］　　　例百選［第3版］［第4版］（別冊ジュリスト・有斐閣）
平12重判解　　　　平12年度重要判例解説（ジュリスト臨時増刊・有斐閣）

【最近のユニークなテキスト】
落合誠一＝大塚龍児＝山下友信・商法Ⅰ（総則・商行為）［全訂］（有斐閣）
大塚英明＝川島いづみ＝中東正文・商法総則・商行為法（有斐閣）
岸田雅雄・ゼミナール企業取引法入門〔商法総則・商行為〕（日本経済新聞社）

導入対話による

商法講義（総則・商行為法）〔第2版〕

第1章　商法総論

1　商法の意義

━━━━━━━━━━◆　導入対話　◆━━━━━━━━━━

学生：これから商法を学ぶわけですが，商法とはどのような生活関係を規律する法律なのでしょうか。

教師：対等・平等な私人である一般市民の間に展開されている生活関係を規律する法律を総称して私法といいますが，商法も民法と同じように私人間の生活関係（私的生活関係）を規律する私法に属します。

学生：民法のほかに，商法がなぜ必要なのでしょうか。

教師：私的生活関係は，家族的身分関係（夫婦関係・親子関係・親族関係・相続関係）と財産関係に大別されます。財産関係は，経済的欲望を充足するために財貨を取引する関係をいいますが，これには日常的財産関係と企業的財産関係があります。民法が家族的身分関係と日常的財産関係を規律するのに対して，商法は企業的財産関係を規律するのです。つまり，民法のほかに商法を必要とする理由は，その対象とする取引が営利を目的とした特殊な企業形態を通じて集団的・継続的に展開されるため，一般人を対象とする民法のみでは規律しきれなくなったことによるのです。

学生：そうすると，商法は民法とどのような関係になるのでしょうか。

教師：商法は，企業関係に特有な法律関係について優先的に適用されることになり，一般的私法である民法に対して，特別的私法となるわけです。だから，商法を学ぶには，とくに財産に関する民法（総則・物権・債権）と商法の基本関係を理解するとともに，両者を総合的に理解する必要があります。

　　　特に商法には明治32年に制定された商法典（これを形式的意義における商法という）のみならず，その他手形法，小切手法，有限会社法，株式会社の監査等に関する商法の特例に関する法律（監査特例法）等の多数の特別法や慣習法等も含まれるので，商法の全体像を把握するため「実質的意義における商法」

(通説は企業法と解する)の意味を明らかにすることが，これから商法を学ぼうとする者にとっての出発点となるのです。

1.1 形式的意義における商法

　商法には，形式的意義における商法と実質的意義における商法がある。形式的意義における商法とは，商法という名称を付して制定された法典（商法典）をいい，1899年（明治32年）に制定され，その後多くの改正を経て今日にいたっている。現在では，総則，会社，商行為および海商の4編からなっている。まず，その構成を鳥瞰しておこう。

　「第一編　総則」は，商人の概念を定義したのち（4条），商人が営利目的を実現するための物的組織である商業登記（9条以下），商号（16条以下）および商業帳簿（32条以下），ならびに商人を補助する人的組織である商業使用人（37条以下）および代理商（46条以下）などの制度について規定しているので，商人の営業組織に関する基礎的事項について定めるものといえる。

　「第二編　会社」は，合名会社・合資会社・株式会社の成立・存続・消滅の諸段階における会社自体・その社員・機関・債権者をめぐる法律関係について定めているので，会社という共同企業体の組織について定めたものといえる（なお，有限会社の組織については，昭和13年に制定された有限会社法に定められていることに注意を要する）。

　「第三編　商行為」は，商人概念の前提をなす商行為の概念を定義したのち（501条・502条・503条），商行為に関する通則をかかげて，民法の一般取引法（主として民法債権編）を商取引について修正変更し，商人が営業のために利用する交互計算（529条以下）や匿名組合（535条以下）制度について規定し，ついで仲立（543条以下）・問屋（551条以下）・運送取扱営業（559条以下）・陸上運送（569条以下）・寄託（593条以下）・保険（629条以下）などの各業種（商取引の補助を目的とする独立営業者）ごとに多数の規定を設けているので，主として商取引活動について定めているものといえる。

　「第四編　海商」は，海上運送を目的とする海上営業の組織および活動について規定している。

1.2 実質的意義における商法

　形式的意義における商法＝商法典の規整対象は，固有の商（生産者と消費者との間にあって商品の流通を媒介する行為＝投機売買）にとどまらず，固有の商を補助する補助商（仲立・問屋・物品運送・倉庫・銀行・損害保険・銀行など）や，さらには，これらのいずれにも関係のない旅客運送・製造加工・出版・印刷・撮影・場屋業・生命保険などの類型商（第三種の商ともいう）にまで及んでいる。さらに，商法学の素材は，商法典のほか，多数の商事特別法，商慣習法，会社の定款や取引所の業務規定などの自治法規等にも及ぶので，これらに共通する統一的理念を追求する試みが，とくにドイツを中心に19世紀後半から20世紀前半にかけて盛んに行われ，わが国では20世紀後半にいたり「商的色彩論」を経て現在の通説である「企業法説」に結実している。今日の商法学の通説によれば，企業とは，計画的・継続的意図をもって営利行為を営む独立の経済単位あるいは資本家的計算方法による経済活動単位をいい，実質的商法とは，このような企業生活関係（組織・活動）に特有な法規の総体をいう。そして，企業生活関係に特有な法規といっても，企業に関する法規のすべてが商法に属するのではなく，国家的見地から企業に対する取締・監督を目的とする行政法規・司法手続法規・刑罰法規を除く，企業をめぐる各個別経済主体間の利害調整を理念とする私法規の総体を意味すると解する説が従前は多数であった。しかしながら，私有財産制度を基調とする近代資本主義経済の下では，企業活動に対する国家の干渉は消極的であったが，資本主義経済が高度化するにつれて，国民経済的見地から商私法秩序の実現をはかるための後見的公法規定が多くなり，これらをも有機的一体をなすものとして商法に包摂する考えが今日では通説的見解となっている。

　なお，手形法・小切手法は，商法501条4号により手形および小切手に関する行為が絶対的商行為とされているので，形式的意義における商法に属することはいうまでもないけれども，企業法説によれば，手形および小切手は今日では企業外で一般人にも使用されているので理論上商法に属するとはいえず，有価証券法の一部として私法体系上特殊な地位を占めると解する見解も有力であるが，手形・小切手は沿革的に企業の信用供与および支払決済手段として発達し，現在でも主として企業を中心に利用されており，実際上実質的商法に属す

ると解する見解が多い。

1.3 形式的意義における商法と実質的意義における商法の関係

　実質的意義における商法＝企業法と解すると，形式的意義における商法とはその規制対象の範囲は必ずしも一致しないことになる。たとえば，企業に関連しない絶対的商行為に商法が適用される反面（501条），商法が適用されない原始産業（農林漁業など）に属する企業や医師・弁護士・公認会計士・税理士のごとき自由業や通信業・興信業が存在する。これらは，主として沿革的事情や立法技術によるものであって，商法という法領域を理論的体系的に統一的原理において捉えることを妨げるものではないと解されている。しかし，なんといっても商法典が実質的意義における商法の中心に位置するので，両者は密接な関係にあり，実質的意義における商法は，形式的意義における商法の解釈および立法に指導的役割を果たす機能をになっているものということができる。

　しかし，これまでになされた企業法説による企業概念の定義が経済学・経営学からの借用にとどまり法的定義として確立していないのみならず，商法体系化の試みも，定説を見るにいたらず，解釈論・立法論ともに過大評価すべきでないとする批判が見られる反面（竹内昭夫「企業法の地位と構成」現代企業法講座3頁以下参照），現代の企業社会においては，企業と消費者・労働者・大衆投資家との間の等質性は喪失しており，近代市民法としての商法をもっぱら対象とする企業法学から新しい企業法学へ脱皮を図る必要性があるとの積極的提言もなされており（木内宜彦「『商法学から企業法学へ』序説」中央大学九十周年記念論文集27頁），企業概念に社会的責任を基調とする公共性要素を含めるとともに，商法のみならず証券取引法・独占禁止法・労働法・消費者法・税法等商法の周辺分野にまで学問的関心を向けたその実践も試みられている（中村一彦・現代企業法論，中村一彦編著・①現代企業法総論・②現代企業組織法・③現代企業活動法・④現代企業証券法［企業法Ⅰ～Ⅳ］）。

【展開講義　1】　形式的意義における商法の歴史（外国）

　(1)　世界最古の法典として知られる紀元前17，18世紀頃のハムラビ法典の中に売買・運送・寄託・内水航行等に関する個別的規定はあったが，商法という独立した形で歴史上に登場したのは，9世紀頃地中海沿岸のイタリア商業都市におけ

るギルドと呼ばれる商人団体の自治規則であった（自治立法権と自治裁判権が認められていた）。近世に入って、ヨーロッパ各国に絶対王政が確立し都市経済も国民経済に発展し、王権による国内法統一が行われるようになると、商人階級法としての商法が国家法へ移行するようになり、なかでもルイ14世のフランスで1673年に制定された商事勅令は史上初の国家制定法であった（1681年に海事勅令が制定されている）。近代に入り、フランス革命直後の1807年にナポレオン1世によりフランス商法典が制定された。これは従来の商人階級法としての商法に別れを告げ、法定の商行為をすればすべての市民にも適用される商事法としての性質をもった初めての商法典であり（これを商行為主義の商法典という）後世の諸国の立法に多大の影響を及ぼした。これより半世紀遅れて1861年にフランス商法典とほぼ同様の商行為法主義をとる普通ドイツ商法典（旧ドイツ商法典）が制定された。さらに、ドイツにおいては、1897年に成立した新商法典において、商人の営業との関連の有無を問わず商行為とされる絶対的商行為を廃棄し、大規模経営の営業者にまで拡大した商人の営業に対してのみ商法を適用する新しい商人法主義が採用された。

　(2)　なお、わが国のように民法典と商法典が並存している国は、ドイツ法系やフランス法系に限られており、英米法系やスカンジナヴィア法系では、もともと民法と商法との区別がなく、動産売買法、土地法、不法行為法、会社法、手形法、保険法など個別領域ごとに単行法が多数存在するにすぎない。しかも20世紀になってからスイス、イタリア、オランダでは、財産関係については民商法統一法典が制定されており、アメリカのほとんどの州で採用されている1952年のUniform Commercial Code（統一商法典）も、契約、売買、動産による担保取引から商業証券にいたるまで商品取引の総体を規律するものであり、民法と商法の区別とは無縁であることに注意しなければならない。

【展開講義　2】　形式的意義における商法の歴史（日本）

　(1)　わが国で、商法全般にわたる商法典が成立したのは明治23年（1890年）の旧商法である。ドイツ人ヘルマン・レースラー（1834-1894）によって起草されたが、わが国の慣習やフランス人ボアソナード（1825-1910）の起草にかかる民法典との不調和を理由に施行が延期され、一部のみ（会社・手形・破産）が明治26年7月から施行された。ついで明治32年にいたって漸く改正案が完成し、新商法が成立した。これは、総則・会社・商行為・手形・海商の5編からなっていたが、手形法を包含する点を除いては、大体においてドイツ旧商法典を範としたも

のであった。その後，この商法典が大規模に改正されたのは三度ある。最初は，日露戦争後の明治44年（1911年）に，わが国経済の進展に即応させるため，株式会社の部分と海難救助に関する統一条約への加盟に伴う海商法の改正が行われた。

(2) ついで，第一次世界大戦後の経済需要に応じるため，昭和13年（1938年）に総則編および会社編の大幅な改正が行われ，同時に有限会社法が制定された。これより先に，ジュネーヴで手形法統一条約（1930年）および小切手法統一条約（1931年）が成立したのに伴い，商法から手形編が廃止され，これに代えて昭和7年（1932年）に手形法が，昭和8年に小切手法が制定された。さらに，第二次世界大戦後の昭和25年（1950年）にアメリカ法にならった会社法の画期的な改正が行われた。

(3) その後，会社法については，高度経済成長に伴う資金調達の需要や企業不祥事の発生に応じてアド・ホックな改正が頻繁に行われてきたが（会社法テキスト参照），総則・商行為・海商の分野では，総則における昭和37年（1962年）の商業帳簿の改正および船荷証券統一条約と船主責任制限条約を採り入れた国際海上物品運送法（1957年）および船舶所有者等の責任の制限に関する法律（1975年）の制定を除き，現実離れした100年来の旧態依然たる商法規定のままに推移しており，その抜本的な現代化こそが最大の立法課題となっている。

【展開講義　3】　実質的意義における商法＝企業法説にいたる学説の系譜

(1) 19世紀の後半から主としてドイツにおいて，民法に対する商法の独自性を実証しょうとする商法対象論が活発に展開された。ゴールドシュミットは，商法の対象は固有の商すなわち売買（第一種の商）に始まり，運送・仲立・問屋（といや）・保険などの第二種の商へ，さらに製造・加工・賃貸業・周旋業などの第三種の商へと順次段階的に発達してきたが，それらは単純な媒介およびそれをさらに媒介する2乗された媒介であり，商全体の本質は媒介行為にあるとした（1874年）。

(2) この説は，歴史的事実から商の本質を抽出したが，演劇・出版・印刷など彼の死後の発展まで考慮されていないので，媒介行為だけを対象とするのは狭きに失するといわなければならない。その後，ラスティッヒも固有の商→補助商→類型商へと商法の対象が拡大したのは，これらが財貨の転換の媒介を対象とするものとして歴史的に密接に関連して発展したものであるとした（1903年）が，これらに共通的な特徴は何かという本質的な把握がなされていなかった。これに対して，ヘックは視点をかえて民法と商法の対象を比較し，商法は民法上の法律行

為の集団取引の法であるとした（1902年）。この説は，外面的な現象については説得的であるが，その由来する原因を明らかにしていないとの批判がある。そして，いったんは，商法の対象の統一的総合的把握を諦観し，商法は民法と異なり商に関する無数の断片的資料を寄せ集めた法典にすぎないとするレーマンの影響を受けて（1921年），わが国でも大正時代に，商法は商に特有な規定の集合にすぎず，商に固有なる法規の総体をいうと解する学説が支配的となる（松本烝治・商法総論7頁，竹田省・商法総論22頁等）。しかし，大正末年から昭和15年頃まで商的色彩論が一世を風靡した。

　(3)　この説は，一般私法の法律事実のうち投機売買から演繹され得べき集団性および個性喪失という商的色彩を帯びるものが商法の対象であるとする（田中耕太郎・改正商法総則概論42頁以下）もので，商法の統一的総合的考察を大きく前進させた功績は高いが，そもそもそのような商的色彩を生ぜしめている生活関係が何かを明らかにしていない。この点を突き詰めて考察したのが西原寛一による企業法論の創唱である。企業とは不定量の財の増加の獲得のために経済的諸力を投下することをいい，これが商法の対象であり法律的意義における商であると説いたヴィーラントの見解（1931年）を摂取した西原寛一は「企業とは，私経済的自己責任負担主義の下に継続的意図をもって企画的に経済行為を実行し，これによって国民経済に寄与する共に，自己及び構成員の存続発展のために適正な収益を挙げることを目的とする一個の統一ある独立の経済的生活体である。」と定義づけたのであった（日本商法論第一巻23頁）。

2　商法の特色

◆　導入対話　◆

学生：形式的意義における商法には総則編のほか商行為編や会社編が大きな柱になっているようですが，商行為といえば取引行為を意味するのに対して会社は法人団体ですから，自由・平等の抽象的市民で主として経済人を対象とする民法財産編と異なって，商法全体のイメージがわかないのですが，どのように把握したらよいのでしょうか。

教師：企業法説にいたる系譜で述べたように，大正時代の通説のように，商法は商に関する法規の総体だというのでは全体の特色がつかめません。それを理解

するためのコンセプトこそ「企業」なのです。

学生：ヴィーラントと西原寛一の企業概念の決定的相違はどこにあるのでしょうか。

教師：紀伊国屋文左衛門がミカンを紀伊から江戸へ風浪を冒して輸送したり，明暦の大火の時に木曾の木材を買い占めて，数年で巨万の財を築いて豪遊したという故事を思い起こしてください。これは，営利の追求を目的としながらも，一攫千金をねらった投機行為であり，継続性がありませんね。西原は，これをヒントに，企業は国民経済に寄与するため営利を追求することを目的として健全な発展をはかる制度的組織体であり，その取引活動は継続的意図をもって反復的に行われなければならないと考えたわけです。

学生：ちょっと分かってきたように思います。つまり，企業を対象とする商法には，会社法のように企業の組織を規整する側面と企業の取引活動を規整する側面との二元的構成になっているというわけですね。

教師：そのとおり。実は，商的色彩論の田中耕太郎に「組織法としての商法と行為法としての商法」（法学協会雑誌43巻7号1頁）という名論文があります。これに企業法説からスポットを当てると分かりやすい。なぜなら，商法は企業を対象にする法だから，企業の組織および取引に内在する技術的特色が当然商法に投影することになるからです。商法の組織法的側面の基本理念は「企業の維持・強化」にあります。そのために，「資本の結集」「労力の補充」「危険の分散」「有限責任」などの特色が見られます。これに対して，商法の企業取引法的側面の基本理念は「取引の安全＝取引の円滑・確実化」にあり，そのために「営利主義」「契約自由主義」「簡易迅速主義」「外観主義」「公示主義」「厳格責任主義」などの特色が見られます。以上は商法の内容上の特色ですが，商法発展上の特色として「進歩的傾向」と「世界的傾向」があげられますが，こちらは展開講義の方へまわすことにしましょう。

2.1 企業の取引活動に関する商法の特色

(1) 営利主義

企業は，営利の追求を目的とする存在として，営利性そのものが制度化された形態といえる。商法の基本概念である商人（4条）および商行為（501条・502条）ならびに会社の概念（52条，有1条）は，企業の本質たる営利性を基調

として定められている。そして，企業活動は本来利潤の追求を目的とするところから，商法は企業活動を一般に有償的なものとして扱い（512条・513条），普通よりも高い法定利率によることを定めている（514条）。

(2) 契約自由主義

企業活動は合理的計算にもとづいて行われるものであるから，当事者の意思を尊重し，商法は，契約自由の原則を民法よりも徹底して幅広く認めている。たとえば，商取引に関する商法の規定は任意法規である場合が多く，その旨を明記している場合も少なくはなく（521条・544条・553条など），さらには民法の流質契約締結禁止規定を解除している（515条）。

(3) 簡易迅速主義

企業活動は，継続的・反復的・集団的に行われるのが常であるから，取引の簡易迅速な決済が要求される。商法は，この要請に応じて，①商行為の代理（504条）・契約の申込の効力（507条・508条）・契約の申込に対する諾否通知義務（509条）などに関する契約締結の迅速化を目的とする規定，②売主の供託権および自助売却権（524条）・運送人の運送品供託権または競売権（585条・586条）などに関する契約履行の迅速化を目的とする規定，③確定期売買の解除（525条）・買主の目的物検査および瑕疵通知義務（526条）・商事債権の短期消滅時効（522条・566条・626条・765条など）などに関する契約関係処理の迅速化を目的とする規定などを設けている。

(4) 外観主義

企業取引にあたって事の真実と外観が一致しない場合に，外観を信頼して取り引きした相手方を保護するため，その外観によって法律上の効果を決しなければ，取引の安全・活発化が阻害される場合，商法には外観を尊重する多くの制度が認められる。たとえば，不実登記による責任（14条）・名板貸の責任（23条）・商号続用営業者の責任（26条）・包括代理権の制限（38条3項・78条2項・135条・261条3項・700条2項・714条など）・表見支配人の権限（42条）・自称無限責任社員の責任（83条・159条）・退社員の責任（93条）・疑似発起人の責任（198条）・表見取締役についての会社の責任（262条）・事実上の会社の容認（136条以下・147条・428条，有75条1項など）・有価証券の文言性（572条・602条・776条，手17条，小22条など）・善意取得者の保護（229条・519条，小21条）など，

商法全般にわたって枚挙にいとまがないほどである。

(5) 公示主義

　企業の取引活動が円滑・安全に行われるためには，取引上重要と認められる事項を一般に周知させる必要が認められるので，商法は，企業に対し所定の事項を公示することを要求している。これがいわゆる公示主義であって，そのもっとも重要なあらわれは商業登記制度（9条以下）である。また，とくに利害関係者の多い株式会社に対しては，定款上会社が公告をなす方法を命じ（166条1項9号・5項），株主名簿の閉鎖期間（224条ノ3第4項）や貸借対照表（283条4項）などの一定事項を公告することが要求されている。

(6) 厳格責任主義

　企業取引の安全を保護するために，商法は，企業者に対し厳格な責任を課している。①商人間の売買における目的物の検査および瑕疵通知義務（526条）・目的物保管の義務（510条・527条・528条）などのように一般的な注意義務を加重する規定，②多数当事者の債務（511条）・相次運送人の損害賠償責任（579条・766条）などのように債務者に連帯責任を課す規定，③場屋企業者の受寄物に関する責任（594条1項）・船主の堪航能力担保責任（738条）などのように特殊企業に対して無過失責任を課す規定，④免責約款の効力を制限する規定（594条3項・739条），⑤仲立人や問屋のように業種の特殊性に応じて特殊な履行担保責任を課す規定（549条・553条）などがその例である。

2.2 企業の組織に関する商法の特色

(1) 資本の結集

　企業が存立していくためには資本の存在が不可欠の要素である。多額の資本を必要とする場合には，他人から資本を調達するほかはなく，このような要請に応じて，民法上の消費貸借契約（民587条以下）や組合契約（民667条以下）を利用することもできるが，商法は，匿名組合（535条以下），各種の会社制度（52条以下，有限会社法），株式会社の社債制度（296条），船舶共有（693条以下），船舶担保権（842条）などの制度を設けている。

(2) 労力の補充

　企業の規模が大きくなると，個人の労力には限度があるので，他人の労力を補助的に利用する必要が生じてくる。民法上の代理（民99条以下）・委任（民

643条以下)・雇用 (民623条以下) 請負 (民632条以下) などの諸契約を利用することも可能であるが, 商法はこれらの諸制度を企業の需要に適合するように特殊化して, 商業使用人 (37条以下)・代理商 (46条以下)・仲立人 (543条以下)・問屋 (551条以下)・運送取扱人 (559条以下)・運送人 (569条以下)・倉庫営業者 (597条以下)・船長 (705条以下) などの制度を設けている。

(3) 危険の分散

資本制企業の経営には必然的にリスクが伴うが, 企業の規模が大きくなればなるほど, リスクも大きくなり, これを個人で負担するのは容易ではない。そこで商法は, 企業危険を多数人で分担する特殊な制度を設けている。前述した会社や船舶共有制度は, 資本調達機構であるとともに危険分散の機能を有するが, とりわけ株式会社はもっともよくこの要請に応じる制度である。そのほか, 火災保険 (665条以下)・損害保険 (629条以下)・共同海損 (788条以下) などの制度がある。

(4) 有限責任

民法の一般原則によれば, 債務者はその有する全財産をもって弁済の責任を負わなければならない。しかし, この原則を貫徹すれば, 資本調達を困難にしたり, 企業経営を萎縮させる恐れが強い。そこで, 商法は, 一定の金額を限度としてしか責任を負わないですむ人的有限責任制度および一定の物または財産を提供すれば責任を免れる物的有限責任制度を設けている。前者には, 合資会社の有限責任社員の責任 (157条), 株式会社の株主の責任 (200条1項)・有限会社の社員の責任 (有17条)・共同海損分担義務者の責任 (791条) などがあり, 後者には, 海上運送人としての船舶所有者の責任 (690条)・海上運送における積荷の利害関係人の責任 (712条2項)・海難救助の場合における積荷の所有者の責任 (812条) などがある。

(5) 企業の維持・強化

いったん成立した企業が解消することは, ひとり企業者の損失にとどまらず, 使用人・債権者の利益も害され, ひいては社会的・国民経済的損失でもある。それゆえ, 企業の維持・強化は商法を貫く基本理念の1つである。そこで, 商法は, 営業譲渡 (25条以下・245条, 有59条以下)・会社の合併 (56条・98条以下・408条以下, 有59条以下)・会社の継続 (95条・97条・162条・406条)・会社の

組織変更（113条・163条，有64条）・株式会社の整理（381条以下）・株式会社の更生（会社更生法）・一人会社（165条・404条1号，有69条）などの制度を認めて，極力企業解体の回避につとめている。

///

【展開講義　4】　商法の発展傾向上の特色

　商法の内容上の特色に対し，発展傾向上の特色として，進歩的傾向と世界的傾向をあげる見解が多い。すなわち，商法はその規整対象である企業生活関係の構造変化や経済事情の変動に敏感に対応して発達するという意味において「進歩的傾向」を有する。また，資本家的合理主義にもとづく技術的性格が強いため各国の国民性や伝統に制約されることが比較的少なく，企業の交渉も国際的で世界市場の形成と発展に伴い，各国商法の内容が異なることによる取引上の不便を除去して次第に接近するという意味において「世界的傾向（統一的傾向）」を有する。たとえば，株式会社法・証券取引法の度重なる改正や海商法・手形法小切手法などの統一条約の形成などがその例である。

///

3　法体系上における商法の地位

──────────◆　導入対話　◆──────────

学生：商法の意義および特色を学んで，おおよそ商法をイメージすることができました。そこでは，とくに民法との対比が強く意識されてきたと思いますが，商法の理解を一層深めるためには，どのような隣接学問の講義を聴くのが望ましいのでしょうか。

教師：そうですね，まず教養的科目として経済学・経営学・会計学などの企業の社会的・経済的制度論を学んだり，新聞の経済欄にも目を通して企業取引の実態に関心をもっていただきたいですね。

学生：法律関係では，やはり民法が一番でしょうか。

教師：そうです。民法は私的生活関係を規律する私法の一般法であり，商法は企業生活関係を規律する民法の特別法ですから，両者の関係を総合的に理解しておく必要があります。

学生：民法の特別法には，労働法や経済法があると民法総則で学びましたが，そうしますと特別法どうしの法律がどのような関係にあるのかということも理解

しておく必要がありますね。
教師：労働法は労働者の生存権確保の保障を理念とするのに対して，商法では企業の維持および取引の安全保障を理念とするので，対象領域が基本的には異なりますが，経営参加や企業再編の問題など両者が交錯する領域もあるので注意しなければなりません。また，資本主義経済の高度化に伴い自由市場経済がもたらした弊害を是正するために独占禁止法をはじめとする経済法のめざましい発達がみられます。
学生：その他の法律で商法と関係の深いものは何でしょうか。
教師：証券取引法や税法，さらには民事訴訟法・民事執行法・会社更生法・破産法などの手続法なども企業生活関係を規律するために不可欠の法律です。これらの法学分野も，商法と並行しまたはその発展上で学習していただきたいと思います。

3.1 商法と民法

商法は，民法とともに，国家の一員たる地位を前提としない私的な社会生活関係を規律する私法に属する。民法は，私的生活関係を一般的，原則的に規律するのに対し，商法は私的生活関係の一部である企業に関する生活関係のみを規律する。それゆえ，商法は，私法の基本原則（たとえば，権利能力とか行為能力とか契約など）に関する規定は民法にあるので，それと重複する規定を設けるようなことをせず，もっぱら企業生活関係に特有なニーズに応じるため，民法の規定だけでは不十分・不適当な方面についてのみ規定しているのである。そこで，形式的意義における商法の規定を民法との関連において分類すると，およそ次のように分類することができる。

① 民法の一般規定を準用する場合（68条・78条・552条2項など）。
② 民法の一般規定を補充する場合（民87条1項と685条，民484条と516条1項など）
③ 民法の一般規定を変更する場合（民99条と504条，民111条1項1号と506条，民167条1項と522条，民349条と515条など）
④ 民法の一般制度を特殊化した形態を設ける場合（代理制度を特殊化した商業使用人制度や代理商，準委任制度を特殊化した仲立営業，請負制度を特殊

化した運送営業，寄託制度を特殊化した倉庫営業など）
⑤　民法に存在しない制度を創設する場合（商業登記，商号，商業帳簿，会社，交互計算，匿名組合，保険，共同海損，海難救助など）

3.2　商法と労働法

　企業規模の拡大に伴い，企業はその活動のために補助者が不可欠である。企業と企業補助者との法律関係には企業に従属して労働力を提供する関係と，企業補助者が企業を代理して取引活動をする関係がある。前者の関係は，企業補助者（労働者）の生存権保障を理念とする労働法の領域に属するのに対して，後者の関係は，取引の安全と円滑の保障を理念とする商法の領域に属する。もっとも，会社の合併，分割および営業譲渡の場合における労働者の承継の問題，偽装解散の場合における労働者の救済の問題，経営参加制度の問題などは商法と労働法が交錯する領域である。

3.3　商法と経済法

　経済法という固有の法典があるわけではなく，経済法の意義について，わが国の経済法学者の間でいまだに定説が見られない。しかし，経済法と呼ばれる法分野は，独占企業の出現によって市場経済の自立性を失うに至った現代資本主義経済に対し，国民経済全体の利益（公益）を基礎として企業組織や企業活動を規制したり（独占禁止法や銀行法・保険業法等各種業法など），経済的弱者を保護育成する（多数の中小企業関係法および消費者関係法など）などの国家干渉を行うことを目的とする市場経済体制維持のための経済政策立法たる特質を有するものということができる。それゆえ，経済法は，市場経済体制を前提として企業をめぐる個別経済主体間の利益調整を目的とする民商法の基礎の上にその限界を補完する関係にあるから，商法とは基本理念を全く異にすると解すべきではなく，最近の金融関係法や保険業法をはじめとする各種業法の規制緩和傾向や消費者契約法制定の動向に見られるように，両者の関係は時代の進展とともに流動的であり，実質的商法に属する分野も少なくない。

3.4　商法と証券取引法

　証券取引法は，有価証券の発行および売買その他の取引を公正ならしめ，有価証券の流通を円滑ならしめることを通じて，国民経済の適切な運営と投資者の保護をはかることを目的としている（証取1条）。すなわち，証券取引法は，

ディスクロージャー制度（企業情報開示制度）と不公正取引防止制度を通じて，限りある金融資源の効率的な適正配分を達成するとともに投資者の保護をも目的とするものである。不公正な証券取引の防止を中心とする証券市場規制の分野は，商法と経済法との関係に当たるが，証取法上のディスクロージャー制度は，商法上のディスクロージャー制度が株主および債権者を保護の対象とするのに対して投資者の保護を対象とする点で異なるが，広い範囲で公開株式会社に適用されるので，実質的商法（実質的会社法）に属すると解されよう（龍田節・証券取引法Ⅰ「はしがき」参照。なお，同・会社法［7版］および河本一郎・現代会社法［新訂8版］では，証券取引法上の開示制度にまで言及されている）。

3.5 商法と税法

日本の税法は，企業に関しては，法人企業と個人企業とを基本的に区別する建前をとっており，企業の所得課税についてはさまざまな税金が存在するが，なんといっても法人税法が中心となる。法人税法は事業年度における収益・費用・損失の額は一般に公正妥当と認められる会計処理の基準に従って計算されるものと規定しており（法税22条4項），企業会計原則および商法等に依拠しながら，税法の目的である課税所得を実現するために法人税法固有の特則を定めている。また，法人税法は，課税所得の計算に関していわゆる確定決算基準主義を採用しており，商法上の計算書類を基準として課税所得を算定するという建前になっている（法税74条1項）。一方，商法は，昭和49（1974）年の改正において，「商業帳簿ノ作成ニ関スル規定ノ解釈ニ付テハ公正ナル会計慣行ヲ斟酌スベシ」という原則規定が新設され，商法上の監査基準と証券取引法上の監査基準の基本的一元化を図ることによって証券取引法上の監査基準とされていた企業会計原則（会計実務の処理基準）や財務諸表原則（表示基準）などを商法の規定の解釈上依拠すべき会計基準として採用することを明確にした（32条2項）。企業会計原則は，企業に対して収益力の算定を求めるものであり，投資者の保護を主たる目的とするのに対し，商法は配当可能利算定を求め，株主・債権者の保護を主たる目的とする。そこで両者の関係について，商法は，企業利益の算定については企業会計原則に依拠しながら，計算規定および計算規則によりこれに対する特則を定めているのである。つまり，法人税法は，企業所得の計算については企業会計が基底にあり，それを基礎として商法会計があり，

その上に租税会計が三重構造として存在することを前提としているのである（金子宏・租税法［8版増補版］255頁）。このように，原則的には商法決算をする場合には，税法上の課税所得規定を考慮すべきではないことになっているのであるが，商法の規定が比較的簡単であるのに対して（たとえば，資産の評価に関しその取得価額や時価等の内容についてほとんど明らかにしていない），税法（通達を含む）は細部の点まで詳細に定めており，税法の課税標準を念頭において商法決算をすることが実務上行われており，商法規定の内容の明確化をはかって商法に違反してまで税金軽減の利益享受をはかることができないように防止することはいうまでもなく，商法と税法の調整が不断に必要である。

3.6 商法と民事訴訟法・民事執行法・民事保全法

民法や商法は，私的紛争の内容・実体をなす私的な市民生活関係や企業生活関係を規律する実体法である。これに対し，民事訴訟法は，実体法に定められた権利義務ないしは生活関係の内容を実現するための手段・手続・方法を定める手続法である。民事訴訟法の付属法として，民事執行法および民事保全法が商法との関係で重要な役割を果たしている。民事執行法は実体法に定める実体上の権利を執行機関（執行裁判所，執行官）の強権力の行使により，強制的に実現するための手続法である。また，民事保全法は，仮差押や仮処分のように，債権者が債務者に対して，民事訴訟法にもとづく訴訟（本案訴訟）により権利の存否が確定するまでの間に強制執行が不可能になる危険を回避するために，暫定的な保全措置を講じる手続法である。実体法と手続法はそれぞれの目的と体系を有するが，両者は協働して私的紛争を解決し社会秩序の維持を果たしていくという密接な関係にある。

4　商法の法源とその適用順序

◆　導入対話　◆

学生：法学概論で，法は国民に対する行為規範であるとともに裁判規範であると学びました。

教師：商法も，もちろんそうです。近代法のもとでは，法による裁判が国民に保障されていますが，裁判官が裁判を行うにあたって依拠すべき「法の存在形

式」を法源といいます。英語では、「sources of law」といいますが、あたかも西洋料理の源がソースにあるように、事件を裁判官が料理する本（もと）は法にあるというわけです。

学生：それでは、商法は実質的にみて社会においてどのような形式で存在しているのでしょうか。

教師：商法の法源のうちもっとも重要なものは、いうまでもなく形式的意義の商法である商法典です。この商法典には、商業登記法や株式会社の監査等に関する商法の特例に関する法律（監査特例法）のような特別法がたくさんあります。それに商事条約のほか、会社の定款のような商事自治法があり、さらに商慣習法がこれらの制定法を補充する役割を果たしています。判例については問題があり、これも法源に入るという見解もありますが、制定法主義をとるわが国では、厳密には法源ではありません。しかし、ことに最高裁判所が同種の判決を繰り返したり先例を変更すると、事実上の拘束力を有するので、裁判所が示した法的判断を判例法と呼ぶことがあります。

学生：以上のような商法の法源を事件に適用する場合、優先順序はどのように決まるのでしょうか。

教師：法源の適用順序には、次のような一般原則があります。①制定法の間では、特別法が一般法に優先する、②国際法は国内法に優先する、③制定法は慣習法に優先する、のです。ただし、商法1条をみると、商慣習法が制定法である民法より優先適用されることに要注意です。

4.1 商事制定法

商法の法源のうちもっとも重要なものはいうまでもなく商法典である。商法典は、民法典に対して特別法に位置するが、企業生活関係に関する法域では一般法であり、その歴史については【展開講義 2】を参照されたい。

そのほか制定法には、大別して商法典の規定を施行・具体化したり、その内容を補充・変更する多数の商事特別法令がある。前者には、商法施行法（明32法49）、商法中改正法律施行法（昭13法73）、商法の一部を改正する法律施行法（昭26法210）、商法中署名スヘキ場合ニ関スル法律（明33法17）、商業登記法（昭38法125）、商業登記規則（昭39法23号）などの付属法令があり、後者には、手形法（昭7法20）、小切手法（昭8法57）、有限会社法（昭13法74）、会社の配当

する利益又は利息の支払に関する法律（昭23法64），国際海上物品運送法（昭32法172），株式会社の貸借対照表，損益計算書，営業報告書及び附属明細書に関する規則（昭38法令31），株式会社の監査等に関する商法の特例に関する法律（昭49法22）などがあり，その他，不正競争防止法（昭9法14），私的独占の禁止及び公正取引の確保に関する法律（昭22法54），証券取引法（昭23法25），証券取引所法（昭25法239），銀行法（昭56法59），信託業法（大11法65），保険業法（平7法105），鉄道営業法（昭61法92），倉庫業法（昭31法121），消費者契約法（平12法61），割賦販売法（昭36法159），特定商取引に関する法律（昭51法57），金融先物取引法（昭63法77），金融商品の販売等に関する法律（平12法101）などの一部にも商法の法源をなす規定がある。

4.2 商事条約

条約は国家間の契約である。商事に関する条約には，条約当事国の国民相互間の法律関係を直接規律するものと，締約国間で特定内容の法律を実施することを義務づけるものとがある。前者の例としては，「船舶衝突ニ付テノ規定ノ統一ニ関スル条約」（大3条約1）「海難ニ於ケル救援救助ニ付テノ規定ノ統一ニ関スル条約」（大3条約2），「国際航空運送についてのある規則の統一に関する条約」（昭28条約17）などがあり，その批准公布とともに商法の法源となる。後者の例としては，「為替手形および約束手形に関し統一法を制定する条約」（昭8条約4），「小切手に関し統一法を制定する条約」（昭8条約20），「1924年8月2日ブラッセルで署名された船荷証券に関するある規則のための国際条約」（昭32条約21）などがあり，これらは条約自体が商法の法源になるものではなく，手形法，小切手法，国際海上物品運送法として国内で制定されることによって，商法の法源となったのである。

4.3 商事自治法

各種の団体がその構成員に向けて自主的に定めた規則は，それが商事関係に関するものである限り，法令の許容する範囲内で法規と同一の効力が認められるので，商法の法源となる。たとえば，会社の定款，証券取引所の業務規定，手形交換所の交換規則などがあげられる。会社の定款や証券取引所の業務規定は，会社法（62条・147条・165条，有5条）または証券取引法（証取108条）の授権により制定されるので商法の法源となるが，手形交換所の交換規則は，その

制定に法的根拠がないことを理由に法源性を否定する見解も有力であるが，手形交換団体の自治法としての性質が認められると解すべきであろう（大阪地判昭37・9・14下民集13巻9号1878頁）。

普通取引約款が自治法として商法の法源性を有するか否かについては，その規範性の根拠をめぐって議論があり，多数説は，特定の取引分野における取引は約款によるという商慣習法または事実たる慣習の成立を認める白地慣習法説をとっている（【展開講義　5】参照）。

4.4　商慣習法

商事関係について行われる実際上の慣行を事実たる慣習（商慣習）といい，これが法的確信にまで高められた場合，その慣習は商慣習法となる。商慣習法とは，慣習の形式で存在する法規範であって，企業に関する法源の1つとして（1条参照）重要な役割を果たしている。商慣習法は，事実たる慣習（民92条）とは異なると解するのが一般である。両者を区別する主たる理由は2点ある。第1に，商慣習は当事者が任意法規を排除して商慣習によるとの意思表示をした場合に始めて拘束力をもつが，商慣習法は当事者の意思表示がなくとも適用される点である。第2は，商慣習は，当事者がこれによるとの意思表示をした場合は任意法規に反しても効力を有するが，任意法規に反するような商慣習法の存在は認められない，との点である。しかし，商慣習が法的確信にまで高められたか否かの判定は相当に微妙な場合が多いし，私的自治の認められる範囲内では，意思表示さえあれば実際上は両者を同様に取り扱うことも可能なのでこれらを区別する実益は少ない。代表例として，手形取引の実際上の必要から生じた白地手形の有効性に関する商慣習法は，手形法10条により明文をもって承認されている（最判昭31・7・20民集10巻8号1022頁）。

4.5　各種法源の適用順序

一般に慣習法は制定法に対して補充的な役割しか認められていないが（法例2条），商慣習法は民事制定法に優先するというとくに強い効力が認められていることに注意しなければならない（1条）。これは，民法が一般法であり，商慣習法が不文であっても特別法であり，企業生活関係の特性を考慮すると，進歩性・合理性のゆえに民法に優先適用させることが効果的だからである。これに，制定法の間では特別法が一般法に優先適用され，また条約（国際法）は

国内法に優先適用されるという原則を加味して考えると，商事関係に関する各種法源の適用順序は次のようになる。

商事自治法 → 商事条約 → 商事特別法令 → 商法典 → 商慣習法 → 民事特別法令 → 民法典 → 民事慣習法

【展開講義 5】 普通取引約款の規範性とその拘束力

　銀行業，信託業，保険業，運送業，倉庫業などのような特定種類の企業における集団的・大量的・反復的取引について画一的処理を図るため定型的に定められた契約条項を普通取引約款（普通契約約款または単に約款ともいう）という。わが国の普通取引約款は一方的に企業者が作成しているのが通常なのになぜ当事者に対し拘束力を有するのであろうか。最近では，約款を会社の定款と同様に自治法として法源性を認める見解に対して，経済的優位に立つ企業が一方的に設定した約款をただちに法規と同視することはできないとする批判が強く，特定の取引分野における取引は約款によるという商慣習法ないし事実たる商慣習（民92条）の成立を認める白地商慣習法説が多数説となっている。この立場によれば，約款は法規範に近づきつつも国家的法律ではなく，したがってまた，約款の解釈は法典の解釈に接近するが，法規解釈とまったく同一ではないということになる。そこで，普通取引約款の解釈については，企業利益に偏重することのないように注意し，約款の内容が不明確な場合には，とりわけ免責条項について類推解釈や拡張解釈をすべきでなく制限的解釈の原則によるべきであり，行政，司法，立法のいずれの段階においても国家的コントロールが必要である。

第2章　商法の基本概念

1　商人の意義と種類

◆　導入対話　◆

学生：民法総則の初めに，私権の主体すなわち法主体は，人（ひと）すなわち自然人と法人であると学びました。商法上の法主体は，どのような人なのでしょうか。

教師：実質的意義における商法＝企業法論によれば，企業は生産諸要素，特に資本と労力とを結合し組織化された単一の経済生活体と理解するわけですが，企業が権利義務の主体たりうるには，法律上当事者となる資格＝法的人格が認められなければなりません。形式的意義における商法＝商法典は，そのような企業主体を商人と称しているのです。商人という概念は，民法に対してその適用範囲を明確にするもので，民法において権利義務の主体とされる人に対応する，商法の中心となる概念です。

学生：商人というと，通常は八百屋・魚屋・小売店などをさしますが，商法でも同じでしょうか。

教師：そうではなく，しっかりと定義づけているのです。商法を企業生活関係に適用するには，一定の範囲の人（企業主体）と一定の範囲の行為（企業取引）とを明確に定める必要があります。商人と商行為の概念がこれに当たります。この2種類の概念こそ，とくに民法に対して商法の適用範囲を画するものとして重要な概念ですから，商法の基本概念というわけです。とくに両概念の関係をしっかりと理解しよう。

　商法の適用範囲を明確にする基本概念としての一般的な商人概念には，固有の商人および擬制商人の2種類があり，その他，小規模企業経営者に対して物的設備に関する一般規定の適用を免除する小商人（こしょうにん）がある。

1.1 固有の商人

　商法上，本来の意味において商人とは，自己の名をもって商行為をなすを業とする者をいう。

　「自己の名をもって」するというのは，自己がその行為の法律上の主体となること，すなわち，その行為から生ずる権利義務の帰属者となることをいう。したがって，みずからが権利義務の帰属主体となる以上，営業活動をだれが行うか，営業財産の所有者はだれか，営業名義人はだれか，企業損益は誰に帰属するか，免許営業の届出人はだれか，といったようなことは関係なく，その者が商人となる。たとえば，会社では代表機関が対外的な取引行為を行うが，権利義務は会社なる法人に帰属するのであるから会社が商人となる。また，免許営業において行政官庁に対する届出や納税の名義人に妻がなっていたが，実際上は夫が権利義務の主体として取り引きしているとすれば，夫が商人であって妻は商人ではないことになる。

　「商行為」をなすというのは，主として商人概念の基礎となる「絶対的商行為」(501条)および「営業的商行為」(502条)を含む基本的商行為（これについては2で詳しく説明する）をなすことをいい，その他に特別法で定める若干の行為（担保付社債信託法による信託の引受・社債総額の引受，信託法による信託の引受）もこれに該当する。

　「業とする」というのは，営業とするということであって，営利の目的をもって同種の行為を計画的に反復継続することを意味する。営利の目的は，収支相償うこと（独立採算性）を目的とすれば足り，現実に利益を得たか否か，またその利益をいかなる目的に使用したかは問われない。継続的ということも，必ずしも長期間を意味せず，海水浴期間中や博覧会期間中の売店経営もこれに当たる。なお，営利の目的の有無の判断は，本人の主観的意図と関係なく社会的通念によるべきであり，医師，弁護士，芸術家などの自由職業人の行為は，実際に営利の目的をもって行われたとしても，それは営業に当たらないと解するのが通説である。

1.2 擬制商人

　商法上の商人を基本的商行為を業とする固有の商人に限定すると経済の進化発展に応じて発生する新しい業種・業態に対応できなくなるばかりか，原始産

業（第1次産業）たとえば農林，漁業，鉱業などを営む者は，常に商人の範囲から除外されることになる。そこで，商法は当初固有の商人のみを規定していたが，1938年（昭和13年）の改正において，商行為とは関係なく経営形式や企業設備に着目して，店舗その他の類似する設備によって物品の販売を業とする者，鉱業を営む者および民事会社（52条2項）は，商人とみなされるにいたった（4条2項）。

(1) 店舗による物品販売業者

物品を販売する行為が商行為となるには，販売される物が他人から有償取得した物，つまり仕入れた物であることが必要であり（501条1号2号），農業・林業・漁業などのように原始産業者が原始取得した農漁産物等をみずから販売する行為や，使用の目的で購入した自己所有の古書の販売行為は商行為ではない。しかし，これらの販売行為が店舗その他これに類似する設備すなわち商人的施設によって行われる場合には，その物品が有償取得したものであるか否かで扱いを異にする理由はないから，これを商人と擬制したのである。したがって，たとえば自分で収穫・捕獲した農魚産物のごときであっても，店舗その他類似の設備で販売するかぎり，その者は商人となるが，行商販売をすれば商人とはならないのである。

(2) 鉱 業 者

鉱業（砂鉱業を含む──鉱業3条）は，天然物としての鉱物を採取して販売する（精練加工した上で販売する場合が多い）ことを業とするので，商行為に当たらないが，原始産業の中でもとくに大規模な企業設備により経営されるのが常態であることに着目して，これを営業する者を商人とみなしたのである。

(3) 民 事 会 社

商法において会社とは，商行為をなすを業とする目的をもって設立した社団（52条1項）をいい，もとより固有の商人である（これを商事会社という）。これに対し，商行為以外の営利行為を目的とする民事会社は本来的には商人ではないが，会社組織で営利行為を営む点において商事会社と取扱いを異にする理由はないから，これを商人と擬制したわけである。このことは，商行為を業としない有限会社の場合も同様である（有2条）。民事会社としては，農業，水産業，林業，製塩業などを目的とする会社があげられるし，また，鉱業を目的とする

会社は，鉱業を営む者としても，あるいは民事会社としても，商人とされる。

1.3 小 商 人

　固有の商人または擬制商人の要件を具備する者は，企業規模の大小にかかわらず商人であり商法の適用を受けるはずであるが，企業としての設備において余りにも小規模の商人にまで商法のすべての規定を適用するのは苛酷に過ぎるばかりでなく，他の商人の商号選定の妨げともなるから，商法は，小商人なるものを認め，そのものには，商業登記，商号，商業帳簿に関する規定を適用しないことにしている（8条）。小商人とは，資本金（営業資金つまり営業財産の現在価格）50万円未満の商人であって会社でないものをいう（商改施3条）。なお，小商人に対して一般の商人を，講学上，完全商人という。

2　商行為の意義と種類

　企業活動は対外的には取引行為としてあらわれる。商行為とは実質的にはこの企業活動として行われる取引行為をさすが，法的には商人のなす営業行為をいうのである。ただし，わが商法典は絶対的商行為（501条）を定めているため，非商人でも商行為をなすことがありうるから，厳密にいえば商行為とは，商法および特別法において商行為として規定された行為をいうことになる。そして，商法4条1項にいう「商行為」とは，絶対的商行為と営業的商行為（502条）をいい，商人概念を導き出すための基礎をなす意味で基本的商行為というのである。これに対し，商人（固有の商人および擬制商人）が「その営業のためにする行為」（503条）を附属的商行為といい，基本的商行為に対応してこれを補助的商行為という。このように，商行為概念を明確化することの目的は，一定の行為を商行為となし商法の適用範囲を画することにあるといえる。これに対して，取引当事者の一方にとってのみ商行為となるか（商人と消費者との取引），両当事者にとって商行為となるか（商人間の取引）を基準として，前者を一方的商行為といい，後者を双方的商行為というが，一方的商行為の場合でも両当事者に商法が適用になるので注意を要する（3条1項）。また当事者の一方が多数である場合，その一方にとって商行為であるときは，その全員に商法が適用される（3条2項）。公法人のなす商行為（たとえば地方自治体のバス運輸事業）に

ついても，法令に別段の定めがない限り，商法の適用がある（2条）。さらに商法52条2項の会社（民事会社）が営業としてなす行為は，商行為でなく民事行為（非商行為）であるはずであるが，商行為とみなされる（準商行為，523条）。

このような商行為概念と商行為概念との関係を図示すると，次のようになる。

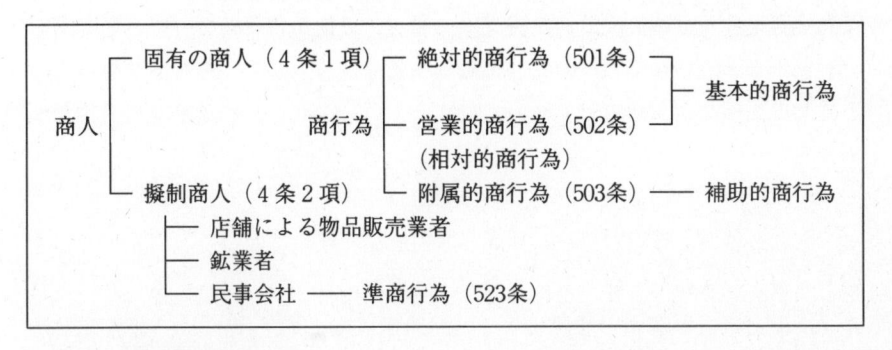

```
                ┌ 固有の商人（4条1項）┌ 絶対的商行為（501条）┐
                │                      │                      ├ 基本的商行為
    商人 ────┤              商行為 ┤ 営業的商行為（502条）┘
                │                      │ （相対的商行為）
                └ 擬制商人（4条2項）└ 附属的商行為（503条）── 補助的商行為
                    ├ 店舗による物品販売業者
                    ├ 鉱業者
                    └ 民事会社 ── 準商行為（523条）
```

2.1 絶対的商行為

絶対的商行為は，商法501条の列挙する4つの行為を中心とするが，行為の客観的性質から強度の営利性を有するものとして当然に商行為となるものである。これは商人でない者がただ1回でも行えば商行為となるという意味で絶対的商行為とされているのであるが，企業性を有していないので，廃止すべきであるとするのが今日の通説である。

(1) 投機購買およびその実行行為（501条1号）

投機購買とは，将来利益を得て転売する意思をもって（投機意思・営利意思）動産・不動産・有価証券を有償で取得する行為をいい，その実行行為とは，そのような投機購買によって取得したものを他人に譲渡する行為である。すなわち，これは，動産等を安く仕入れておいて高く売り，その差額を利得することを目的とする行為であり，小売商や卸売商などの商業が典型的であり，固有の商ともいわれる。営利意思は購買時点に存在しておれば足り，後に心変わりして自己の使用に供したとしても，購買行為自体は商行為に当たる。なお，有償取得した物に製造加工をして売却する行為も含まれるので，各種製造業者の原料の買入行為と製品の売却行為もこれに該当する。

(2) 投機売却およびその実行行為（501条2号）

投機売却とは，将来有利に購入して履行する意思をもって，他人より取得す

べき動産または有価証券の供給契約をいい，その実行行為とは，この供給契約を履行するための動産または有価証券の有償取得行為である。すなわち，これは投機購買の逆で，あらかじめ手元にない動産または有価証券を一定の時期までに売る約束をしておき，その後に他から売値よりも安く仕入れてきて，その差額を利得する行為である。投機売却の場合，投機購買と異なって不動産がその対象から除外されているのは，不動産が流動性に乏しく，あらかじめ他人の不動産の売却契約を締結しておいて後に安く買い入れることが事実上困難だからである。

(3) 取引所においてする取引（501条3号）

取引所とは，証券取引法および商品取引所法の定めるところにより，代替性のある特定の商品や証券の大量的取引を定期的に行う集中取引市場が開設される場所である。わが国で法律により認められている取引所には，証券取引所（証券取引法），商品取引所（商品取引所法）および金融先物取引所（金融先物取引所法）があり，それぞれ有価証券市場，商品市場，金融先物市場を開設している。取引所における取引は売買取引であるが，投機的・定期的で極度に資本主義的であるところから，絶対的商行為とされたのである。しかし，取引所における取引は，商人資格を有する取引所の会員しか行うことができず（商取23条，証取90条，金融先物56条），それ自体投機売買（会員が自ら営業として行う場合）または問屋（551条――会員が他人より委託を受けて行う場合）として商行為性を認められるから，これを区別して特に絶対的商行為とする意味はない。

(4) 手形その他の商業証券に関する行為（501条3号）

商業証券とは，ひろく有価証券を意味し，約束手形，為替手形，小切手，株券，社債券，公社債券，貨物引換証，倉庫証券，船荷証券などが含まれる。そして，商業証券に関する行為とは，証券の発行・裏書・引受・保証などのように，証券上の権利を発生・移動・変動させる行為をいう。商法がこのような証券上の行為を絶対的商行為としたのは行為者が商人であると否とを問わず，常に商法の規定を適用するためであったと考えられるが，手形法および小切手法が商法典から分離して特別法となり一般的に適用されるようになったし，また有価証券に関する商法の規定も行為者の商人性を問題としない以上，本号を定める意味はない。

(5) 担保附社債信託法による信託の引受（担信3条）

株式会社が社債を発行する場合，各社債権者に個別的に担保権を設定することは煩雑で事実上不可能であるから，総社債権者のために取得保有させる信託行為が行われるが，このような信託引受行為は，営利性や集団性の顕著なものとして絶対的商行為とされたものと思われる。しかし，受託会社となるには大蔵大臣の免許が必要であるため，実際には信託の引受は商人である銀行または信託会社に限られ，その会社の営業のためにする行為として商行為性を認められるので（503条），これを絶対的商行為とする実益はない。

2.2 営業的商行為

営業的商行為は，営業としてなされるときに商行為となるものであって，行為の営利性が反復的・集団的になされる場合にはじめて顕著となる点に着眼して，商行為性が付与されたものである。商法502条に定める12種の行為のほか，特別法で定める行為（信託法による信託の引受，無尽業法による無尽の引受）がある。ただし，たとえ営業としてなされたとしても，もっぱら賃金を得る目的をもって物を製造しまたは労務に服する者の行為は，商行為とはならない（502条但書）。同条に列挙されている営業的商行為については，企業の進化発展に対応すべく例示列挙と解し拡張解釈をなすことも妨げないと解する説もあるが，そのように解すると民法と商法の適用関係を浮動的なものとするおそれがあり，また新しい営業はほとんど会社形態で行われていて，その場合は準商行為（523条）として商行為に関する規定が準用されるのでほとんど問題がなく，限定列挙と解するのが通説である。

(1) 投機貸借およびその実行行為（502条1号）

投機貸借とは，後日賃貸して利益を得る意思（投機意思・営利意思）をもって動産または不動産を有償的に取得したり賃借したりする行為をいい，その実行行為とは，このようにして取得したり賃借したものを賃貸する行為をいう。たとえば貸家営業，貸衣裳営業，貸自動車営業，貸本屋，貸ボート屋，貸フトン店，電子計算機などの各種リース業などの行為がこれに属する。営利意思は貸借時点に存在しておれば足り，また実行行為により現実に利益を得たか否かは問わない。

(2) 他人のためにする製造または加工に関する行為（502条2号）

「他人のためにする」とは，他人の計算においてする，という意味である。すなわち，他人から材料を支給されまたは他人の計算で材料を買い入れて製造または加工をなすことを引き受け，引き受けた仕事の完成に対して報酬を受ける行為である。俗に委託加工または下請けと呼ばれる企業活動がこれに属する。製造の例としては，靴・鞄の製造業，和洋服仕立業，機械器具下請製造業などがあり，加工の例としては，クリーニング業，染色業，精米業，各種修理業などがある。なお，自己の計算において買い入れた原材料に製造加工して売却する製造業者（メーカー）の行為は，投機購買およびその実行行為（501条1号）に該当することに注意しなければならない。

(3) 電気または瓦斯の供給に関する行為（502条3号）

電気またはガスの継続的供給契約が商行為となる。電力会社やガス会社の行為がこれに当たる。放送事業や水道業もこれと同質のものであるが，現行法では基本的商行為とはならないけれども，民事会社（52条2項）の行為として準商行為（523条）となるので商法適用上の不都合はない。

(4) 運送に関する行為（502条4号）

運送すなわち貨物または旅客を一定の場所から他の場所へ移転することを引き受ける契約が商行為となる。運送の場所は，陸上・海上・空中のいかんを問わず，運送の用具も問題とならない。自動車・鉄道・船舶・航空機などによる運送業の行為がこれに属する。

(5) 作業または労務の請負（502条5号）

作業の請負とは，本条2号との関連からして，主として不動産上の工事たとえば家屋の建築，道路の開設，鉄道の敷設，橋梁の架設などを請け負うことをいう。土木建築請負業者の行為がこれに当たる。労務の請負とは，人夫その他の労働者の供給を請け負う行為をいうが，現在では有料または営利目的の労務供給業は原則として禁止されているから（職安32条），労働大臣の許可を得て行なわれる美術・音楽・演芸などの特殊なものや労働者派遣事業（職安47条の2，労働派遣4条・5条）以外には商行為性を認められない。

(6) 出版・印刷または撮影に関する行為（502条6号）

出版とは，文書・図画を印刷して発売・頒布する行為（たとえば出版社・新聞社などの行為）をいい，印刷とは，機械力または化学力による文書・図画の

複製を引き受ける行為（印刷業・謄写屋などの行為）をいい，さらに撮影とは，写真の撮影を引き受ける行為（写真館などの行為）をいう。

(7) 客の来集を目的とする場屋の取引（502条7号）

大衆顧客の来集に適する施設を設けて利用させることを目的とする行為をいい，たとえば旅館，料理屋，喫茶店，映画館，劇場，遊園地，野球場，パチンコ店，麻雀荘，ビリヤード，ダンスホール，ボーリング場，ゴルフ場その他の娯楽施設や浴場，理髪店（なお大判昭12・11・26民集16巻23号1681頁は，理髪業者の営業設備は理髪のための設備であって，客に利用させるための設備ではないから，場屋取引には該当しないと判示している），美容院などの行為がこれに当たる。

(8) 両替その他の銀行取引（502条8号）

金銭または有価証券の転換を媒介する行為は商行為である。両替商または受信（金銭または有価証券の受入れ）・与信（金銭または有価証券の融通）双方の業務をなす銀行その他の金融業者の行為がこれに当たる。したがって，自己資本で貸付けをなす質屋営業，サラ金業者，高利貸業者の行為は受信行為がないから銀行取引に含まれないと解するのが多数説・判例（最判昭30・9・27民集9巻10号1444頁，最判昭50・6・27判時785号100頁等）である。これに対し，現代の社会的経済的実態を考慮して受信または与信のいずれか一方を業とする広義の金融業の意義に解すべきであるとする見解も有力である（たとえば服部・465頁）。

(9) 保　　険（502条9号）

保険とは，保険者が偶然の一定の事故の発生による損害を塡補し（損害保険），または人の生死に関して保険金を支払うことを約し（人保険），保険契約者がこれに対し保険料を支払うことを約する契約である（629条・673条）。ただし，株式会社によって行われる営利保険のみが商行為とされ，生命保険相互会社の保険契約や社会保険はこれに当たらない。

(10) 寄託の引受（502条10号）

寄託の引受とは，他人のために動産や有価証券など物の保管をなすことを引受ける契約であり，倉庫営業者（597条）の行為がこれに当たる。

(11) 仲立または取次に関する行為（502条11号）

仲立とは他人間の法律行為の媒介を引き受ける行為であり，他人間の商行為

の媒介を引き受けることを業とする仲立人（543条）や一定の商人のためにその営業取引の媒介を引き受けることを業とする媒介代理商（46条）の行為がこれに当たる。媒介される法律行為は商行為でなくともよいから，不動産周旋業者や結婚紹介業者などの民事仲立人も商人となる。取次とは，自己の名をもって，他人の計算において法律行為をなすことを引き受ける行為をいい（間接代理・経済上の代理），問屋（551条）・運送取扱人（559条）・準問屋（558条）などの行為がこれに当たる。問屋としては，証券売買の取次をする証券会社や商品売買の取次をする商品取引員が，運送取扱人としては，物品運送の取次をなす運送事業者が，また準問屋としては，広告業者や旅行業者などがあり，これらの業者を取次商という。

(12) 商行為の代理の引受 （502条12号）

委託者のために商行為となる行為の代理を引き受ける行為をいい（直接代理・法律上の代理），締約代理商（46条）の行為がこれに当たる。

(13) 信託法による信託の引受 （信託6条）

信託とは，財産権の移転その他の処分をなし，他人をして一定の目的にしたがい財産の処分または管理をなさしめる行為をいうが，信託業は免許を受けた株式会社に限りとめられているので（信託業1条・2条），これを営業的行為と規定する実益はない。

(14) 無尽業法による無尽の引受 （無尽2条）

無尽とは，無尽業者が一定の口数と給付金額を定め，契約者に定期に掛金を払い込ませ，1口ごとに抽籤・入札その他類似の方法により，掛金者に対して一定の金銭以外の財産の給付をなすことをいう（無尽1条）。金銭無尽は銀行しか行えないので（銀行10条1項1号・2条4項），無尽業の対象は物品無尽（たとえば住宅無尽）に限られる。無尽業も，信託業と同様，免許を受けた株式会社に限り認められているので（無尽3条・4条），これを営業的商行為と規定する実益はない。

3 附属的商行為

附属的商行為とは，商人がその営業のためにする行為をいう（503条1項）。

商人概念を前提として認められるもので，商人概念の基本となる基本的商行為（絶対的商行為および営業的商行為）と区別して，補助的商行為ともいう。営業のためにする行為とは，たとえば売買業や製造業にとっての商品や原材料の運送依頼，営業資金の借入，従業員の雇用・店舗・工場の買入・賃借，陳列ケース・運搬用具の買入，広告の委託等その営業の遂行に必要な行為のみならず，取引先等への寄付のように単に営業の維持・便益をはかる行為も含まれる。有償・無償のいかんも問わない。たとえば，個人商人が金銭を借入れた場合のように，営業資金として借りたのか自己の消費のために借りたのか判定が困難なケースも生じ得るので，商人の行為はすべて営業のためにするものと推定されている（503条2項）。この推定により，商人の行為については，その行為の商行為性を否定する者がその事実を立証しなければならない。

3.1 商人たる適格

人は，商法4条所定の要件を具備することによって商人資格を取得できるのであるが，一体いかなる者が商人資格を取得できるのか，これが商人適格の問題である。

(1) 自然人の場合

自然人は，その権利能力が無制限であるから，私法上は，その年齢・性別・行為能力などに関係なく，商法の定める一定種類の営業（501条・502条）または一定の形式における営業をなすことによって，誰でも商人となることができる。そして，商人適格を有する者がいつ，いかなる行為をなした時に商人資格を取得することになるのか，これが商人資格取得時期の問題である（【展開講義 6】を参照）。

(2) 法人の場合

法人は目的団体であるから，営利事業を営むことがその法人本来の目的と抵触しないか否かにより，商人適格の有無を判断しなければならない。

(a) 公法人　(イ) 国家・地方公共団体　国家および地方公共団体などの法人は，国民・住民福祉の増進という本来の目的を達成する手段として営業活動をすることが許され，その限りにおいて商人適格を認めることができる。なお，公法人の商行為（たとえば鉄道・バスなどの運送事業）については，法令に別段の定めがないときに限り，商法の規定が適用される（2条）。

(ロ)　**特殊法人**　　営団（たとえば帝都高速度交通営団）・金庫（たとえば商工中央金庫・農林中央金庫）・公団（たとえば日本住宅公団）・公庫（たとえば中小企業金融公庫・農林漁業金融公庫・国民住宅公庫）などの特殊法人は，公共性が強いのであるが，そのなすところの行為が商法502条の商行為たる銀行取引や運送行為などに該当し，しかもこれらの法人は独立の経済単位として独立採算制をとり，少なくとも収支相償うことを目標としているから，商人資格を有するものと解される。

　(ハ)　**公共組合**　　土地改良区，土地区画整理組合，水利組合等の公共組合は，その目的が法律で制限されていて，特定の公共事業以外に営業を営むことができないから，商人適格は認められない。

　(b)　**私法人**　　(イ)　**営利法人**　　営利法人は，すべて会社とされ（52条，有1条1項・2条），生れながらにして商人となる（4条）。

　(ロ)　**公益法人**　　公益法人は，その本来の目的たる事業について商人資格を有しないことは明白であるが（民34条），国家および地方公共団体などの法人と同様，その本来の目的を達成する手段として営業活動をすることが許され（私学26条），その限りにおいて商人たりうる。

　(ハ)　**中間法人**　　中小企業等協同組合・消費生活協同組合・相互保険会社・信用金庫などの，営利法人と公益法人の中間法人は，その事業目的が法律で特定されており，構成員の相互扶助や共通利益の維持促進を目的としているので，商人資格を否定するのが通説である。

【展開講義　6】　商人資格の取得時期
　(1)　会社は生まれながらの商人であるから（4条・52条，有1条1項・2条），本店の所在地における設立登記の時から商人となる（57条，有4条）。
　これに対して，自然人は商法4条に定める一定種類の営業または一定の形式における営業を開始した時であり（4条），営業の開始とは，必ずしも営業の目的たる基本的商行為を開始しなくとも，これを目的とした開業準備行為（たとえば店舗の借入・営業資金の借入れ・使用人の雇入れなど）をなした時と解されている。すなわち，開業準備行為によって商人資格が発生し，その準備行為が附属的商行為（503条）として商行為となることが一般に認められているが，果たしてその時点がいつであるかについては，判例・学説上見解が分かれている。

(2) 大別すると，一定の開業準備があればその時点で絶対的に商人資格が生ずるとする画一的決定説と，当事者の具体的事情にもとづいて段階的に決定しようとする段階説とがある。前者は，①引札の配布，開業広告，看板の掲揚等の開業意思の対外的表白行為が行われた時点と解する営業意思表白説（大判大14・2・10民集4巻2号56頁）および②工場の借入や営業用機械の購入などによって，開業意思が主観的内面的に実現された時点と解する営業意思主観的実現説（最判昭33・6・19民集12巻10号1575頁），を経て，現在では取引の相手方が事情を知悉し客観的に認識可能となった時点と解する客観的認識可能説（最判昭47・2・24民集26巻1号172頁）に到達している。これに対し，後説は，②に該当する第1段階では，相手方のみが商人資格の取得および商行為性を主張でき，③に該当する第2段階では相手方のみならず行為者も商人資格の取得および商行為性を主張でき，さらに①に該当する第3段階では，何人に対する関係でも商行為性の推定（503条2項）が働くと解し（北沢正啓「商人資格の取得時期と開業準備行為の附属的商行為性」株式会社法研究423頁），画一説の諸段階において商人資格を主張する側および主張される側に立証責任の適切な配分をすることによって当事者間の具体的公平を図ったものと解することができる。この見解に対しては，画一的決定説の③説を支持する立場から，本来は事実の存否に関する問題を対抗問題に置き換えたもので技巧的に過ぎるとの批判がなされている（弥永真生「商人概念」法学教室216号8頁）。

3.2 営業能力

自然人は，すべて権利能力を有するから（民1条ノ3），年齢や性別に関係なく誰でも商人資格を取得できる。しかし，そのことからすべての人が当然に営業活動をなし得るということにはならないのであって，自然人が営業活動をなし得るためには行為能力を有しなければならず，この問題については民法の一般原則によって決しなければならないが，商法は，行為無能力者の営業に関して，取引安全の見地から若干の規定を置いている。

(1) 未成年者の場合

未成年者は，原則として自由に営業をなすことはできないが，法定代理人の許可を得て1種または数種の営業をなすことができる（民4条・6条）。その場合には，取引の相手方を保護するため登記をしなければならない（5条）。登

記は未成年者登記簿にこれをなす（商登6条2号・43条―47条）。なお，法定代理人が未成年者に代わって自ら営業を行うことも可能であるが，その場合，親権者である父母以外の法定代理人，すなわち後見人が未成年者を代理して営業を行うときは，その旨の登記を要する（7条）。登記は後見人登記簿にこれをなす（商登6条3号・48条―50条）。

(2) 成年被後見人

成年被後見人は，未成年者のような営業許可制度が認められず，自ら完全な能力をもって営業を行うことができないから（民9条），後見人が代わって営業を行うほかはない（民859条）。この場合にもその旨の登記を要する（7条）。

(3) 被保佐人

被保佐人については，未成年者のような営業許可制度が認められないのみならず，保佐人も法定代理人ではないから代理権を有さず代わって自ら営業を行うこともできない。そこで，このギャップを埋める方法として，①民法12条2項により家庭裁判所の宣告を得て保佐人の同意のもとに支配人を選任しこれに営業を代理させる，②同様に家庭裁判所の宣告を得て保佐人の同意のもとに自ら営業を行う，③家庭裁判所の宣告を得る必要はなく，被保佐人は保佐人の同意を得て支配人を選任しこれに営業を行わしめる，という3つの見解がある。②は，未成年者の営業許可の場合と同様の登記制度が認められていないので採りえず，③は，民法12条1項所定の行為について包括的な同意を与ええないことと矛盾するので，やや無理な解釈というほかはなく，現在のところ，①説が多数説であるが，いずれの見解に対しても，批判が投ぜられているので，立法措置を講じる必要があろう。

(4) 被補助人

民法12条1項所定の行為のうち，補助人の同意がないと取り消すことができる行為（民16条）が被補助人の営業に関するときは，被補助人は被保佐人と同様の地位に立つので，被保佐人の営業方法に関する学説の対立がそのまま当てはまる。

(5) 任意後見契約の本人

本人が委託した事務が営業の全部であるときは，任意後見監督人選任後は，成年後見人のときと同様になろう（任意後見2条1号・2号・4条1項参照）。

第3章　商人の補助者──商業使用人

1　商業使用人

◆　導入対話　◆

学生：企業の規模が大きくなるにつれて，その活動領域が広がってくると，企業主である商人自身がすべての営業活動をすることは困難になります。そのような場合，商人は，どのような対応をすればよいのでしょうか。

教師：その場合，まず他人を利用して活動範囲を広げればよいのです。このような商人の補助者を商業使用人といいます。商業使用人は，雇用契約により特定の商人に従属して，その商人の営業上の活動を補助する者です。

学生：商業使用人にはどのような種類があるのでしょうか。

教師：商業使用人には，営業主に対する営業代理権の広狭により，支配人（38条以下），番頭・手代（43条），物品販売店舗使用人（44条）の3種類があります。

学生：商人はその他にどのような補助者を利用できるのでしょうか。

教師：自らは独立した商人でありながら，外部から他の商人の営業活動を補助する独立的補助者を利用することもできます。

学生：独立的補助者（補助商）にはどのような種類があるのでしょうか。

教師：これには，代理商（46条），仲立人（543条），問屋（551条），準問屋（558条），運送取扱人（559条），運送人（569条），倉庫営業者（597条）などがあります。そのうち，代理商は特定の商人を補助するので，商業使用人と類似しているから商法総則において規定しているのに対し，不特定多数の商人を補助するその他の独立的補助者は商行為編において規定していますが，これらについてはそれぞれの該当箇所で後述するとして，ここでは商業使用人について学ぶことにしましょう。

1.1 商業使用人の意義

　商業使用人とは，雇用契約により特定の商人（営業主）に従属し（45条参照），その商人の対外的な営業活動を補助する者で，商人の営業上の代理権を有する者をいう。したがって，雇傭関係のない営業主の家族や友人などが代理権を与えられて営業活動を補助しても商業使用人ではない。しかし，このような者と取引する善意の（雇傭関係にないことを知らない）第三者を保護するために，商業使用人に関する規定の類推適用を認めるのが多数説である。これに対し，営業主との関係は，雇傭に限られるものではなく委任の関係に立ちながら営業の補助者として営業主を代理する場合が少なくないので，これらの者を商業使用人に含むと解する説も有力であるが（鴻・155頁，服部・277頁，神崎・通論119頁など），この論争は，これらの者に商業使用人に関する規定を直接適用するのか，それとも類推適用するのかという対立にすぎず，実益のあるものとはいえない。

　また，対外的な代理権の要否についても，商人の商業上の業務に服する者は，代理権の有無を問わず商業使用人であると解する説がある（服部・278頁）。いずれの説によっても，技術上の補助行為をするにすぎない工員・技師・掃除人・給仕・エレベーターガール・運転手などは商業使用人に含まれないが，この説によれば，企業の純内部的な勤務に服する簿記係や現金出納係のごときは含まれることになる。しかしながら，商法上の商業使用人制度の重点は，営業主の営業活動に関する商業使用人の取引的行為が営業主に帰属することになるのかという，営業代理的側面に置かれているのであるから，そのように商業使用人の範囲を広く認める実益は少ないといえよう。

　なお，親権者または後見人のように法定代理人として本人である未成年者または禁治産者のために営業を行う者や会社の代表社員または代表取締役のように会社の機関として行う営業も，営業主と従属関係にないので，これらは商業使用人ではない。

1.2 商業使用人の種類

　商法は，商業使用人として，営業主に対する営業代理権の広狭を基準として，支配人（38条），番頭・手代（43条）物品販売店舗使用人（44条）の3種類を認めている。これら商業使用人は，前述したように，特定の商人に従属し，その

商人のために対外的営業活動を補助する点において共通性を有するが，支配人は，営業主に代わりその営業に関する一切の裁判上・裁判外の行為をなす包括的な代理権限を有するのに対し，番頭・手代は，営業に関するある種類または特定の事項（仕入れ・販売など）に関する部分的包括代理権を有するにすぎず，また，物品販売店舗使用人は，そのつど代理権の授与を受けなければ商人を代理して取引できないのであるが，取引安全保護の見地から物品の販売の権限があるものとみなされる点で，基本的な差異が見られる。商業使用人の意義と分類基準を図示すればつぎのようになる。

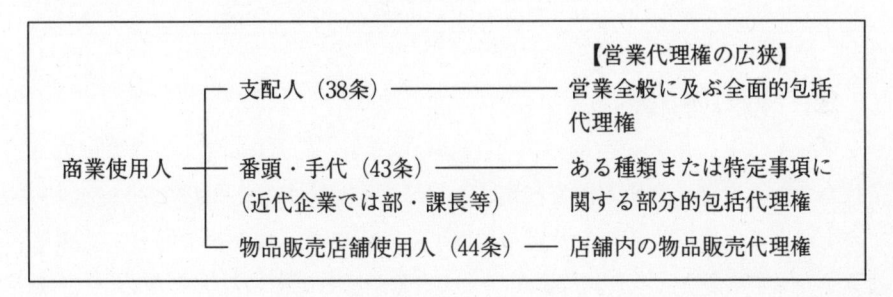

```
                                          【営業代理権の広狭】
            ┌ 支配人（38条）──────── 営業全般に及ぶ全面的包括
            │                            代理権
商業使用人 ─┼ 番頭・手代（43条）─────── ある種類または特定事項に
            │ （近代企業では部・課長等）   関する部分的包括代理権
            └ 物品販売店舗使用人（44条）── 店舗内の物品販売代理権
```

2　支配人

──────── ◆　導入対話　◆ ────────

学生：支配人とは何ですか。
教師：営業主に代わってその営業に関する一切の裁判上または裁判外の行為をなす権限（包括的代理権）を有する商業使用人のことです（38条1項）。
学生：支店長と称される人ではないのですか。
教師：名称のいかんを問いません。代理権の内容で決まるのです。
学生：そうしますと，支配人とか支店長などの名称を付与されていても，商法に定める権限を持たない者は支配人ではないのですね。
教師：そのとおりです。そこで，商法は，支配人とまぎらわしい名称を信頼して取引する善意の相手方を保護するために，表見支配人制度（42条）を設けているのです。
学生：支配人の代理権の及ぶ範囲は営業主の営業全般なのでしょうか。
教師：そのうちの，たとえば支店のような商号または営業所によって個別化され

た特定の営業です。
学生：支配人の営業主に対する義務についても特色がありますか。
教師：支配人の営業主に対する義務は，雇傭（民623条以下）および委任（民643条以下）の一般規定によりますが，支配人は前に述べたような包括的代理権を有し，営業上の機密を知り得る地位にあるため，特別な不作為義務が課されています（41条）。
学生：支配人と株式会社の代表取締役とで法的地位にどのような差異があるのでしょうか。
教師：それについては，【展開講義　8】で解説することにしましょう。

2.1　支配人の意義

　支配人とは，営業主に代わって，営業に関する一切の裁判上または裁判外の行為をなす権限を有する商業使用人をいう（38条1項）。この権限を支配権というが，支配権は，営業主の営業に関する全面的包括代理権であり，法律によって定型化され，これに制限を加えても善意の第三者に対抗できない（38条3項）。したがって，このような実質を有する者であれば，その名称のいかん（たとえば支配役・支店長・マネージャー等）を問わず支配人であるが，その実質をもたない者は，たとい支配人とか支店長などの名称を付与されていても，支配人ではない（ただし，42条参照）。

　このように解する多数説（実質説）に対して，支配人制度は，支配人の権限の範囲を定型化して取引の相手方を保護しようとするものであるから，支配人とは本店または支店の営業の主任者である商業使用人であると解する説（形式説）も有力に主張されている（大隅・総則143頁，服部・280頁）。支配人であるか否かは，登記によって判断できること，また営業の主任者たることを示すべき名称を付された商業使用人については商法42条によって支配権が擬制されていることを考慮すると，多数説の理解が妥当であろう。

2.2　支配人の選任・終任

(1)　選　　任

　支配人の選任は，営業主たる商人または支配人の選任を授権されたその代理人がなすことを要する（37条）。会社においては，代表社員または代表取締役

がこれを選任するが，そのためには合名会社では総社員の過半数の決議（71条），合資会社では無限責任社員の過半数の決議（152条），株式会社では取締役会の決議（260条），有限会社では取締役の過半数の決議（有26条）を必要とする。もっとも，これらの決議は会社の内部的な意思決定手続にすぎないから，この点に手続的瑕疵があったとしても，会社の代表機関によって選任された以上は選任行為自体は有効であると解する見解が多数であるが，昭和56年の商法改正により支配人の選任行為は重要な業務執行行為として取締役会の専権事項とされているから，原則的には無効と解すべきである。清算中の会社および破産宣告を受けた会社は，支配人を選任することはできないと解される。支配人は，営業の遂行を前提とした補助者だからである。

支配人の被選資格には別段の制限はなく，行為無能力者でもさしつかえない（民102条）が，自然人であることを要する。ただし，合名会社または合資会社の社員，株式会社または有限会社の取締役は支配人を兼ねることができるが，株式会社または有限会社の監査役は職務の性質上その会社または子会社の支配人を兼任することはできない（276条，有34条）。このほか，支配人については独禁法上の制約もある（独禁13条・2条3項・91条3号）。支配人選任行為の法律上の性質は，代理権授与行為を伴う雇傭契約である。ただし，両行為が同時になされる必要はなく，すでに雇傭関係にある使用人を支配人とする場合には，単に代理権授与行為があれば足りる。その形式には別段の制限がないので，口頭によると文書によると，また明示的であると黙示的であるとを問わない。

支配人を選任した場合には，支配人を置いた本店または支店の所在地において登記することを要する（40条）。これを怠ると，支配人の選任を善意の第三者に対抗できない（12条）。

(2) 終　　任

営業主と支配人との法律関係は，代理権の授与を伴う雇傭関係であるから，代理権の消滅（民111条）または雇傭関係の終了（民626条～628条・631条）によって終任する。ただし，商行為の委任による代理権は本人の死亡によって消滅しないから（506条），営業主の死亡は支配人の代理権の消滅原因とはならない。結局，支配人の終任事由としては，①支配人の死亡・禁治産・破産（民111条1項2号），②営業主による解任または支配人の辞任（民111条2項，651条

1項），③企業の廃止・破産・会社解散，④雇傭関係の終了などをあげることができる。営業譲渡を終任事由としてあげる学説もあるが，営業譲渡当事者間で別段の取り決めをしないかぎり，原則として譲渡人と支配人との間の関係も譲受人に承継されると解するのが通説である。

支配人の終任は，支配人を置いた本店または支店の所在地で登記することが必要である（40条，商登51条～53条）。

2.3 支配人の代理権（支配権）

(1) 支配権の範囲

支配人の権限は，定型的であって，営業主の営業に関する裁判上・裁判外の一切の行為に及ぶ（38条1項）。裁判上の行為とは，営業主に代わって各審級における訴訟代理人となり，訴えの提起，反訴，強制執行，仮差押え，仮処分に関する訴訟行為や弁護士への訴訟委任などの行為をさす（民訴55条）。裁判外の行為とは，私法上の適法行為をいい，営業の目的である行為（たとえば電気機具販売営業における電気機具の売買契約）であると営業のためにする行為（たとえば電気機具の仕入れ資金の借入）であるとを問わない。要するに，営業に関連する行為であれば，すべて支配人に代理権があると解されるのである。

ある行為が支配人の権限に属するか否かは，取引安全保護の見地からして，営業主のためにしたか否かという主観的事情によるのではなく，客観的性質からみて当該営業に関連があるか否かによって決定される（【展開講義　7】参照）。

支配人の代理権の及ぶ範囲は包括的であるが，それは株式会社の代表取締役または代表執行役の有する代表権のように営業主の営業全般ではなく，そのうち，商号または営業所によって個別化された特定の営業全般である。もっとも，1人で数個の営業所の支配人を兼ねることはさしつかえない（支配人と代表取締役または代表執行役との法的地位の比較については【展開講義　8】参照）。

(2) 支配権の制限

支配人の権限は，上述のごとく定型的かつ包括的な法定の権限であるが，授権行為によって与えられる任意代理の範疇に属するものであるから，営業主はこれに制限を加えることは可能である。しかし，営業主が支配権に制限を加えても，これをもって善意の第三者に対抗することはできない（38条3項）。ここにいう代理権の制限とは，定型的・包括的・客観的な代理権の範囲を個別

的・具体的・主観的に縮小することで，たとえば取引の種類・数量・金額・時期・場所・取引の相手方などを制限することである。このような支配人の代理権に加えた制限は，その制限を知っている悪意・重過失（重過失は悪意と同視される）の第三者には対抗できるが，悪意・重過失の立証責任はそれを主張する営業主にある。なお，特定の取引について営業主の同意（株式会社では取締役会の決議）を要するというような内規は，内部的な意思決定手続であって，ここにいう代理権の制限ではない。したがって，営業主の名で支配人が専断的行為をした場合には，判例は心裡留保に関する民法93条但書の類推適用によるが（最判昭42・4・20民集21巻3号697頁参照），多数説は信義則または権利濫用禁止規定違反として，営業主は悪意・重過失のある相手方に無効を主張し得ると解している。

(3) 共同支配人

支配人の権限は，きわめて広範であるから，濫用または誤用を防止するために，営業主は数人の支配人が共同して代理権を行使すべき旨を定めることができる（39条1項）。この制度を共同支配といい，これらの支配人を共同支配人という。共同支配の態様は種々あって，数人の支配人全部を共同支配人とすることもできれば，その中の一部の者を共同支配人とすることもできる。共同支配人は，共同して営業主を代理して相手方に対して意思表示をしなければならないが（能動代理），受動代理すなわち意思表示の受領については各支配人が単独代理権を有する（39条2項）。もっとも，能動代理の場合でも，共同支配人の間で特定事項についての意思が合致した場合，その対外的意思表示を他の支配人に委任することは可能である（共同代表に関し最判昭49・11・14民集28巻8号1605頁参照）。共同支配の定めは登記事項であり（40条），この登記をなすと，営業主は善意の第三者に対しても対抗できることになるので注意を要する（12条）。しかしながら，共同支配人の中の1人が単独の支配人の名称で第三者と取引した場合に，相手方である第三者が外観を信頼して共同支配であることを知らなかったときは，商法42条の類推適用が可能であると解される（共同代表取締役に関し，最判昭43・12・24民集22巻13号3349頁参照）。共同代表および共同支配は登記されている例は実際にはまれであり，たまたまこの制度が採用されていると，取引上のトラブルの原因になることが多いため，すべての会社に

ついて共同代表の制度を廃止すると同時に，共同支配人の制度も廃止することが提案されている（昭和61年5月15日商法・有限会社法改正試案）。

2.4 支配人の義務

　支配人の営業主に対する義務は，雇傭（45条，民623条以下）および委任（民643条以下）の一般規定によるが，支配人が前述のような包括的な代理権を有し，かつ営業上の機密を知りうる地位にあるため，商法41条は，精力分散防止義務として，支配人に対し営業避止義務および競業避止義務という特別の不作為義務を課している。

(1) 営業避止義務

　支配人は，営業主の許諾がない限り，自ら営業をなしたり，他の会社の無限責任社員，取締役もしくは他の商人の使用人となることができない（41条1項）。この義務は，支配人をして営業主の営業のために専念せしめるために課されたもので，高級使用人に対する雇傭契約に由来するものといえる。

(2) 競業避止義務

　支配人は，営業主の許諾がなければ，自己または第三者のために営業主の営業の部類に属する取引をしてはならない（41条1項）。これを競業避止義務という。この義務は，支配人が包括的な業務執行権限を有し営業機密に通じる地位にあるので，営業主の営業について知り得た機密を利用し，営業主の利益を犠牲にして自己または第三者の個人的利益を図ることを防止するために法定された，忠実義務と評すべき不作為義務である。

　営業主の「営業の部類に属する取引」とは，営業主の営業の目的たる取引のことであり，営業主と支配人または第三者との間で市場で競合し利益衝突を生ずるおそれある取引をいう。したがって，営業の部類に属する取引でも，市場で競合するおそれのない営利性なき取引（たとえば証券会社の支配人が自己の投資のために有価証券を買い入れる行為や不動産業者の支配人が自己の住宅用に土地家屋を購入するがごとし）は，禁止の対象とはならない。また，「自己または第三者のため」とは，支配人の自己名義でなすことまたは他人の代理人もしくは他の会社の代表機関としてなすこと，つまり「自己または第三者の名において」の意味に解する説が従来は多数説であったが，後述する介入権が義務違反取引の経済的利益を全部取り上げることを目的とすることからみて，「自己ま

たは第三者の計算において」の意味に解する説が近時では多数説となっており，介入権行使の実効性から考慮すると後説が妥当であろう。

(3) 義務違反の効果

支配人が営業避止義務および競業避止義務に違反して行為をなした場合でも，行為自体は有効であるが，営業主は支配人に損害賠償を請求し（民415条），あるいはまたこれを解任することもできる（民628条）。支配人が自己のために営業主の営業の部類に属する取引をなした場合には，営業主はその取引を自分のためになしたものとみなすことができる（41条2項）。この権利は，支配人の義務違反による営業主の逸失利益の損害額の立証が困難であるから，これに代わる簡易な救済方法を認め，あわせて得意先関係の維持を図ったもので，これを介入権または奪取権という。前述したように，「自己のために」取引をなすという意味を，「自己の名をもって」取り引きしたという意味に解する説によれば，自己の名をもって第三者の計算においてなされた取引については，その経済的効果は第三者が取得し支配人は取得しないのであるから，介入権行使ができないことになるのに対して，「自己の計算において」取り引きしたという意味に解する近時多数説によれば，第三者の名をもって自己の計算においてなされた取引については，その経済的効果は支配人が取得するのであるから，介入権を行使できることになることが決定的相違点である。

介入権は営業主の支配人に対する一方的な意思表示より行使される形成権であるが，その行使の効果は，営業主と支配人との対内関係において債権的効果を生ずるにとどまるもので，取引の結果を支配人から営業主に移転する義務を負わしめるにすぎず，これによって営業主が第三者に対して直接の当事者となるものではない。したがって，支配人は，その取引によって取得した金銭や物品を営業主に引き渡し，債権を譲渡することを要するとともに，営業主も支配人がその取引によって負担した債務を引き受け弁済し，また，そのために支出した費用を償還することを要する。この介入権は，営業主がその取引を知った時から2週間これを行使しないとき，または取引の時から1年を経過したときは消滅する（41条3項）。これらの期間は，時効ではなく，取引関係者の地位の早期確定を目的とする除斥期間である。そしてこの期間が経過した後であっても，損害賠償請求権が認められることはいうまでもない。

2.5 表見支配人

　すでに述べたように，ある者が支配人であるか否かは，その名称によるのではなく，営業主から支配人としての代理権を付与されているか否かによって定まる。したがって，たとえば，支配人・支配役・支店長などのごとくあたかも支配人であるかのような名称を付与せられた使用人でも，実質上支配人としての権限を営業主から与えられていない者は支配人ではない。しかし，このような支配人とまぎらわしい者は，一見して本店または支店における一切の取引につき代理権を有するような外観を呈するから，それを信頼して取引した第三者は保護される必要が生ずる。このような第三者は一応民法の表見代理に関する一般規定（民109条・110条・112条など）により保護されるが，継続的反復的に行われる商取引に関してはそれだけでは必ずしも十分であるとはいえない。そこで，1938年（昭和13年）の商法改正において，いわゆる表見支配人制度が設けられ，本店または支店の営業の主任者たることを示すべき名称を付した使用人は，裁判上の行為を除いて，支配人と同一の権限を有するものとみなされるにいたった（42条）。すなわち，本来支配人でない者につき支配人のごとき外観を作り出した責任を営業主に認めたものである。本条の適用要件は，①支配権を有しない使用人に本店または支店の営業の主任者たることを示すべき名称が付与されていること（外観の存在），②営業主がそのような名称を付与したこと（外観への与因），相手方がかかる外観を信頼したこと（外観への信頼）の3点である。

　ある使用人が表見支配人と認められるための前提として，その使用人の勤務している場所が営業所たる本店または支店の実質（第7章1.3参照）を備えていることが必要であり（最判昭37・5・1民集16巻5号1031頁，最判昭37・9・13民集16巻9号1905頁），名称のいかん（支店・営業所・出張所など）や登記の有無は問わない（ただし，営業所の実体を備えていない営業所が支店として登記されている場合には，商法14条を介して42条が適用される。最判昭43・10・17民集22巻10号2204頁参照）。本条は，実体を備える営業所の営業主任者たることを示す名称を有する商業使用人が存在する場合に，その代理権への信頼を保護しようとするものであり，取引の相手方の軽過失の有無を問題にしない反面（42条2項），支店の実体調査という負担を相手方に負わせることにより，取引の相手方と営

業主との利益調整を図ろうとするものと解すべきであるからである。これに対して，表見支配人制度は取引の相手方を保護する制度であり，「営業の主任者である外観」および「本店または支店の外観」に対する両者の保護を図ろうとする制度であるから，本店または支店が営業所の実体を有する必要はないと解する見解も有力に主張されているが（たとえば大隅・総則159頁参照），取引安全の保護に偏重しすぎており，仮に営業の主任者たる名称か否かで適用の制限をはかるとしても，その判断基準が明確でないとの批判をまぬかれない。営業所の実体を備えていない事業所の使用人の行為については，民法の表見代理に関する規定が適用されることになる。

つぎに，ある使用人が表見支配人と認められるためには，その使用人に本店または支店の営業の主任者たることを示すべき名称が付与されていることが必要である。いかなる名称がこれに該当するかは，取引社会一般の通念によって決すべきであるとされている。支店長・支社長・営業所長・出張所長・本店営業部長などが該当することについては異論がないが，判例によれば，銀行の支店次長や支店長代理は上席者の存在が予定されているので，表見支配人に当らない（最判昭29・6・22民集8巻6号1170頁）。また生命保険会社の支社長は，支社が支店の実体を有しておらず，支社長も対外的に包括的代理権を与えられていないので，表見支配人に当たらない（前掲最判昭37・5・1）。

さらに，「営業の主任者たることを示すべき名称」は，営業主がその使用人に付与していることが必要である。営業主の名称付与は，明示であると黙示たるとを問わないから，使用人が勝手に使用しているのを知りながらそれを阻止しない場合も含まれる。

表見支配人は，裁判外の行為について本店または支店の支配人と同一の権限を有するものとみなされるので，表見支配人がその営業所の営業に関してなした一切の裁判外の行為の効果は，営業主に帰属し，営業主はその行為の相手方に対して責任を負わなければならない。しかし，表見支配人制度は，外観を信頼した第三者の保護を目的とする制度であるから，取引の相手方が悪意の場合，すなわち当該使用人が支配人でないことを知っている場合には適用されない（42条2項）。悪意と同視すべきような重過失も，悪意と同様に取り扱われてしかるべきであろう。悪意・重過失の有無を判断する時期は，相手方が表見支配

人と取引をなした時を標準とすべきである（最判昭33・5・20民集12巻7号1042頁）。

【展開講義　7】　支配権の客観的性質

　支配権の範囲内の行為か否かはその行為の客観的性質によって判断すべきであるが，その場合，取引の数量や金額などの要素をまったく勘案する必要はないかという問題がある。

　取引の数量や金額などの要素を加えると，取引社会の一般常識からして容易に判断しうる場合はともかく，それほどでないと，ある企業にとっては過大であっても他の企業では大したことはないということが生じ，判断基準が相対的・不明確となり，ひいては取引の安全を阻害するおそれがあるので，当該行為の性質のみによって決めるべきであるとするのが従来の多数説・判例であった。たとえば，支配人が自己の債務の弁済に充てるために借財した場合や，営業上の必要に出ないで手形の振出・裏書などをした場合でも，相手方が支配人の主観的意図につき悪意であったときを除き，営業主はその責任を負わなければならない（大判明41・2・17民録14輯108頁，大判大9・4・27民録26輯606頁）。しかし，地方銀行の支店長が不良債権の穴埋めをするため，転売利益を得ようとして靴下5,000ダースを購入し商法42条の適用が争われた事例で，「当該行為が営業に関する行為に当たるか否かは，行為の性質の外，取引の数量等をも勘案して客観的に観察してこれを決するのが相当である」とした最判昭32・3・5（民集11巻3号395頁。なお，最判昭54・5・1判時931号112頁は，これを引用しながらも「その行為の性質・種類等を勘案し，客観的・抽象的に観察して決すべきでものある」と判示して「取引の数量」を挙げていないこと注意を要する）を契機として，取引の数量や金額のほかにも取引の時期・方法や支店の規模などの要素をも勘案すべきであるとする学説が多くなっている。なお，この判例では，支配人の権限外の行為であると認定したかわりに，支配人の不法行為にもとづく銀行の使用者責任（民715条）を認めたことに注意を要する。

【展開講義　8】　支配人と代表取締役または執行役の法的地位の相違点

　支配人は，雇傭契約にもとづき商人から支配権を付与された商業使用人である（37条・38条）のに対し，代表取締役または委員会等設置会社（監査特例法21条の5）において選任される執行役は，株式会社において，委任契約にもとづき業務執行および対外的代表を担当する必要機関である（254条3項・261条，監査特

例法21条の15）。株式会社の場合には，いずれも取締役会の決議により選任される点で異ならない（260条2項3号・261条1項，監査特例法21条の13第1項）。支配権は全営業所の支配人を兼ねる総支配人を例外として，特定の営業に限られるが，代表権は会社の営業全般に及ぶ（261条3項・78条1項）。また代表取締役または代表執行役の不法行為による会社の責任は民法44条1項による（261条3項・78条2項，監査特例法21条の15第3項）のに対して，支配人の不法行為による営業主の責任は民法715条による。

3　その他の商業使用人

◆　導入対話　◆

学生：商業使用人のうち，支配人は，まだしも，商法43条の番頭・手代とはずいぶん時代がかっていますね。

教師：明治時代に誕生した商法は，江戸時代以来商家の使用人について用いられた番頭・手代を例示的にあげていますが，現代企業の職制でいえば部長，課長，係長などが通常これに該当するのです。番頭は使用人の長で部長に当たりましょうか。手代は番頭と丁稚（その下に小僧がいた）との中間管理職というところでしょう。でも，最近は部課長制を廃止してグループ・リーダー制度を導入する企業が増えているようです。

学生：番頭・手代は，支配人とどこが違うのでしょうか。

教師：支配人は営業に関する全面的包括代理権を有する商業使用人ですが，部長，課長，係長などはある種類または特定の事項に関するいわば部分的包括代理権を有する点に特色がみられます。

学生：商業使用人に関しては，あと物品の販売を目的とする店舗の使用人に販売権限を有するものとみなしている商法44条があります。この規定の趣旨はどこにあるのでしょうか。

教師：これは，顧客の保護を図ったものです。

学生：そうしますと，平社員は商業使用人ではないのですね。

教師：そうなのですね。雇傭契約にもとづき特定の商人に従属してその営業上の対外的活動を補助するもので，商法は，商業使用人を支配人，番頭・手代および物品販売店舗使用人の3種に分け，その対外面（代理権）につきとくに規定しているにすぎません。したがって，営業員の代理権については，商法504条

が適用されることになります。

3.1 部分的包括営業代理権を有する使用人

支配人に次いで広範な代理権を与えられた商業使用人として，商法は番頭・手代を例示しているが（43条1項），近代企業では，部長，課長，係長，主任などがこれに当たる。

商法は，営業に関するある種類または特定の事項の委任を受けたこれらの商業使用人は，支配人のごとく営業の全般についての代理権（全面的包括代理権）を有するのではなく，営業に関するある種類または特定の事項，たとえば，商品の販売・購入や貸付などのように限定された範囲に関する包括的代理権（部分的包括代理権）を有する点に特色がみられる。たとえば，商品の販売について代理権を与えられた使用人は，売買契約の締結，商品の引渡し，その引渡しのための運送契約の締結，代金の受領，解約など，また購入についての代理権を与えられた使用人は，買付契約，買付品の受領，買付代金の支払い，解約など，その職務に必要な裁判外の一切の行為をなす代理権を有する（43条1項）。この代理権は，支配人の権限と同様に不可制限的性質を有し，これに制限を加えても善意の第三者に対抗することはできない（43条2項）。

営業主が部長，課長などの名称の使用を許しておきながら，実際にはその名称にふさわしい包括的な権限を与えていない者（表見部課長＝表見番頭手代）については，表見支配人に関する商法42条のごとき規定を欠くため，そのような者と取引きした相手方の保護が問題となる。これについては，商法42条の類推適用を肯定する見解と，民法の表見代理に関する規定の適用を肯定する見解が対立しているが，判例は，不動産会社が土地売買の斡旋につき顧客と折衝するにあたって営業部長の名称使用を許したケースで，後者の立場をとり，一般第三者に対しては不動産売買の契約締結および代金受領に関する代理権を与えた旨を表示したものと認め，民法109条を適用してその営業部長のなした売買契約について会社が責任を負わなければならないとしている（東京高判昭42・6・30判時491号67頁）。

部課係長の義務については，雇傭関係にもとづくもののほか商法上特別の規

定はないが，部分的とはいえ包括的な代理権を与えられた企業補助者であるから，支配人に認められる競業避止義務に関する商法41条の類推適用をある程度認めるべきであると解するのが多数説である。

　なお，部課係長等の選任・解任は，営業主のほかに支配人もなすことができるが（38条2項），その選任および代理権の消滅は，支配人の場合と異なって登記事項になっていない。

3.2　物品販売店舗使用人

　支配人および部課係長などを除いたその他の使用人が営業主を代理して取引を行うには，個々の取引のつど代理権を授与されなければならない。しかし，物品の販売を目的とする店舗の使用人は，その店舗にある物品については当然販売の代理権（売買契約の締結，物品の引渡し，代金受領などに関する代理権等）を有するものとの外観を呈するのが通常である。そこで，商法は，取引安全保護の見地から，このような使用人は，たとえ物品販売の代理権を授与されていなくとも，その店舗にある物品の販売に関する権限を有するものとみなしている（44条1項）。ただし，取引の相手方は，その使用人が代理権を有しないことについて悪意であった場合には，保護されない（44条2項・42条2項）。なお，商法44条の適用範囲は，店舗にある物品の販売に限られ，店舗外での販売には及ばない（福岡高判昭25・3・20下民集1巻3号371頁）。また，同条は，物品の販売に限定しているが，一般公衆を取引相手とする賃貸業（たとえば貸本屋・貸ボート屋・貸衣裳店など）や場屋業などの店舗における使用人のなす取引および銀行員の窓口取引についても類推適用すべきであると解するのが多数説である。さらに，支配人の競業避止義務に関する商法41条の規定は，物品販売店舗使用人についても商業使用人である以上類推適用すべきであると解する説が有力である。

第4章　商　　　号

1　商号の意義

─────────　◆　導入対話　◆　─────────

学生：商号とは何ですか。
教師：分かりやすくいうと，商号というのは，商人が営業のときに自己を表す名称のことです。
学生：商人には個人商人の場合がまず考えられますが。
教師：個人商人の場合，氏名を持っていますが，この氏名を商号として用いてもよいし，別の名称を商号にすることもできます。また，複数の営業を営んでいる場合は，営業ごとに別の商号を用いることもできます。
学生：会社の場合はどうですか。
教師：会社の場合，会社の商号は自然人の氏名にあたるものですから，商号は1個しかありません。

1.1　商号とは何か

　商号とは，商人の営業上の名称をいう。第1に，商号は名称であるので，氏名と同じように文字で表示でき，かつ，発音できるものでなければならない。図形・紋様・記号は，商標にはなりうるが，商号にはなりえない。また，商号は登記できるものでなければならないが，外国文字による登記はできないから，商号は日本文字で表示されなければならない。会社の定款で，日本文字による商号と並べて示される英文の訳語は，商号の訳語であって商号自体ではない。第2に，商号は商人の名称である。したがって，会社以外の法人，たとえば相互保険会社や協同組合などのように，商人でない営業者がその営業につき特殊の名称を用いても，それは商号ではない。小商人には商号に関する規定の適用

はないから（8条），小商人が営業上用いる名称も商号ではない。また，商号は商人の名称であって，営業の名称ではない。社会的・経済的には，商号は営業の名称として機能し，営業の信用の標的となっているが，法律上は，商号による取引にもとづいて生ずる権利義務の主体は，商人であって営業ではないからである。第3に，商号は商人の営業上の名称である。この点で，人が一般生活で用いる氏名や営業外の特定生活で用いる芸名・雅号などと区別される。また，営業上用いられるものでも，商人が自己の取扱う商品を指示するために用いる商標や営業そのものを表示するために用いる記号である営業標なども，商人の名称ではないから商号ではない。なお，商号は商人の営業上の名称であるが，必ずしも特定営業に関する名称ではないから，商人が営業を廃止すれば商号も消滅するが，営業を変更しても商号の変更は生じない。ただ商号の登記は一定の営業についてのみなしうるから（商登28条2項2号参照），商号登記についての法の保護はその特定の営業のみに関するものである。

1.2 商号の選定

(1) 商号の選定に関する立法主義

　商号は商人の選定によって生じる。商号は法律的には商人を表すが，社会的・経済的には営業を表示し，その信用の標的となっているから，商人と取引関係に立つ一般公衆は，商人の氏名または営業の実際と商号とが一致することにつき多大の利益を有する。他方，商人も多年商号を中心として蓄積された得意先関係や営業の名声の維持につき利益を有し，ことに，相続・営業譲渡により営業者が変更するときは，商人の氏名と商号とが一致しなくても，従前の商号の続用が認められるのでなければ，商人には著しく不利益となる。商号の選定に関する法規制においては，このような一般公衆の保護と商人の利益保護との2つの要請の調整が必要である。この2つの要請のいずれに重点を置くかによって，立法主義は3つに分れている。商号自由主義は，会社についても個人商人についても商号の選定を全く自由とするもので，英米法系で行われている。商号真実主義は，商号と商人の氏名または営業の実際との一致を厳格に要求し，営業の実際を表示しない人工的商号や商号の譲渡・相続を認めないもので，フランス法系で行われている。折衷主義は，新商号を選定するときは商号と商人の氏名または営業の実際との一致を要求するが，既存の営業の譲渡・相続また

は変更の場合には従前の商号の続用を認めるもので，ドイツ法の立場である。

(2) わが商法の立場 —— 商号選定の自由 ——

立法論としては，公衆の利益と商人の利益を調和する折衷主義が最良と思われるが，わが商法は，従来の屋号を商号として保護する必要から，原則として商号選定の自由を認め，商人はその氏・氏名その他の名称をもって商号となしうるものとしている（16条）。したがって，商人は自己の氏・氏名に限らず，他人の氏名や営業の実際と一致しない名称を商号とすることもできる。

しかし，商号選定の自由には，公共の利益や私人の利益を保護する必要上，次に述べるような例外が定められており，ある程度折衷主義に近づいている。なお，名板貸における責任（23条）は，外観に信頼した一般公衆の保護を目的とするものであるが，間接的に商号の真実に対する要請が加味されているものといえる。

(3) 商号自由に対する例外

会社の商号中には，その種類に従い，合名会社・合資会社・株式会社または有限会社という文字を用いなければならない（17条，有3条1項）。会社はその種類により組織および社員の責任が異なるから，会社と取引する一般公衆を保護するため，商号自体で会社の種類を明らかにする必要があるためである。なお，銀行，無尽，信託，証券などの営業を営む会社は，その商号中にそれぞれ，銀行・無尽・信託・証券の文字を用いることを要し（銀行6条1項，無尽5条1項，信託業3条1項，証取41条1項），また保険業を営む会社は，その商号中に保険事業の種類をも示さなければならない（保険7条1項）。

会社でない者は，その商号中に会社たることを示すべき文字を用いることはできず，このことは，会社の営業を譲受けた場合でも同様であって，これに違反すれば20万円以下の過料の制裁がある（18条，有3条2項・86条）。一般公衆の誤認を防止する趣旨であるから，会社たることを示すべき文字とは，必ずしも会社という文字に限らず，一般人をして会社と誤認させるおそれのある文字の意味であって，合名商会はこれにあたる。なお，銀行・無尽・信託・保険・証券などの営業を営む会社でない者は，その商号中にこれらの業者であることを示すべき文字を用いることはできず，これに違反すれば制裁がある（銀行6条2項・66条，無尽5条2項・41条，信託業3条2項・23条，保険7条2項，証取

41条2項・205条の2第2号）。

　何人も不正の目的をもって，他人の営業であると誤認させるような商号を使用することはできない（21条）。ここにいう不正の目的とは，ある名称を自己の商号として使用することにより，一般人をして自己の営業をその名称によって表示される他人の営業であるかのように誤認させようとする意図をいう。商号の使用とは，契約の締結・文書の署名などの法律行為に関する使用と，看板・広告・計算書・書状などに記載するような事実上の使用とを含む。不正の目的がある限り，その商号が現に他人の商号であるか否か，登記されているか否か，その他人が現に営業を行っているか否かを問わず，その使用は許されず，したがって商人でない著名人の氏名を自己の商号として使用することも，不正の目的があれば許されない。以上の禁止に違反して商号を使用する者があるときは，自己の名称を使用されることにより利益を害せられるおそれのある者は，その使用の差止を請求し，また損害賠償を求めることができ（21条），使用者は20万円以下の過料に処せられる（22条）。

　なお，別に不正競争防止法は，他人の商品または営業の表示として受容者の間に広く認識されている氏名，商号，商標，標章，商品の容器・包装などと同一または類似のものを使用して，他人の商品・営業と混同を生じさせる行為（不正競争2条1項1号）や，自己の商品等表示として，他人の著名な商品等表示と同一または類似のものを使用する行為（同2条1項2号）などを「不正競争」として禁止している。そして，このような行為によって営業上の利益を侵害された者に，差止請求権と損害賠償（故意過失を要件とする）・信用回復措置請求権を与えている（同3条，4条・7条。罰則として，同13条1項）。したがって，広く認識されている他人の氏名・商号などと同一または類似の名称を商号として選定することは許されない。

1.3　商号の数

(1) 個人商人の場合

　1個の営業については1個の商号のみを有することができる。これを商号単一の原則という。それゆえに，商人が数個の営業をいとなむ場合には，その各営業について別々の商号を有することができる。ただ支店につき，商号に営業所所在地の名称その他支店たることを示すべき文字を付加することは差し支

ない。

(2) 合社の場合

個人商人の場合と異なり，会社の商号は自然人の氏名と同様，会社の全人格を表わすものであるから，会社は，数個の営業をする場合でも，数個の商号をもつことはできない。しかし，数個の営業を区別するために，X会社Y事業部というような名称を使用することは差し支えない。また，一個の営業をする場合であっても，営業所が複数あるとき，A会社B支店というような名称を使用することができる。

【展開講義　9】　東京瓦斯事件（最判昭36・9・19民集15巻8号2256頁）

　本件は，東京都港区に本店を置くX会社（東京瓦斯株式会社）が中央区に本店を移転しようと計画したところ，Y会社がこれを察知してその商号を東京瓦斯株式会社と変更して登記したため，X会社は本店の移転登記ができなくなったので，Y会社に対して商号の使用禁止と登記の抹消を求めたのに対し，商法21条によりX会社の請求を認めた事案である。しかし，Y会社は自己の営業をX会社の営業と誤認させようとする意味での不正の目的ではなく，商号を先登記してX会社より金員を領得しようとする意味での不正の目的があったと思われるから，商法21条の適用を疑問視する見解が多い（大隅・総則186頁注3，田中・270頁，服部・186頁注，小橋・140頁参照）。

2　商号の保護

◆　導入対話　◆

学生：商号は登記しなければならないのですか。
教師：会社の場合はそうですが，個人商人の場合は登記しなくても構いません。
学生：そうすると，個人商人の場合，登記した商号とそうでない商号とがありますが，両者の間で，その保護に違いがあるのですか。
教師：そこが問題で，学説に対立があります。
学生：そのような対立はどこに原因があるのですか。
教師：これは商号の保護に関する法律の規定の経緯に関わる問題です。

2.1 商号の登記
(1) 商号登記の手続

　商号は会社の場合には設立登記において必ず登記しなければならないが（64条1項1号・149条1項・188条2項1号，有13条2項1号），個人商人については，わが商法では，登記するかどうかは自由である。しかも，登記のない商号を使用する営業者も前述の商法21条および不正競争防止法（同2条1項1号）による保護をうけるので，商人が商号を登記することによる利益はあまり大きくない。

　商号登記の手続については商業登記法（同27条～42条）に規定されている。ただし，会社は設立登記において商号の登記を要し，商号登記簿への登記を要しない。登記事項は，商号，営業の種類，営業所および商号使用者の氏名・住所である（商登28条）。営業の種類が登記事項とされるのは，登記商号の特別の保護が特定種類の営業についてのみ与えられることと（19条・20条），商号単一の原則から営業の種類を確定しておく必要があるからである。数個の営業所を有するときは，商号の登記は営業所ごとにしなければならない（商登28条1項）。

(2) 商号登記の効力

　(a) 同一商号の登記の排斥　　商号が登記されたときは，同市町村内（東京都および政令指定都市では同区内，商改施五）において同一の営業のために，他人がそれと同一の商号を登記することができない（19条）。同一の商号とは全く同一の商号ばかりでなく，判然区別することができない商号を含む（商登27条）。

　右の商法19条の規定は，私法上の効力を定めたものと一般に解されており，商号権の内容として同一商号の登記排斥権を認めたものとする。しかし，これは登記法上の効力を定めたものと解され，商業登記法27条と同じく，本条違反の登記申請を登記官吏が却下すべきことを定めたものであって，あやまってそのよう商号登記がなされた場合には，正当な権利者は商法20条の差止権によりその登記の抹消を請求しうるものと解しなければならない。

　通説の立場では，この場合の救済は19条によることになる。すなわち19条は，登記法上の効力と私法上の効力を併せもつものと解する説が多数である。しか

し，この立場をとるのであれば，登記した商号権者が同意すれば同市町村内で同一営業のために同一商号の登記が許される筈であり，これを認めないのは矛盾を示すもので，また19条を20条と同趣旨に解すれば19条の意味が理解し難いと批判される。

(b) 同一または類似の商号の使用の排斥　商号の登記をした者は，不正競争の目的をもって同一または類似の商号を使用する者に対してその使用を差止め，また，損害賠償の請求ができる（20条1項。その使用者は20万円以下の過料に処せられる——22条）。不正競争の目的とは，一般人に自己の営業を他人の営業と混同誤認させる目的をいう。つまり，他人の商号ないし営業の有する信用や経済的価値を自己の営業に利用しようとする意図のことである。この目的がある限り，地域やその者の商号登記の有無を問わず，その使用の差止ができる。商法21条の「不正ノ目的」は，その他人が同種の営業をしていることを要せず，さらに商人でない場合にも成立するので，「不正ノ競争ノ目的」よりも広い。そして，不正競争の目的があることは，それを主張する者が立証しなければならないが，同市町村内で同一営業のため他人が登記したと同一または類似の商号を使用する者には，不正競争の目的があるものと推定される（20条2項）。この20条の規定は明らかに商号登記の私法上の効力を定めるものであるが，これと同様の保護は，すでに21条および不正競争防止法によって登記の有無に関係なくすべての商号に与えられるにいたっているから，この規定が登記により商号の排他的使用権を生じさせるものとはいえない。

2.2　商号の仮登記

会社がその本店を移転しようとするときは，移転すべき地を管轄する登記所に商号の仮登記をすることができる（商登31条1項）。会社が本店を移転しようとする場合に，その計画を知った第三者が移転先予定地でいち早く同一商号を登記して，不正の利益をはかる目的で本店の移転の登記を妨害するのを防止するためである。前述の東京瓦斯株式会社事件が直接の契機となって，昭和38年の商業登記法制定の際に商号の仮登記の制度が設けられたものである。この仮登記においては，一定の金銭を供託することを要し（商登35条の3・36条1項，商号の仮登記に関する供託金の額を定める政令），3年を超えない予定期間を定めて登記し（商登35条2項8号・3項。なお36条），予定期間内に商号を変更する

ことなく本店移転の登記をしたときは供託金を取り戻すことができるが（商登41条），その他予定期間経過等で仮登記が抹消されたときには（商登40条），供託金は国庫に帰属する（商登41条2項）。

　商号の仮登記は，また，会社がその商号，目的または商号及び目的を変更しようとするとき（商登35条），および，発起人または社員が株式会社または有限会社を設立しようとするとき（商登35条の2）にも，本店所在地を管轄する登記所にすることができる。同じく金銭の供託を要するが（商登35の3），この場合の予定期間はいずれも1年を超えることができない（商登35条3項・35条の2第3項）。商号の仮登記がなされると，それと判然区別することのできない商号は，同市町村内で同一の営業のために登記することができなくなる（商登39・27条）。本店移転の場合のほか，商号または目的を変更しようとする場合や，会社を設立しようとする場合にも，そのことを察知した者がそのような商号を先に登記して妨害する事例がしばしば見られたので，昭和57年の商業登記法の一部改正により，このような場合にも予め商号の保全ができるよう，仮登記の制度を拡大したものである。

2.3　商　号　権

(1)　商号権の意義

　商人はその商号につき，消極的には他人によりその使用を妨げられない権利（商号使用権）を有し，積極的には他人の不正使用を排斥する権利（商号専用権）を有する（20条・21条，不正競争2条1項1号・2号）。商人がその商号について有するこのような権利を商号権という。商人は登記の有無にかかわらずその商号について商号権を有する。ただ商号専用権についてこの点で学説が分れ，登記によって初めて生ずるものとする学説も少なくない。しかし，未登記商号も商法21条および不正競争防止法2条1項によって，商号以外の名称と同列にではあるが，専用権を有するにいたっていることは前述の通りである。

(2)　商号権の性質

　商号権の性質についても学説が分れ，登記の前後を区別して，登記前は人格権，登記後は財産権または財産権的性質を併有する人格権であるとし，あるいは登記の前後を通じ人格権または財産権とする説がある。多数説は，商号は登記の前後により本質的な相違はないと解される以上，商号権の性質についても

登記の前後で区別する理由はなく、また、商号は商人の名称であるから氏名権と同様、人格権的性質をもち、同時に営業生活において個人を表章する名称として経済的価値を有し、譲渡も認められるから財産権的性質をそなえており、したがって商号権は、登記の前後を問わずこの二面的性質を有するものと解している。

【展開講義 10】 商号関係諸規定の経緯

　商法は、はじめは登記商号にのみ商号専用権を認めることとし、20条で排他的効力を定めていたのであるが（登録主義）、昭和13年の商法改正で21条が新設され、未登記商号も排他的専有権を有すると解釈されるようになり、さらに、不正競争防止法も、商品の混同防止のみ定めていたのが、昭和13年の同法改正で同法1条1項に営業の混同防止の2号が追加され、未登記商号の保護が認められることになった。したがって、商号の登記による利益は、商法20条2項の推定規定による不正競争目的の立証責任の転換にあるに過ぎないと考えられたのであるが、不正競争防止法の昭和25年の改正により、不正競争目的の要件を同法は削除したので、その立証を要せず、同法の保護を受けられるようになった。ただ同法では保護される商号の周知性を要求するが（使用主義）、商法21条の不正目的は、保護をうける商号に実際上相当の周知性がなければ認められないであろうから、商号の保護はほとんど不正競争防止法に吸収され、登記の有無による差異も僅少になった。その周知性は必ずしも日本全国でなくとも一地方で広く認識されておれば足りるのであるが、周知性のない商号については登記による挙証責任の転換（20条2項）の利益をうけるわけであり、わずかにこの範囲でこの規定は意味をもつといえる。なお、平成5年の不正競争防止法では、周知商号については他人の営業と混同させる行為が不正競争となるのに対し（同法2条1項1号）、著名商号については冒用行為は混同を要件とすることなく不正競争となる（同法2条1項2号）ため、同法適用上は著名商号については営業の同種性は問題となり得ない。立法論としては個人商人にもすべて登記を要するものとすべきである。

3　名　板　貸

> ◆ 導入対話 ◆
>
> 学生：名板貸とは何ですか。
> 教師：たとえば，AがBに自己の名義を貸して営業をさせることです。
> 学生：その場合，Bと取引するCは，自己の取引相手はAであり，Bはその代理人に過ぎないと誤認してしまいますね。
> 教師：そうですね。
> 学生：そのような場合，Aにも責任がありそうですが。
> 教師：そうですね。そのような場合，AはCに対して取引の結果の責任を負わなければならなくなります。これが名板貸人の責任と呼ばれるもので，商法23条に規定されています。この23条の責任は取引の相手方を保護するものですから，相手方保護のために適用範囲をどこまで広げることができるかが問題となります。

3.1　意　　義

　商法23条は，自己の氏・氏名または商号を使用して営業をなすことを他人に許諾した者は，自己を営業主と誤認して取引をなした者に対し，その取引によって生じた債務につき，その他人と連帯して弁済の責を負う旨を定めている。このような許諾をなすことを名板貸という。名板貸は，元来，取引所の取引員がその名義を取引員でない者に賃貸するところに発生した商慣習であるが，それが一般化されて，名義を貸して営業をさせる場合を広く名板貸と呼ぶようになった。名板貸においては，名板借人と取引する相手方は，営業主体を名板貸人と誤認して不測の損害を受けるおそれがあるから，判例は古くから名板貸人の責任を認めていたが，昭和22年の商法改正に際して明文の規定を設けたものである。同条は，外観に信頼した一般公衆の保護を目的とする外観理論ないし禁反言の法理の発現したものであるが，間接的ながら商号の真実に対する要請が加味されている。

3.2　名板貸人の責任の要件

(1)　使用許諾の対象

使用許諾の対象は，法文上，氏・氏名または商号とされているから，個人の場合にはその氏，氏名，商号であり，法人の場合には商号である。しかし，氏，氏名が使用許諾の対象とされているから，名板貸人は商人である必要はなく，会社以外の法人の，商号でない名称についても名板貸は成立する（最判昭35・10・21民集14巻12号2661頁は，東京地方裁判所が「東京地方裁判所厚生部」なる名称の使用を許諾した事案につき，名板貸を認めた）。また，自己の氏・氏名・商号に若干の付加語を加えて使用を許諾するときも名板貸人の責任が認められ，実際上も，名板貸人がその商号に支店・出張所など自己の営業の一部であることを示す名称を付加して使用を許諾することが多い（最判昭33・2・21民集12巻2号282頁は，甲株式会社が乙に同会社出張所長名義の使用を許諾した事案につき，名板貸を認める）。なお，営業の譲受人が譲渡人の商号を続用する場合には，商号譲渡の登記，公告がある限り，譲渡人は名板貸人としての責任を負わないのが原則であるが，その商号中に譲渡人の氏，氏名が使用されているときは，誤認を防ぐべき文字を付加しなければ名板貸人としての責任を免れない。

(2) 使用の許諾

許諾は，必ずしも明示であることを要せず，黙示でも差し支えない。したがって，他人が自己の氏名・商号を使用して営業をしていることを知りながら何ら阻止しなかった場合には，黙示の許諾があったものと解される。もっとも，単に阻止しなかったというだけで黙示の許諾を認めるべきではなく，従来名板貸人が同じ営業を営んでいたとか，自己の土地建物を使用させているとかいう付加的事情が存在していて，第三者の誤認の可能性との関連で，阻止しないで放置することが社会通念上妥当でないと認められる場合にのみ黙示の許諾を認めるべきである（最判昭42・2・9判時483号60頁）。

自己の氏名・商号を，名板借人の名称として使用することを許諾した場合でなければならない。したがって，自己の氏名を他の法人または団体の名称としてではなく，その代表者の名義として使用することを許諾したにすぎないときは，名板貸にはならない。

許諾は，自己の氏名・商号を使用して名板借人が営業をなすことに向けられていなければならない（最判昭31・1・31民集11巻1号161頁は，薬局開設の登録申請について開設者として自己の名義使用を許諾した者は，その段階で薬局営業上

の名義使用を許諾したものと認められるとしており，学説もこれを支持する)。しかし，これを厳格に解すると，名板借人は営業をなす者すなわち商人でなければならないことになるが，外観の保護を目的とする商法23条の立法趣旨からすると，名板借人が商人である場合に限らず，ひろく人が他人の氏名・商号を借りて経済的取引をなす場合にも，同条を類推適用すべきである。この見地からすれば，手形行為をするためにのみ自己の氏名・商号を使用することを他人に許諾したときにも，同条の類推適用を認めることが適当である。最判昭42・6・6判時487号56頁は，単に手形行為をすることは営業に含まれないだけでなく，手形行為の本質からいって，A名義で手形行為をしてもBが手形上の義務を負うものではなく，AがBと連帯して手形上の義務を負うこともあり得ないとして，商法23条の適用を否定している。しかし，この場合にも同条を類推適用すべきであり，Aの名称はBを表示するものとして用いられているからBが手形上責任を負い，Aの連帯責任を認めうるとする見解が多い。

　取引の相手方・取引の種類等に制限を付して氏名・商号の使用を許諾したのに，名板借人がその制限を越えて取引した場合にも，その取引が客観的に見て使用を許諾された名称によって表示される営業に含まれると認められる限り，名板貸人は善意の第三者に対し責任を免れないと解すべきである（最判昭36・12・5民集15巻11号2652頁は，甲ミシン製造株式会社が「甲ミシン製造株式会社北海道営業所」という商号を用いてミシンの販売業を営むことを乙に許諾したのに，乙が勝手に右の名称を用いて電気器具を買受けた事案につき，名板貸人は，その者の営業の範囲内の行為についてのみ商法23条の責任を負うべきであるとして，甲会社の責任を否定したが，名板貸人の営業の範囲を問題とすべきではなく，電気器具の購入が客観的に見て右の許諾商号によって表示される営業に含まれるか否かを基準とすべきであると批判される）。

　また，ある商号で営業を営んでいるか，または従来営んでいた者が，その商号の使用を他人に許諾した場合に，名板貸の責任を負うには，名板借人の営業が名板貸人の営業と同種の営業であることを要するか否かについては（最判昭43・6・13民集22巻6号1171頁は，特段の事情のない限り同種であることを要するとする），非商人の氏名の使用許諾についても名板貸が成立することと，近時の営業が流動的・多角的であることから見て，これを消極的に解し，営業の同

種性の有無は，名板借人の取引の相手方の重過失の有無を判断する一資料にとどまると解すべきであろう。

(3) 相手方の誤認

名板貸人が責任を負うためには，相手方が，名板貸人を営業主と誤認して，名板借人と取引したことを要する。相手方が名板貸の事実を知っていたときは，名板貸人の責任は生じない。誤認が相手方の過失による場合も，民法109条に比べて商法23条ではより取引の相手方保護の必要が大きいから，名板貸人は責任を免れないとすべきである。しかし，重過失は悪意と同様に取扱うべきであって，誤認につき重過失があるときは名板貸人は責任を負わない。なお，相手方に誤認がなかったことまたは誤認につき重過失があったことは，名板貸人が立証責任を負う。

(4) 名板貸人の責任

以上の要件があるときは，名板貸人は，名板借人と相手方との間の取引によって生じた債務につき，名板借人と連帯して責任を負う。取引によって生じた債務には，取引によって直接生じた債務のほか，名板借人の債務不履行による損害賠償債務・契約解除による原状回復義務も含まれる（最判昭30・9・9民集9巻10号1247頁は，売買契約の合意解除における手付金返還債務について名板貸人の責任を認めた）。しかし，名板借人またはその被用者のなした不法行為にもとづく債務は含まれない。不法行為の場合には，誤認と損害との間に因果関係がなく，禁反言ないし外観法理の発現である商法23条を適用する基礎がないからである（この場合には，名板貸人と名板借人との間に民法715条の要件があるか否かによって解決すべきであるとされる——最判昭41・6・10民集20巻5号1029頁）。もっとも，詐欺による取引のような，取引に関連する不法行為にもとづく債務については，商法23条の類推適用を認めうるであろう。

【展開講義　11】　**商法23条の類推適用**（最判平7・11・30民集49巻9号2972頁）

中学2年生の子供がスーパーマーケットの屋上にあるテナント店に過ぎないペットショップから買って家族で飼育していたインコがオウム病菌を保有していたため，家族全員がオウム病にかかり，母親が死亡した事案（商号の使用許諾は

明示にも黙示にもなかった）において，最高裁は，一般の買物客がペットショップの経営主体はスーパーマーケットであると誤認するのもやむを得ないような外観が存在したというべきであり，かつ，スーパーマーケットは商標の表示や出店および店舗使用の契約の締結などにより，右外観を作出しまたその作出に関与していたのであるから，商法23条の類推適用により買物客とペットショップとの取引に関して名板貸人と同様の責任を負わなければならない，としている。

4 商号の譲渡

◆ 導入対話 ◆

学生：商号を譲渡するというのはどういうことですか。
教師：商号は信用の標的となっており，商号自体に価値がありますから，これを譲渡することに意義があるわけです。
学生：それでは商号は自由に譲渡できるのですか。
教師：商号の譲渡を自由に認めると，これと取引する相手方や一般公衆を誤認させるおそれがありますので，商法は一定の条件付きで譲渡を認めています。

4.1 商号の譲渡

商号権は財産的価値を有するから，他人に譲渡することができる。これを商号の譲渡という。商号は社会的経済的には営業の名称として機能しているから，商人が営業を継続しながら商号だけ切りはなして譲渡することを認めるときには一般公衆を誤認させるおそれが多い。それゆえ商法は，営業とともにするかまたは営業を廃止する場合に限り商号の譲渡を認めている（商24条1項）。営業を廃止する場合にも商号の譲渡を認めたのは，営業の混同を生ずるおそれが比較的少なく，また廃業の際に財産的価値物として換価処分することの必要性を考慮したことによるのであろう。

商号の譲渡は当事者間の意思表示によってその効力を生ずるが，その譲渡を第三者に対抗する要件としては登記をしなければならない（24条2項）。この登記は，商号譲渡の物権的効力を第三者に対抗するための要件であり，第三者

とは，例えば，商号の二重譲渡を受けた者であり，商号譲渡の登記がなければ悪意の第三者に対しても譲渡の効力を対抗することができない。商法24条2項は，不動産の物権変動に関する民法177条に相当し，準物権としての商号権の得喪に関する規定である。不法行為者は第三者に含まれない。この商号譲渡による変更の登記は，譲受人の申請によって行うこととなっている（商登30条1項）。

4.2 商号の相続

商号権は財産権的性質を有するから相続の対象となる。登記した商号の相続があったときは，相続人が商号の相続による変更登記の申請をしなければならない（商登30条3項・32条）。しかし，相続の登記は，譲渡の場合のように商号権移転の対抗要件ではない。

5 商号の廃止・変更

───── ◆ 導入対話 ◆ ─────
学生：商人が今までの商号を気にくわないと思ったときは，変更したり，廃止したりできるのですね。
教師：もちろんできます。
学生：その場合，何か手続がいるのですか。
教師：それは登記商号と未登記商号で違います。

商人はその営業に関し商号を選定使用することにより商号権を取得するが，その営業を廃止した場合，あるいは商号の使用を廃止しまたは変更した場合には，その商号権を失う。

(a) **未登記商号** 営業の種類の変更は商号権を当然に消滅させるものではなく，新たな営業について存続するものと認められる。営業の廃止は商号権を消滅させるから，続用してもそれは商号ではなく，商号としての保護を受けられない。

(b) **登記商号** 登記商号を廃止または変更したときは，商号の登記をした者は遅滞なく廃止または変更の登記の申請をしなければならない（15条，商登

29条)。変更は登記事項の変更であって，商号・営業の種類，営業所，商号使用者の住所氏名の登記事項（商登28条2項各号）のいずれかに変更があった場合に変更登記を要する。なお，商号の登記をした者が正当の理由なくして2年間商号を使用しないときは，商号を廃止したものとみなされる（30条）。商号廃止は事実問題であって争いを生じやすいために設けれらたものであり，不使用の場合に商号権が2年間存続することを認めるものではない。なお，未登記商号にも同じ趣旨で商法30条の類推を認めるべきであろう。また，商号を廃止または変更したにもかかわらず登記した者が廃止・変更の登記をしないときには，利害関係人はその登記の抹消を登記所に請求することができる（31条）。この申請があったとき，登記官は異議催告の手続を経てその登記を抹消する（商登28条2項・33条）。

第5章　商業帳簿

1　商業帳簿制度の必要性とその意義

──────── ◆　導入対話　◆ ────────

学生：商業帳簿というのはおよそどんなものですか。

教師：要するに，商業帳簿は，商人である企業の営業財産および損益の状況を明らかにする手段です。

学生：簿記という言葉は商業帳簿とどういう関係にありますか。

教師：営業活動に伴って生じる，商人の所有する現金や商品などのほか，売掛金や貸付金などの債権，あるいは買掛金や借入金などの債務の変動を金額で表して記録・計算・整理することを簿記といいます。いわば簿記の結果として作成されるものが商業帳簿です。簿記の仕方にもいろいろありますが，近時，現金・債権・債務などのほか，仕入れ・売上げなどのすべての営業活動から生じる財産の変動とその原因（資産・負債・資本の増減および収益・費用の発生）を所定の記帳法によって記録計算する複式簿記の方法が広く一般に用いられています。

学生：それでは，商業帳簿は何のためにあるのですか。

教師：いままで説明したことから分かりますように，商業帳簿は，基本的には商人の合理的経営に役立てられるものですが，商人の支払能力や信用力を測るのにも役立ちますから，取引安全に資するともいえます。また，会社にあっては，出資者にとって利益配当や退社のときの払戻，会社の解散・清算のときの残余財産の測定にも役立ちます。さらに課税の資料としても重要な意義をもっています。

学生：どうして商業帳簿を法律上，規制する必要があるのでしょうか。

教師：商業帳簿はいま述べた存在理由の2，3番目の理由つまり，取引安全保護と，会社における出資者の利益保護のために，その作成および保存が義務づけられているといえます。

1.1 商業帳簿制度の目的

　商人がその営業を合理的に運営するためには，その活動の経過と成果とを計数的に正確に把握する必要がある。複式簿記では，商人の営業活動全体を会計単位としての企業と捉え，その取引を継続的組織的に記帳することによって日常の財産管理・経営管理に役立てるとともに，定期的に帳簿の整理，すなわち決算を行うことにより，財務諸表と呼ばれる各種の一覧表（貸借対照表・損益計算書等）を作成し，これらを通じて企業の経済的な状態を把握する。とくに，貸借対照表は一定の時点における資産，負債および資本の状態，つまり企業の財政状態を明らかにし，また，損益計算書は一定の期間における収益と費用の内容，つまり企業の経営成績を明らかにするものである。このような帳簿や財務諸表は，本来，商人自身の経営判断のための資料にすぎないものであるが，企業の対外的な信用（信用能力・支払能力・破産原因の有無）をはかり，また，会社・組合等にあっては，構成員のために利益配当や残余財産分配の計算の基礎資料となるものである。さらに，租税負担の公平の見地から，課税の資料としても重要な意義をもっている。それゆえ，商法は，このような帳簿等の作成を商人の任意に委ねず法規制の対象とし，商人一般に対し商業帳簿の作成・提出・保存等の義務を課している（32条～36条）。

　このように，商業帳簿の制度は，企業の合理的な経営の確保という企業維持の目的にとどまらず，同時に，企業をめぐる種々の利害関係人の保護を目的とし，企業存立の前提条件をなすものとして，社会的にも重要な意義をもつ制度である。この商業帳簿に対する法規制は，企業の規模・形態により差異があり，法の干渉の程度も商人一般，人的会社，株式会社へと進むに伴って次第に厳格さを増していく。とくに，株式会社については，その規模が拡大化し，企業機構および財務内容が複雑になるとともに，企業関係者の利害調整の構造が変化し，さらに，会社企業の社会的役割の重要性が高まり，公開される財務諸表の様式および財産の評価について，詳細かつ厳格な法規制をもってのぞむことになる。

　商業帳簿制度は，明治32年の商法典の制定により商法上の一般的制度として確立されたが，その規定はきわめて不完全であった。その後，数回の改正を経たが，従前の規定は，企業にどれだけの財産があるかを明らかにすることを目

標とする財産法原理を採用し，実地棚卸により作成される財産目録を基礎としていたほか（財産目録法または棚卸法），規定が不完全で財産の評価方法にも問題があり（時価主義の採用など），しかも企業会計の理論および慣行から遊離するところが多かったため，規定整備の必要が強く要請されていた。そこで，昭和49年の商法改正では根本的な改正が行われた。同改正は，期間収益力（一定期間にいくらもうけたか）を表示することを目指す損益法原理を採用するものである。まず，商業帳簿の作成目的として，商人の営業上の財産および損益の状況を明らかにするためと明確化されるとともに（32条1項），いわゆる期間損益計算を重視する立場から，財産目録を廃止し，貸借対照表の作成につきこれを会計帳簿から導き出す誘導法を採用することが明確化され（33条2項），また，財産の評価につき従来の時価以下主義に代わって原価主義が原則とされ（34条），さらに，従来曖昧であった事実上の会計慣行の法的地位や正規の簿記の原則の存否についての疑問を考慮して，公正な会計慣行が商法・商法施行規則等の会計規定の解釈指針となる旨が明らかにされている（32条2項）。なお，現在では，大規模な株式会社に対する企業内容開示の見地から，商業帳簿の適正な作成が重視され，証券取引法および財務諸表規則ならびにその基礎となった企業会計原則に詳細な規定がある。

　商業帳簿に関する商法の規定は，もともと会計慣行を成文化したものであるが，商法に詳細な規定を設けることは，実際上困難であるのみならず，会計技術の進展を考慮すると適当ではない。そこで，商法は，商業帳簿の作成に関する規定の解釈については公正な会計慣行を斟酌しなければならないものと定め（32条2項），公正な会計慣行を包括的に商法の経理体系に取り入れて，会計規定の解釈指針としている。もっとも，どのような会計慣行が公正な会計慣行であるかは，商人が営業上の財産および損益の状況を明らかにするという商業帳簿の作成目的に照らして，妥当かつ合理的と一般に認められているか否かによって判断されるべき法律上の問題である。商業帳簿の作成に関する規定とは，商業帳簿の作成義務と作成の目的を定める商法32条1項をはじめ，商法（32条・34条，281条～288条ノ2）・有限会社法（有43～46条1項）・商法施行規則など商業帳簿の作成に関するすべての法令の規定を含む。しかも，商業帳簿の作成に関して明文の規定のない事項についても同様に，公正な会計慣行を斟酌し

て解釈しなければならない。また，斟酌するとは，法解釈の指針とする意味であって，公正な会計慣行がある場合には，それによって解釈しえない特別の事情がないかぎり，その会計慣行に従って解釈しなければならないとする趣旨である。なお，昭和24年経済安定本部企業会計制度対策調査会が定め，現在は企業会計審議会が所管する「企業会計原則」は，企業会計の実務の中に慣習として発達したもののなかから，一般に公正妥当と認められたところを要約したものであり，公正な会計慣行と認められている。ただし，企業会計原則は，株式会社を目標とし，また貸借対照表および損益計算書については相当詳細に定めているが，会計帳簿については比較的簡略である。その意味で，商業帳簿に関する諸問題は企業会計原則のみで解決できるものではなく，会計技術の進歩に応じて形成される公正妥当な会計慣行によらざるをえないことになる。

1.2 商業帳簿の意義

商業帳簿とは，商人が営業上の財産および損益の状況を明らかにするため作成する帳簿をいう（32条1項）。商業帳簿は商人の帳簿であるから，相互保険会社や各種の協同組合など商人でない者が作成する帳簿は商業帳簿ではない。なお，小商人が作成する帳簿も商業帳簿ではない（8条）。商業帳簿の範囲について，従来の多数説は，商業帳簿には法律上一定の効果（保存義務・提出義務等）が付されているから，みだりにその範囲を拡張するような解釈は許されないとして，これを商法上の義務として作成する帳簿に限るべきものと解していたが，近時，商業帳簿とは何かという問題は，商業帳簿の作成目的いかんという視点から検討されるべきであって，作成義務の有無のみを根拠にすべきではないと主張する立場が有力である。現行法がすべての商人に対し作成を命じている商業帳簿は会計帳簿と貸借対照表であるが（32条1項），これに限定されないものと解すべきであろう。その意味で，株式会社・有限会社の計算書類（281条1項，有43条1項）のうち，損益計算書や附属明細書はその性質上，商業帳簿であるとみるべきであり，たとえ個人商人・合名会社等が任意にこれらを作成する場合も商業帳簿と解すべきであろう。また，営業報告書は，一般に，営業の経過および現況を示す説明書であって商業帳簿ではないが，大会社の営業報告書のように，その記載事項が法定され，かつ会計監査人によって会計帳簿の記載との合致に関する監査を受けるべき書類については，商業帳簿性を認

める余地があろう（281条ノ3第2項6号，商特13条2項，計規45条1項等）。これに対して，利益金処分案（ないし損失金処理案）は株主総会または取締役会の議案であって，商業帳簿ではない。また，会社の清算・更生・破産など非常の場合に作成される財産目録（117条1項・130条・147条・419条，有75条1項，会更178条・181条，破189条等）は，財産の実在を証明する重要な書類であっても商業帳簿ではない。ただし，商業帳簿は，商人の営業上の財産および損益の状況を明らかにするものであるから，商人が商法上の義務として作成する帳簿であっても，株主名簿，株主総会議事録などのように，このような目的および性質を有しないものは商業帳簿ではない。

2　商業帳簿の作成・保存・提出

―――――◆　導入対話　◆―――――
学生：商人は商業帳簿に関しどのような義務を負っていますか。
教師：商業帳簿を作成し，保存し，提出する義務です。
学生：それらの義務は誰に対して負っているものですか。
教師：実はこの義務は私法上の義務ではなくて，公法上の義務です。
学生：そうすると，義務に違反した場合，罰則の適用があるのですか。
教師：個人商人の場合，破産のときを除き，とくに制裁はありません。しかし，会社の場合は制裁があります。

2.1　商業帳簿の作成

商人は，小商人を除き（8条），商業帳簿を作成すべき義務を負う（32条1項）。帳簿の形式・装幀・記載方法などに関しては，原則として商人の自由に委ねられるが，会計帳簿は整然かつ明瞭に記載することを要し（33条1項），また，貸借対照表は編綴しまたは特に設けた帳簿に記載することを要する（33条3項）。したがって，帳簿の体裁は，綴込式，ルーズ・リーフ式，あるいはカード式の帳簿を問わない。しかし，それらの形式，内容は公正な会計慣行に従わなければならない（32条2項参照）。平成13年改正により，商業帳簿は電磁的記録により作成することができることが明定された（33条ノ2）。

2.2 保存義務

　商人は，10年間その商業帳簿および営業に関する重要書類を保存しなければならない（36条1項）。この義務は，後日紛争が生じた場合の証拠の保全のために認められるものである。この期間は，商業帳簿については帳簿閉鎖の時から起算される（36条2項）。帳簿閉鎖の時とは，決算締切の時であるとする説が多数説であるが，最後の記載の時とする説もある。なお，営業に関する重要書類であるかどうかは，後日紛争を生じた際の証拠書類として重要かどうかを基準として判断される。営業に関して受け取った信書，発信した信書の控え，受領証などがこれに属する。これらの書類の保存期間の起算点は，信書の発信または受領の時，受領証の交付を受けた時と解される。また，この保存期間内は，営業を廃止して商人資格が消滅した後もなお保存の義務があり，本人が死亡したときは相続人がその義務を負う。また，営業とともに商業帳簿を譲渡し，または会社が合併したときは，営業の譲受人または存続会社もしくは新設会社がこれを負担する。会社解散の場合については，別に保存義務に関する特別の規定がある（143条・147条・429条，有75条1項）。

2.3 提出義務

　商人は，裁判所の命令があるときは商業帳簿またはその一部を提出しなければならない（35条）。この義務は，商業帳簿の一般的信頼性から認められたものである。裁判所が商業帳簿の提出を命じるために，書証一般の提出義務に関する民事訴訟法220条所定の要件を要しない。また，当事者の申立てがあるときに限らず，裁判所は職権をもってその提出を命じることができ，また当事者の申立てがあっても必ずしもこれに従うことを要せず，裁判所の意見をもって申立てを却下することができる。商業帳簿に民事訴訟法上，特別の法定証拠力が与えられているわけではなく（民訴247条），その証拠力はもっぱら裁判所の自由な心証によって決せられる（なお，刑訴323条2号参照—絶対的証拠能力が認められている）。ただ整然かつ明瞭に記載された商業帳簿が実際上強い証拠力を有することはいうまでもない。帳簿提出の範囲は，裁判所の裁量によって定められるが，実際上は係争事実に関係ある部分に限られるのが普通であろう。商業帳簿の提出を命じられた者がこれに従わないか，あるいは，当事者が相手方の使用を妨げる目的で商業帳簿を毀滅または使用不能に至らしめたときは，

裁判所は商業帳簿に関する相手方の主張を真実のものと認めることができる（民訴224条）。

2.4 義務違反に対する措置

商業帳簿の作成・提出および保存に関する義務は、いずれも公法上の義務ではあるが（私法上の義務ではない），その義務に違反しても，会社の場合を除き（498条1項19号20号，有85条1項10号11号），格別の制裁はない。ただし，商人が破産した場合においては，商業帳簿の不作成・不完全・記載の不正・隠匿または破毀は，詐欺破産または過怠破産として一定の刑罰を科せられる（破374条3号・375条4号）。

3 商業帳簿の種類

──────── ◆ 導入対話 ◆ ────────

学生：一般に商人が作成・保存しなければならない商業帳簿としてどのようなものがありますか。

教師：それは会計帳簿と貸借対照表です。株式会社や有限会社が作成・保存を義務づけられている損益計算書は入っていません。

学生：会計帳簿とは何ですか。

教師：一定の時期における営業上の財産とその価額，および取引などを記載した帳簿で，これをもとに貸借対照表が作られます。一口に会計帳簿といってもいろいろなものがあって，それらをひっくるめて会計帳簿と呼んでいます。

学生：それでは貸借対照表はどんなものですか。

教師：一定の時期，例えば3月31日現在における企業財産の構成状態，つまり，資産，負債，資本がそれぞれいくらあるかを明らかにする帳簿のことで，これにより利益があるかどうかが示されます。

3.1 会計帳簿

(1) 意　義

会計帳簿とは，商人が営業上の財産およびその価額，ならびに取引その他営業上の財産に影響を及ぼすべき事項を継続的・組織的に記載する帳簿をいう

(33条1項)。これは営業の動態を示すもので，損益計算書，貸借対照表等の財務諸表の作成の基礎となる重要な商業帳簿である。会計帳簿の組織については規定がないが，簿記会計の理論および実務の動向をふまえて解釈すべきであるとすれば，結局，ある帳簿書類が会計帳簿であるか否かは，会計技術の進歩に応じて形成される公正妥当な会計慣行によることになる（32条2項参照）。

(2) 記載方法および記載事項

現行法によれば，会計帳簿には，①個人商人の場合は開業の時および毎年1回の決算期における営業上の財産およびその価額，②会社の場合は成立の時および毎決算期における営業上の財産およびその価額を記載するほか，③日々の営業上の取引だけでなく営業上の財産に影響を及ぼすべきすべての事項，例えば商品の盗難などの不法行為や，風水害による建物の滅失などの自然の出来事などもすべて会計上は取引と考えられ，その価額の記載が求められている（33条1項）。①②が記載事項とされているのは，昭和49年の商法改正により財産目録を廃止したため，これに代わる機能を会計帳簿に持たせようとするもので，会計実務に即したものといえる。

会計帳簿の記載については，整然かつ明瞭に記載すべきものとされるが（33条1項），具体的な記載方法は，公正妥当な会計慣行に従い，簿記の技術にゆだねられることになる（32条2項）。公正なる会計慣行として採用されている複式簿記の帳簿組織によれば，主要簿として日記帳（日々の取引を記帳したもの―現在はあまり作られない）・仕訳帳（開業時ないし期首の総財産がまず記載され，次いでそれ以降の取引その他営業上の財産に影響を及ぼすすべての事項がその発生の順序に従って記載される）またはこれに代わる伝票・元帳（仕訳帳によって仕訳された勘定に従って格別に記載された帳簿）があり，補助簿として仕入帳・売上帳・手形記入帳がある。これらすべてが会計帳簿に含まれる。

なお，会計帳簿の記載の時期についても，法に別段の制限はないが，整然かつ明瞭な記載を要する趣旨からすると，記載事項の発生の日以後いつ記載してもよいというのではなく，接近する相当の時期に記載することを要するものと解される。

3.2 貸借対照表

(1) 意　　義

貸借対照表は，一定の時期における商人の総財産を資産（借方）と負債（貸方）の両部に分けて記載し，現に有する財産額と有すべき財産額とを対照して，商人の財産の状況および損益計算を明らかにする帳簿である。これは，一定の時期における商人の財政状態（財産の静態）を表示するため，会計帳簿にもとづき作成されるものであって，財産を種類別項目により一括して記載する点で財産全体の一覧表ともいうべきものである反面，損益計算を明らかにするため，通常，負債の部に資本金・準備金などの債務に属しない計算上の控除項目をいわゆる資本の部として記載する方法がとられている。そのため，負債および資本の部は，企業の資金調達の源泉を，また資産の部はその具体的な運用形態を意味するものと解される。

(2) 作成の時期・種類

　個人商人の場合は，開業の時および毎年一回の決算期に，会社の場合は，成立の時および毎決算期に作成されなければならない（33条2項）。開業の時などに作成するものを開業貸借対照表，決算期に作成するものを決算貸借対照表（年度貸借対照表・期末貸借対照表）という。これらを通常貸借対照表といい，会社の合併・清算・破産など非常の場合に作成される非常貸借対照表（408条ノ2第1項・117条1項・130条1項・147条・419条1項，有63条1項・75条1項，会更178条・181条，破産189条1項）と区別される。両者は，その作成の目的を異にし（前者は企業の存続を前提とし，後者は企業の解体を前提とする），財産の評価（原価主義か時価主義か）や記載項目などに相違がある。非常貸借対照表は，資産・負債の現在価値を示すために，時価主義にもとづく棚卸法（財産目録法）によって作成されるべきものである。これに対し，通常貸借対照表は会計帳簿にもとづいて作成することが求められ（33条2項），会計実務上の簿記の記録を基礎とすべきことが明らかにされている。一般には，いわゆる元帳決算後の総勘定元帳の記録にもとづき，通常，まず損益計算書を収益・費用の諸勘定あるいは損益勘定から作成し，ついで，残余の資産・負債および資本の各勘定の期末残高（次期繰越高）を集計して貸借対照表を作成することになる（誘導法）。

(3) 作成の形式

　貸借対照表の形式について，商法は，これを編綴しまたは特に設けた帳簿に

記載し，作成者（営業主・代表取締役などの作成義務者）が署名すべきことだけを定めている（33条3項4項）。したがって，特別の法令により記載方法が規定されている場合（商法施行規則・財務諸表規則など）を除き，公正な会計慣行に従って作成すれば足りることになる。ただし，商人の営業上の財産および損益の状況を明らかにするという貸借対照表の目的，性質からすると，その内容が真実であり（真実性の原則），またその記載が整然かつ明瞭であり（明瞭性の原則），さらに，同一の会計処理の方法が毎期継続して適用されること（継続性の原則）が要請されているといえる。その形式には，会計学上，勘定式と報告式とがあるが，実務上は，勘定式が多く用いられている。なお，商法施行規則によれば，記載内容の説明として，資産の評価方法，固定資産の償却方法，引当金の計上方法など重要な会計方針は，貸借対照表の末尾にまとめて注記しなければならない（商施規45条1項等）。

(4) 区分と項目の分類

貸借対照表は，資産の部，負債の部および資本の部に区分したうえ，各区分を更に適当な項目に分類して示すことが必要である。貸借対照表に科目を配列する方法には，流動性配列法と固定性配列法とがある。企業の支払能力を判断するために便利な流動性配列法によると，つぎのように分類される（財務規13条）。

(a) 資産の部　Ⅰ流動資産として，①現金および預金，②受取手形，③売掛金，④有価証券，⑤短期貸付金，⑥商品，⑦前払費用などがある。また，Ⅱ固定資産には3種類あって，(a)有形固定資産として，①建物，②構築物，③車両運搬具，④機械および装置，⑤土地，⑥建物仮勘定など，(b)無形固定資産として，①営業権，②商標権など，および，(c)投資等として，①投資有価証券，②関係会社株式，③長期貸付金，④長期前払費用などがある。さらに，株式会社では，Ⅲ繰延資産として，①新株発行費，②社債発行費，③社債発行差金，④開発費などが項目となる。

(b) 負債の部　Ⅰ流動負債（1年以内に支払期限の到来するもの）として，①支払手形，②買掛金，③短期借入金，④未払費用，⑤未払法人税等，⑥修繕引当金などがある。また，Ⅱ固定負債として，①社債，②長期借入金，③退職給与引当金などが項目となる。

(c) 資本の部　Ⅰ資本金（または社員の出資総額）のほか，Ⅱ法定準備金として，①資本準備金および②利益準備金，さらに，Ⅲ剰余金として，①任意積立金と②当期未処分利益が項目となる。

4　資産の評価

◆　**導入対話**　◆

教師：会計帳簿には営業上の財産とその価額を記載することになっていますが，その価額をどのような基準にもとづいて決定するかは，非常に重要といわれます。それはなぜですか。

学生：会計帳簿に基づいて貸借対照表が作られますので，結局，財産評価は貸借対照表の利益の算定に直接影響してくるからではないでしょうか。

教師：そうですね。要するに，継続企業では期間損益計算が不正確になります。このことは，減価償却についてもいえます。減価償却というのは，当該資産の種類に応じて，その耐用期間にわたって一定の方法で計画的，規則的に（定額法・定率法など）減額する，つまり償却することをいいます。それでは，財産評価の方法にはどのようなものがありますか。

学生：主要なものは，原価主義と時価主義ではないでしょうか。

教師：そうですね。

4.1　意　　義

　会計帳簿には各種財産，とくに積極財産たる資産には価額を付して記載しなければならないが，その価額をいかなる標準によって定めるべきかという財産評価の問題は非常に重要である。そのことはまた，固定資産の減価償却の場合も同様である。もし過大な評価（あるいは固定資産の過小償却）が行われるならば，実際上存在しない財産が帳簿上に生み出され，一般公衆の信用を誤らせるだけでなく，会社にあっては真実の利益がないのに利益配当（たこ配当）を許す結果となる。反対に，過小な評価（あるいは固定資産の過大償却）が行われるならば，企業の経営成績や財政状態がゆがめられるほか，利益が過小表示される結果，その一部が隠される秘密準備金が生じ，出資者の利益を害するおそれ

があるからである。

資産の評価の基準には，原価主義，時価主義および低価主義等がある。原価による資産評価が企業会計上の基本的な評価基準・方法であるのに対し，時価による資産評価は，商人の有する純財産額を確定する目的で，企業の解散，あるいは会社の合併または営業譲渡の場合など特別な場合にのみ適用されるべきものである。しかし，国際的にはいずれの場合も時価主義が主流になっている。

(a) 原価主義　これは取得原価によって資産を評価する方法である。他から取得した資産については，その取得価額（購入代価に取得に要した運賃などの付随費用を加算した額）であり，製造した場合は製造原価である。なお，固定資産については，適正な減価償却額を控除した価額で評価される。原価主義は含み資産（損）を生むという弊害がある。

(b) 時価主義　評価時（決算日）における時価すなわち市場価額・交換価額を基準として資産を評価する方法である。時価が原価よりも高いと営業と関係ないインフレによる評価益が計上するという欠点がある。

(c) 低価主義　評価時における原価と時価を比較し，いずれか低いほうの価額を基準として資産を評価する方法であり，評価損のみの計上を認めるため，慎重な会計処理を求めるいわゆる保守主義の原則（企業会計原則・一般原則六）にかなうものである。しかし，評価基準の一貫性を欠くという批判がある。

4.2　現行法の立場

現行法（34条）は，従前のような一律的な時価以下主義を改め，①流動資産（商品・製品・原材料・有価証券など）については，厳格な資本維持の原則が要求される株式会社および有限会社（原価主義または低価主義を採用）を除いて，原価（取得価額または製作価額）または時価の選択を許す一方（選択主義），一定の場合（時価が原価より著しく低いとき）にはむしろ時価を強制し（低価主義），また，②固定資産（建物・土地など）については，原価により，かつ相当の償却ないし減額（予測できない物理的減損または機能的減損が生じたときに，相当の減額が要請されている——34条2号後段）を求め（土地を除く），さらに，③金銭債権（売掛金・受取手形・貸付金など）については，債権金額から取立不能見込額を控除した額以下の評価を要請している（しかし，多数の債権中どれが取立不能になるか分からないので，通常，貸借対照表に「貸倒引当金勘定」を設け処理し

ている）。

【展開講義　12】　時価会計の導入

　現在の世界的な企業会計の動向として，時価会計が主流となってきている。日本でもこの動向を無視するわけにはいかない。すなわち，証券取引法適用会社については，2000年4月1日以降開始する事業年度から，売買目的の有価証券など一定の資産に関して時価会計が実施されることになった。それに伴い，商法特に会社法の分野でも，改正が行われた。原価主義の下では，特定の資産の時価が下落した場合にも，その差額を計上しないから，その分が含み損となって開示されないとともに，処分可能利益が過大に計上されるという問題が生じる。このような取得原価主義の限界や弊害に対処するため，時価会計の導入が主張されることとなる。1999（平成11）年8月9日に成立した「商法等の一部を改正する法律」では，株式会社において，市場価格がある金銭債権，社債，株式等については，時価を付するものとすることができるものとした。さらに，2002年5月の商法改正法は，資産評価につき，国際的動向に対応するため，省令（商法施行規則）に委任するものとしたが（285条），商法施行規則でも同様な規定が置かれている（30条3項・31条2項・32条2項）。その場合，配当可能利益の計算上は，貸借対照表上の純資産額から，時価を付したことにより，増加した貸借対照表上の純資産額を控除すべきこととされた（商施規124条3号・125条3号）。

第6章　商業登記

1　商業登記の意義

──────── ◆　導入対話　◆ ────────

教師：登記といえばどんなものを思い浮かべますか。

学生：はい，土地や建物の登記がありますね。

教師：そうですね。商業登記は，商人の営業に関する事項を公示するための制度です。

学生：商業登記の場合，それは何のためにあるのですか。

教師：登記事項により，商人と取引する第三者がその商人と取引するかどうかの判断の参考資料を得ることができます。また，商人は自己をさらすことによって商人としての信用を維持することができます。さらに，商人がある事項を知らせることによって第三者が不測の損害を被らせないようにしていますが，これは商人から見れば同時に第三者への対抗手段となっているといえます。

1.1　総　　説

　商業登記とは，商法および有限会社法の規定により商業登記簿に行う登記をいう。商業登記の制度は，商人に関する一定の事項を公示することによって，集団的かつ大量的に行われる営業活動の円滑と安全をはかるとともに，商人の信用維持に役立つことを主たる目的とするものである。特に企業と取引する第三者にとっては，企業の法人格の有無，行為能力あるいは代理・代表関係の有無，その範囲，企業組織の内容の詳細，資力などの取引の基礎となる事項が公示されると，安全かつ確実な取引ができるからである。

1.2　商業登記簿の種類

　商業登記簿としては，商号登記簿・未成年者登記簿・後見人登記簿・支配人

登記簿・合名会社登記簿・合資会社登記簿・株式会社登記簿・有限会社登記簿および外国会社登記簿の9種類があり（商登6条），登記所たる法務局・地方法務局・その支局または出張所に備え置かれている。したがって，商法の規定によって行う登記でも船舶登記（686条）はもとより，民法の認める不動産登記（民177条）や各種の協同組合登記（農協74条，生協74条など），相互保険金社の登記（保険40条）などは，ここでいう商業登記ではない。商業登記の手続については商法の規定のほか，詳細は，商業登記法，非訟事件手続法第3編第5章および商業登記規則がこれを定めている。

【展開講義 13】 商業登記の公示的機能

　公示というのは，一般公衆に知らせることであり，商業登記は最も一般的な公示方法である。商業登記は，商人の信用を維持し，公示した事項は第三者も知っているはずだということで，第三者への対抗の手段となる。また，商業登記により，外部からは分からない事項が公示されれば好都合であり，商業登記は取引の相手方ないしは広く一般公衆の利益にもなる。このように商業登記の制度は，商人・相手方両者の利益を満たすために，商人に関する一定事項を広く公示する必要上認められたものである。しかし，実際には，取引ごとに登記簿を閲覧することは相当に面倒であるから，商業登記制度の公示的機能は，実際上必ずしも十分なものではない。

2　商業登記事項とその通則

◆　導入対話　◆

学生：商業登記には何が登記されているのですか。
教師：登記すべき事項は，商法と有限会社法に定めています。たとえば，株式会社を設立する場合，どのようなことを登記しますか。
学生：それは商法188条2項に列挙されています。
教師：そうですね。

2.1 登記事項の分類

何を登記事項とするかは，できるだけ多くの事項の公示を要請する一般公衆の利益と，営業上の機密保持について有する商人の利益との調整のうえに立って決定される。登記事項は，商法および有限会社法に規定されている。

登記事項は，登記の強制の有無によって絶対的登記事項（必要的登記事項）と相対的登記事項（任意的登記事項）に分類される。登記事項の多くは絶対的登記事項であるが，個人商人の商号は任意的登記事項である。もっとも，相対的登記事項もいったんこれを登記したときは，その変更または消滅は必ず登記しなければならない（15条）から，その限りでは，これらのものも絶対的登記事項と同様の性質を有することになる。絶対的登記事項といっても，当事者は単に私法上の登記義務を負うにすぎない。したがって，その登記を怠ると登記義務者がその事項をもって善意の第三者に対抗しえないという不利益を受けるにとどまり（12条），一般的な制裁は存しない。なお，当事者が絶対的登記事項の登記を懈怠しているときは，利害関係人はこの義務の履行を求めることができる（東京高判昭30・2・28高民集8巻2号142頁）。しかし，会社の場合には登記の懈怠について罰則の適用があり，責任者に過料の制裁が課せられている（498条1項1号，有85条1項1号）。

また，登記事項の内容によって創設的登記事項と免責的登記事項とに分類される。前者は，支配人の選任・会社の設立・社員の入社・代表取締役の選任などのように，法律関係の創設に関する事項であり，後者は，支配人の解任・社員の退任・代表取締役の辞任などのように，関係当事者の免責を生じさせる事項である。

2.2 登記事項に関する通則

登記事項は商法・有限会社法の各条に定められているが，別に次のような通則があり，また会社関係のみの通則もある（65条・66条・67条・147条・188条3項，有13条3項）。

(1) 本店の所在地において登記すべき事項は，商法に別段の定めがない限り，支店の所在地においてこれを登記することを要する（10条，有13条3項）。これは，絶対的登記事項にのみ適用があるのである。すなわち，相対的登記事項は，たとえ本店の所在地において登記されても，支店の所在地において登記するこ

とを要しない。なお，絶対的登記事項でも，支配人の選任および代理権の消滅（40条）のように商法が特段の定めをおいている場合には，右の規定は適用されない。したがって，この場合には支配人を置いた本店または支店の所在地においてそれぞれ各別の登記が必要とされる。

(2) 登記した事項に変更を生じたとき，またはその事項が消滅したときは，当事者は遅滞なく変更または消滅の登記をすることを要する（15条，有13条3項）。これは，絶対的登記事項だけでなく，相対的登記事項にも適用される。

(3) 市町村の合併などによって市町村名義の変更があったときは，その変更の登記があったものとみなされるので（商登26条），当事者は特に変更の登記をする必要がない。

【展開講義 14】 免責的登記事項

　登記事項には創設的登記事項と免責的登記事項があるが，商業登記がその効力を発揮するのは後者である。すなわち，商業登記は，免責事項が発生しているにもかかわらず，第三者が不測の損害を受けることを回避するためにその事項を公示することに意義がある。

3　商業登記の手続

◆ 導入対話 ◆

教師：商業登記をするということはどういうことですか。
学生：商業登記簿に登記事項を記入することではないでしょうか。
教師：そうですね。それでは，登記を申請したときに，登記官は調査をして登記をすることになると思いますが，どこまで調査しなければならないでしょうか。
学生：登記官の審査権の範囲の問題ですね。
教師：そうですね。登記官は形式的な点についてのみ審査の権限を有するに過ぎないのか，それとも申請事項が真実かどうかの実質的な点についても審査の権限を有すると解するのかという問題です。これは何条の解釈問題ですか。
学生：現在では，商業登記法24条だと思います。
教師：そうですね。

3.1 商業登記の申請・管轄

　商業登記は，登記所に備え置かれた登記簿に登記事項を記入することによって行われる。登記は当事者（一般には商人自身）の申請にもとづき，登記官によってなされるのが原則である（9条・15条，有13条3項，商登4条・5条・14条・15条）。これを当事者申請主義という。例外的に，登記事項が裁判によって生じた場合には，裁判所が職権をもって登記所に登記を嘱託することによって行われる（商登14条・15条・16条2項，非訟135条ノ6など）。また，休眠会社の解散の登記など，登記官の職権により行われる場合もある（406条ノ3第1項，商登91条の2）。登記の申請は，当事者または代理人が出頭し（商登16条)，その申請の方式は書面によらなければならない（商登17条）。管轄登記所は，当事者の営業所の所在地を管轄する法務局もしくは地方法務局または支局もしくは出張所である（商登1条～3条）。その他，申請の方式（商登17条～20条）・受付（商登21条～22条）・申請の却下（商登24条・25条）・更正・抹消（商登107条～113条）・登録税の納付（登録税9条）については商業登記法に詳細な定めがある。

3.2 登記官の審査権

　商業登記の申請があった場合，登記官（商登4条）は，遅滞なく，申請に関するすべての事項を調査しなければならない（商登規38条）。調査事項としては，①申請事項が法定の登記事項かどうか，②その登記所の管轄事件がどうか，③申請人が適法な申請人またはその代理人であるかどうか，④申請書類およびその付属書類が法定の形式を具備しているかどうか，⑤申請書・添付書面・登記簿の間に抵触はないかどうか，⑥申請された登記事項について無効または取消の原因があるかどうか，⑦以上のほか商業登記法24条各号に掲げる事項に該当するものがないかどうかである。これらを調査した結果，申請に不備がある場合，登記官は，決定をもって，その申請を却下しなければならない（商登24条）。個別的却下事由事項は，ほとんどが形式的事項に関するものであるが，なお，実質的事項に関するものとみられる事項がある（⑥—商登24条10号）。そこで，登記官の審査権の範囲が問題となり，従来から形式的審査主義と実質的審査主義との対立がみられる。

　形式的審査主義は，登記官は申請事項，申請者の権限の有無・方式，申請書

類の形式，管轄など，申請の形式的違法性を審査する権限のみを有するにすぎないとする見解であって，登記官は裁判官ではなく申請者の利益のために迅速な公示を本来の任務とする記録官にすぎず，申請事項が真実に合致しているかどうかの実質的審査をなす適格性を有していないこと，登記には一般的に公信力が認められていないこと，などを理由としている。これに対し，実質的審査主義は，右の形式的審査のほか，さらに，申請事項の真実性を審査する権限および義務を有するとする見解であって，商業登記制度が一般公衆の利益のために真実を公示することを目的とするものであることを理由としている。判例（大決大10・12・12民録27輯2113頁，大決昭8・7・31民集12巻19号1968頁，大判昭15・4・5新聞4563号13頁）は，形式的審査主義の立場を一貫してとっているが，この立場をとる者も多くは，登記官において申請が虚偽であることを知り，またそれにつき理由ある疑いを有する場合には実質的審査をなすべきである，と解している。他方，実質的審査主義をとる者も，申請事項の真否に疑うべき事由がある場合に限り，実質的に審査すべきであるとして，実質的審査の程度を緩和している。したがって，両説は実際の適用についてほとんど変りはないといえる。しかし，現在の商業登記法は，前述のように登記官が登記の申請を却下すべき形式的事由を個別具体的に明らかにしているので（商登24条），同法は形式的審査主義の立場をとっているものといってよい。したがって，商業登記法24条10号については，無効原因に関しては明白な場合に限り，疑義のあるときは一応登記を変更し，有効・無効は関係者の後の争訟に委ねるべきであり，取消原因に関しては取り消されるまでは有効であるから，取消判決があるまでは登記を受け付けるべきことになる。

3.3 登記の更正および抹消

　登記の錯誤または遺漏があって，事実と合致しない登記がなされた場合には，その登記を事実と合致させるために登記の更正ができ（商登107条），また，登記の申請が不適法であるにもかかわらず，登記官が適法なものとして登記を完了した場合には，登記を抹消することも認められている（商登109条）。

3.4 商業登記の公示

　商業登記制度の目的は，商人に関する事実を一般公衆に公示することにある。そのために，商法は種々の公示方法を定めている。

まず，一般的な公示方法としては公告の制度がある。登記があったときは登記所は遅滞なく登記事項を公告しなければならず，公告が登記と相違するときは公告がなかったものとみなされる（11条）。しかし，臨時特例として（第二次大戦中，用紙不足と事務簡素化のため），登記事項の公告は当分の間行わないものとされている（法務局及び地方法務局設置に伴う関係法律の整理等に関する法律附則9条）。そして，商法12条の適用については，登記があったときに公告もあったものとして取り扱われている（同附則10条）。現在でも，公告されないことによる不便はなく，実際的意義に乏しい。

　つぎに，個別的な公示方法としては，①だれでも登記所において登記簿の閲覧請求（商登10条，商登規12条）が許されており，登記の付属書類についても利害関係のある部分にかぎり閲覧することができ，また②謄本・抄本の交付・郵送を求めたり（商11条，商登規14条），③登記事項に変更がないこと，またはある事項につき登記のないことに関する証明書の交付・郵送を請求すること（商登11条，商登規14条）などが認められている。なお，一部の登記所（指定登記所）では，コンピュータによる商業登記事務の取扱がなされるようになった（商登113条の2）。登記簿はコンピュータに記録した登記ファイルによって編成される。公示の方法も，①②から登記事項証明書，登記事項要約書を交付する方法に変わっている（商登113条の3・113条の4）。

【展開講義　15】　商法19条に違反する登記申請が受理され登記が完了したときと審査請求の許否（最判昭60・2・21判時1149号91頁）
　同判決は，登記官による職権抹消事由があることを理由とする場合を除き，商業登記法115条の審査請求により登記の抹消を請求することはできないとする。これは従来からの通説・判例・実務を肯定したものである。登記官には実体調査権が法律上付与されていない以上，職権による抹消事由は申請書等や登記に記載から明確に判断できる場合に限定されるというのが根底にある思想である。

4　商業登記の効力

------◆　導入対話　◆------

学生：商業登記をする前と後ではどのような違いがありますか。
教師：それを定めているのが商法12条です。12条によれば，登記をするまでは，登記事項を知らない善意の第三者にはそれを主張できません。しかし，登記をした後は，善意の第三者に対しても登記事項を主張できます。
学生：そうすると，登記後は登記事項について第三者は悪意とみなされるわけですね。
教師：通説はそう解しています。
学生：第三者は表見代理などによっても保護されないのですか。
教師：そこについては争いがあります。
学生：それでは，登記事項が真実でなかった場合に，それを信じて取引した相手方は保護されないのですか。
教師：商法14条は，そのような場合でかつ一定の要件があるときに不実の登記を信じた第三者を保護しています。

4.1　一般的効力

　商法12条は，商業登記の公示的作用の中の一般的効力（商業登記のすべてに通じる効力—確保的効力，宣言的効力ともいう）を規定している。つまり商業登記の制度が本来目的とするところを定めている。同条は，一般的効力に関して，登記前と登記後を分けて規定している。すなわち，同条は，商人に関する取引上重要な登記事項は登記および公告（現在公告は停止されている。以下同じ）の後でなければ善意の第三者に対抗することができず，また登記および公告の後であっても，第三者が正当の事由によってこれを知らなかったときは，その者に対抗できない旨を定めている。

(1)　商業登記の消極的公示力

　登記事項は，その登記・公告前には登記すべき事項をもって善意の第三者に対抗できない（12条前段）。善意とは取引の時に登記事項である事実を知らなかったことをいい，知らないことに過失（重過失を含めて）があったかどうか，

登記の有無が第三者の取引をなす際の意思決定の原因となったかどうかも問わない。たとえば、営業主が支配人の地位を奪い平社員にした場合、その支配人の消滅登記をしておかないと営業主はその支配人のした取引を否定することができない。つぎに、登記・公告前でも悪意の第三者に対しては、登記事項をもって対抗することができる。第三者の善意・悪意は取引の時を標準にして決定され、取引のときに善意であれば過失の有無はもちろん問われない。そして、登記・公告前においては、第三者は善意であると推定されるから、その悪意はこれを主張する者が立証しなければならない。

なお、会社の商号変更や代表取締役の就任（創設的登記事項）などの登記未了の間に新商号や新代表取締役の名で会社のために法律行為や手形行為がなされた場合には、商法12条の適用の問題ではないとされる。適用するとかえって12条の立法趣旨を逸脱することになるからである（最判昭35・4・14民集14巻5号833頁）。仮に適用があるとしても、新商号・新代表者を相手にしたものは、その事実を知って取引したのであって悪意であるから、同条前段の要件を欠くと解すべきである。

(2) 商業登記の積極的公示力

登記事項は、登記・公告後は悪意の第三者にはもとより・善意の第三者に対してもこれを対抗することができる。このように、登記・公告により第三者の悪意が擬制されるところに商業登記の効力の特色がある（通説）。ただ、登記・公告後でも第三者が「正当ノ事由」によりこれを知らなかった場合には、このような第三者の悪意を擬制することは許されない（12条後段）。ここにいう正当ノ事由とは、風水害・洪水・地震等の天災で交通杜絶・新聞不到達・火災・伝染病による隔離などで登記を知ろうとしても知ることができない客観的障害をいい、病気や長期の旅行などの当事者の主観的事由はこれに該当しない。正当の事由による善意はこれを主張する者において立証しなければならない。

以上により、営業主が支配人を解任し、直ちにその登記をした場合、その解任された者と取引をした第三者が営業主に対しその取引の成立を主張してきたとしても、営業主は支配人の解任を理由にその取引を否定することができる。この場合、第三者は民法112条や商法42条により取引の成立を主張できないだろうか。商法12条と外観保護規定の関係について、判例は、民法112条との関

係では，登記後はもっぱら商法12条のみが適用され，民法の適用の余地はないとし（最判昭49・3・22民集28巻2号368頁），一方，商法の外観保護規定（42条・262条）との関係では，商法12条よりもこれらの規定を優先させている（最判昭43・12・24民集22巻13号3349頁）。これは例外説と呼ばれるもので，論理的一貫性を欠くと批判されている。一方，正当事由弾力化説は，登記に優先する外観が存在する場合，正当事由に該当すると考えるものである。商法12条と42条または262条の関係は，登記という外観と名称使用という外観のいずれを優先させるかの問題であり，より強力な外観である後者を優先させるべきであり，それは12条の正当事由に該当すると解する。それに対し，異次元説は次のように主張する。すなわち，商法12条は未登記の登記義務者を不利に扱うことによって，登記義務が励行され登記制度が機能することを狙いとするものではあっても，登記済の登記義務者に第三者の悪意を常に主張しうる利益を与えるためのものではない。商法12条は公示主義に則る規定であり，外観主義による一連の規定とは次元を異にし，両者は矛盾しないとする（ただ，登記簿を見なかったことは過失認定に関わる）。登記前に制限されていた善意の第三者に対する対抗力が登記により制限が解かれ，登記後は原則に復帰して対抗できるようになるという。

(3) 商法12条の適用範囲

まず登記事項についていえば，登記しうべき事項である限り，絶対的登記事項・相対的登記事項・免責的登記事項・創設的登記事項のいずれを問わず，また，新たに発生した登記事項，既存の登記事項の変更・廃止を問わず，適用される。次に，法律関係については，取引行為・訴訟行為のいずれにも商業登記の公示力は適用される。しかし，判例（最判昭43・11・1民集22巻12号2402頁）は，当事者である会社の代表権限を有する者をきめる民事訴訟において商法12条の適用を否定している（登記簿の記載に従って第三者が会社の旧代表者を訴えるケース）。不当利得や不法行為のように取引にもとづかない関係については見解が分れているが，商法12条の適用を認めるのが通説である。たとえば，解任された支配人が支配人と称して詐欺を行った場合のように，取引の内部においてこれと不可分な関連において生じた不法行為や不当利得については商法12条の適用が肯定されてよい。さらに，支店の登記・公告については，支店所在地

において登記すべき事項を登記しなかったときは，商法12条の規定はその支店においてなした取引についてのみ適用される。

4.2　商業登記の特殊的効力

商業登記の本来の効力は登記事項を公示する作用を営むいわば公示的機能にあるが，なお，商法は特定の場合に登記について以下のような特殊の効力を認めている。

(a) 創設的効力　これは，形成力ともいわれ，特定の登記により新たな法律関係が創設される効果を伴う場合をいう。たとえば，会社の設立登記（57条，有4条），合併登記（102条・147条・416条1項，有63条）などは登記の効力発生の要件であるし，商号は登記をなすことによってその保護が強化され（19条・20条），商号の譲渡は登記によって対抗力が生ずる（24条2項）とされる，などがその例である。

(b) 補完的効力　この効力は，登記が行われると一定の法律関係に内在する瑕疵を主張できなくなり，その結果その瑕疵が補完されたと同一の効果を認められる場合をいう。たとえば，設立登記により会社が成立した後は，株式引受人は錯誤もしくは株式申込証の要件の欠陥を理由として株式引受の無効を主張し，また詐欺・強迫を理由として株式の引受を取り消すことができなくなり（191条・280条ノ12），また新株発行による変更登記があった後に引受のない株式があるときは取締役は共同して引き受けたものとみなされる（280条ノ13）などがその例である。さらには，設立登記により会社が成立するときは設立の無効または取消の判決があっも従来の法律関係の効力には影響を及ぼさない場合（136条3項・142条・428条3項・110条，有75条1項）も同様である。登記後一定期間の経過によって無効が主張できない場合としては，資本減少の変更登記（380条1項）がある。

(c) その他の付随的効力　登記が行われるとそのときを基準にして，ある行為が許容されまたは免責がなされる場合がある。たとえば，設立登記によって，株式会社は株券を発行できるようになり（226条1項），株式譲渡の制限が解かれ（190条），社員は退社の登記後2年（93条・147条），解散の登記時から5年（145条1項・147条）を経過することによって，合名会社や合資会社では社員としての責任を免れることなどがその例である。

4.3 不実登記の効力

　商業登記の効力は登記された事項が事実存在することを前提とするものであるから，存在しない事項について，たとえ登記がなされていても，その登記については効力を生じないはずである。しかし，それでは不実の登記を真実と信じて取引した第三者は不利益をこうむり，取引の安全は害されることになる。そこで，商法は，故意または過失（軽過失も含む）によって不実の登記をしたものは，その事項の不実をもって善意の第三者に対抗しえない旨を定めて（14条），不実の登記を真実と信じて取引した第三者の保護を図っている。これは，英米法における禁反言の法理ないしドイツ法における外観理論の具体的あらわれということができる。登記・公告に対する公衆の信頼保護を目的とし，登記申請者の故意・過失を要件とする（すべての不実登記に適用されるわけではない）。現になされている不実登記をいたずらに放置した場合には，14条の類推適用があり得る（最判昭55・9・11判時983号116頁）。登記申請者に限られず，故意・過失により不実の登記の出現に加功した者に対しても適用がある。なお，14条で保護される第三者は，登記が不実であることについて善意でなければならないが，善意である限り知らなかったことに過失・重過失があってもかまわない。

【展開講義　16】　登記簿上のみの取締役の対第三者責任

　判例（最判昭47・6・15民集26巻5号984頁）には，適法な選任手続を経ていない表見的取締役に関し，創立総会または株主総会の決議に基づかず就任した表見的取締役は商法266条ノ3の取締役にあたらないが，当該取締役の就任の登記に承諾を与えておれば，不実の登記の出現に加担したものであり，商法14条の類推適用により善意の第三者に対しては自己が取締役でないことをもって対抗することはできず，その結果として商法266条ノ3の取締役として責任を免れないとするものがある。

　さらに，最判昭62・4・16判時1248号127頁は，退任登記未了の元取締役が商法266条ノ3の責任を負うためには，不実登記についてその者の明示的な承諾を要求している。

第7章 営　　業

1　営業の意義

───────◆　導入対話　◆───────

学生：『広辞苑』で「営業」の項目を見ると，一番目に，「営利を目的として事業をいとなむこと．また，そのいとなみ。商業上の事業。商売。」二番目に「営利行為を反復かつ継続的に行うこと。また，商人や会社が営業活動のために保有する財産を一括して営業ということがある。」と出ていますが，商法で営業という場合，どのような意味をもつのですか。一般的には「営業」はその一番目の意味で使われてますね。

教師：すでに学んだように，商法は「企業」に関する法である，と理解されています。そして企業は，一定の計画に従い継続的意図をもって独立の組織により営利行為を実現するもの，あるいは人的・物的諸施設を通じて営利活動を実現する独立の経済単位，とも定義されています。
　　その「企業」を商法は「営業」として捉え，規制の対象にしているというわけです。つまり，商法では，「企業」＝「営業」と捉えられていることになります。だから，広辞苑の二番目の意味で用いられていることになりますね。

学生：でも，二番目でも，営業することと営業用財産の二通りの意味があるように書かれていますが。

教師：その通りですよ。5条や23条では「営業をなすとき」，509条や510条は「営業の部類に属する契約」といっています。これは，「営業活動」を指しているといってもいいでしょうね。ところが，25条や26条などでは，「営業を譲渡する」とか，「営業の譲渡人」という言葉が出てきます。これは「営業活動」というよりは，その組織を指していると解さなければ，つじつまが合いませんね。
　　つまり，商法は，営業をその活動面と組織面の両方から捉えて，それぞれ規制を加えているといえます。前者は主観的意義における営業，後者は客観的意義における営業ともいわれています。

1.1 営業の意義

主観的意義における営業は、商人の営業上の活動を総称するものである。典型的には、営利の目的をもって継続的・反復的になされる組織的一体としての行為が念頭におかれている。「営業をなす」（5条・7条・41条）,「営業の部類または範囲」（46条・509条・510条・512条・513条）などでいわれる場合の営業である。商法は、この意味での営業を、その営業活動のもつ法的な効果を中心に規制を行っている。

客観的な意義における営業は、商人の営業活動の基礎となる組織的な財産を総称するものである。「営業の譲渡」（24条・25条・26条・29条）などでいわれる場合の営業である。

1.2 客観的意義における営業

営業は譲渡・出資・賃貸借などの対象となる。ただし、その対象となる営業とは何なのだろうか。貸借対照表を見れば明らかなように、企業の財産は、流動資産と固定資産の各種営業用のプラスの財産だけではなく、営業活動より生じた債務等の流動負債や固定負債のマイナスの財産から成り立っている。そして、これらの財産が一体となって営業活動を支えており、その総和が営業と解することもできる。ただし、企業が営業活動をなすには、これらの物的財産だけではなく、得意先・仕入先・営業上の秘訣・経営組織などの事実関係（これらは総称的に老舗や暖簾と呼ばれる）も必要である。つまり、物的財産だけで、営業活動が行われるのではなく、これらの事実関係も相まって、営業活動を支えているということができる。

もちろん、継続的に営業が行われているかぎりは、これら事実関係は、物的財産のように金銭評価の対象になることはなく、通常は営業利益に間接的に反映されているにすぎないが、営業活動は物的財産と事実関係が一体となって有機的に機能して初めて実現されるものとなる。そして、会社の合併や営業譲渡などにおいて、営業そのものが譲渡等の対象となるときには、これら有機的一体としての財産が対象となるといえる。

1.3 営業所

営業所は、商人の営業上の活動の中心地となる場所である。営業所は、対内的な意味で、営業活動の中心地であること、対外的には、独立した営業活動の

中心として企業取引が行われる中心となる場所である。
(1) 本店と支店

独立した営業につき別個の営業所を設けて数個の営業が行われる場合，および同一の営業につき数個の営業所を設ける場合がある。数個の営業所間に主従の関係が設けられ，全営業の最高指揮を発する営業所を本店，従たるものを支店という。会社の本店所在地は，定款の絶対的記載事項であり（63条4号・148条・166条1項8号，有6条7号），本店は登記されなければならない（64条1項2号・149条1項・188条2項，有13条2項2号）。本店または支店の独立性のない構成部分は出張所ないし派出所として，支店を構成しない。

営業所は商人の営業活動の中心となる場所であり，自然人の住所とほぼ同じ効果が認められる。

(2) 本　店
(a) 商行為によって生じた債務，指図債権および無記名債権の履行場所となる（516条1項・2項）。
(b) 営業所の営業の主任者は支配人であり，包括的権限を有し（38条），また営業所の営業たる主任者たることを示すべき名称を与えられた使用人は表見支配人となることがある（42条）。
(c) 商業登記の管轄登記を定める指標となる（9条，商登1条）。
(d) 裁判管轄を定める基準となる（民訴9条）。
(e) 民訴法の書類送達場所（民訴169条1項）。
(f) 破産・和議・会社更生手続の裁判管轄を基準となる（破1条・5条，和3条，会更6条）。

(3) 支　店
(a) 支店において行われた取引については当該債務の履行場所となる（516条3項）。
(b) 支店所在地の登記について特別な規定がある（10条・13条・40条・64条2項・65条・188条3項，有13項3項）。
(c) 支店に限り支配人を置くことができる（37条・40条）。
(d) 支店のみを独立して営業譲渡の対象とすることができる。

【展開講義　17】　侵害の対象としての営業

　(1)　営業を構成する事実関係はそれ自体法律上の権利として認められていない。ただし，不正競争防止法は，製品の設計図・製法，顧客名簿，販売マニュアル，仕入先リスト等の「生産方法，販売方法その他の事業活動に有用な技術上または営業上の利益」を営業秘密とし，その不正使用を禁止している（2条4項・1項4号～9号）。また商法は，営業譲渡等において，競業避止義務を定め（25条・41条1項・264条など），営業上の利益を保護している。虚偽の風説を流布するなどして信用を毀損する行為に対しては，不正競争防止法（2条1項11号）および刑法上の制裁（刑233条）をもって，それを保護している。これらは，営業にかかわる事実関係を，一定の要件の下で，法的保護の対象とし，その侵害に対しては，損害賠償および差止請求の対象とされ，その反社会性が強い場合には，刑法上の犯罪行為とされている。

　(2)　このように，現行法上も営業に対する侵害に対しては法的規制を加えているといえるが，これらの事実関係を法的にどのように構成するかが問題となる。1つはこれを人格権として把握しようとする見解である。すなわち，営業者は営業活動をなす自由を有し，これを不当に侵害されない権利を人格権と解するものである。あるいは，営業全体に営業権という一種の無体財産権を認め，営業に対する侵害をこの権利の侵害として捉える見解もある。ただし，不法行為法上は，財産的価値ある事実関係に対する違法な侵害により営業者に損害があれば足りるのであり，あえて1つの権利として構成する必要はないとする見解もある。

　(3)　必ずしも1個の権利として構成する必要ではないとする最後の見解は，これらの事実関係は，自然人の人格権と異なり，営利活動をめぐる市場競争が前提となり，競争者の営業の自由等とも密接に関連し，法的保護に値するか否かを慎重に判断する必要に迫られることから，人格権のように原則として不可侵な権利として捉える必要はない，と考えている。

2　営業活動

◆　導入対話　◆

学生：最近は，規制緩和ということがいわれていますが，なぜ，また何が対象に

なっているのですか。
教師：いろいろなことがいわれていますが，次の文章はこれらをうまくまとめています。少し長いですが，引用しましょう。

「第二次世界大戦後50年以上が経過した現在，これまでのわが国経済の発展を支えてきた経済システムは岐路に立っている。アジア諸国等の発展，情報通信技術の革新等を背景に，世界経済のグローバル化が一層進展し，国際的な大競争時代を迎える中，従来我が国経済を支えてきた経済システムの大きな変革は避けて通れない課題となっている。例えば，経済活動に対する過剰な公的規制，新規参入を阻害する商慣行及び民民規制（産業団体等による事業活動の規制），硬直的な企業関連諸制度等は，競争を通じた市場機能及び活力の健全な発揮を阻害する。これらは，市場の低生産性を温存させるとともに，新たなビジネスの開拓のための企業家精神の発揮を阻害することとなり，経済の潜在的な活力を低下させ，ひいては，我が国事業環境の魅力を損なう要因となり得る。我が国経済を活性化・効率化し，魅力ある事業環境を整備していくという観点から，上記のような構造的問題を克服していくためには，まず，経済の高コスト構造の是正に資する抜本的な規制緩和を断行し，従来の裁量型行政を改めていくことが必要である。」（通商産業省政策局編「不公正な競争行為に対する民事的救済制度のあり方」別冊NBL49号1頁）。

2.1 営業の自由とその制限

営業の自由は，資本主義経済における基本原則であり，この原則は憲法における自由権の1つとして規定されている。ただし，営業の自由は絶対的なものではなく，社会公共の必要性ある場合には，私法上および公法上の制限を受けることになる。

(1) 営業の自由

営業の自由は，営業の開始・継続・廃止の自由および営業活動の自由を意味する。

(2) 営業の自由の制限

(a) 私法上の制限　　(イ) 当事者間の契約　　当事者間の契約による制限（競業禁止の特約）は公序良俗に反しない限りその効力を有する。

(ロ) 商法上の制限　　商法は，経済主体間の利害調整の観点から，営業譲渡

人（25条），支配人（41条），代理商（48条），会社の無限責任社員（74条・147条）または取締役（264条，有29）に対して一定の範囲で競業の禁止ないし制限を加えている。

　(b)　経済法上の制限　　独占禁止法は，企業活動の公正かつ自由な競争を促進する観点から，私的独占・不当な取引制限および不公正な取引方法（独禁3条・19条），事業者団体の競争制限行為の禁止（同8条），事業活動の禁止・制限をする（同9条以下）。これらは，公正取引委員会による排除措置命令（同7条・20条等），とくに公益侵害性の強い一定の行為に対する罰則（公正取引委員会の告発にかかわる）の適用（同89条以下），価格カルテル等により得た金銭的利益に相当する額を国庫に納付させる課徴金制度（同7条の2・8条の3），被害者が一定の行為に対して損害賠償を請求する権利（同25条）等でもって，実現される。

　(c)　不正競争防止法上の制限　　不正競争行為を禁止・制限して公正な競争を維持するため種々の営業活動の制限をする。不正競争防止法の2条1項は，不正競争として，商品等の表示混同をもたらす行為（同1号），著名表示を冒用する行為（同2号），商品等の形態を模倣する行為（同3号），営業秘密の不正使用等の行為（同4号～9号），品質等の誤認混同をもたらす行為（同10号），信用毀損行為（同11号），代理人等の商標冒用行為（同12号）をあげ，主として，営業者による差止・損害賠償をもってする規制をしている。

　(d)　公法上の制限　　公法上は種々の観点からの規制があるが，その規制方法として，届出制・登録制・許可制・免許制・特許制および営業禁止に区分できる。

　　(イ)　届出制　　クリーニング業（同5条）
　　(ロ)　登録制　　建設業（建設4条・5条），毒物劇物の製造業・販売業（毒物4条），貸金業（同3条）
　　(ハ)　許可制　　古物営業（古物4条），高圧ガス製造業・販売業（高圧ガス5条・6条）
　　(ニ)　免許制　　銀行業（銀行2条），信託業（信託1条），保険業（保険3条），航空運送業（航空100条）
　　(ホ)　特許制　　電気事業（電気3条），ガス事業（ガス3条），地方鉄道業（地

鉄12条）

2.2　営業の規制緩和

　近時における営業に関係する規制緩和は，次のようにまとめられる（浜川清「規制緩和政策の現段階」行財政研究22号10頁以下参照）。

　(1)　産業全体にかかわる規制緩和措置として，安全規制の緩和，製品の認証・基準の国際的整合化，輸出入規制の緩和である。安全規制の緩和には，危険物車輌のトンネル通行規制の緩和，電気用品・ガス用品・消費生活用製品等の事故認証品目の拡大，鉱山保安・電気事業保全規制の緩和等があげられる。製品規制の国際的整合化では，JIS規格の整合化，建築資材，自動車部品，航空機用無線機器，医療用機器などの基準のほか，食品について日付表示や安全検査に関する輸出国登録工場制度や外国データの受入れがあげられる。輸出入規制の緩和では，輸入手続の機械化，為替管理の緩和，輸出検査品目の削減，輸出取引承認・輸出承認の緩和・部分廃止，統一商標規制の廃止，海外検査データの受け入れ，医薬品輸入の承認・認可手続の迅速化，植物免疫，動物免疫などである。

　(2)　産業分野別では，住宅・土地，情報・通信，金融・証券・保険の3分野に規制緩和が集中している。住宅・土地関係では，容積率制限，農地利用制限，用途制限，開発許可制などの建築制限・開発規制の緩和に，輸入資材の活用のための基準緩和があげられる。情報・通信関係では，国際通信分野と第一種電気通信事業への参入承認，料金規制の緩和，マスメディア集中排除原則の緩和がある。金融・証券・保険関係では，金利自由化の促進と金融派生商品（デリバティブ）や金融先物取引の自由化，銀行規制の緩和がある。物流・運輸関係では，料金の多様化，タクシー・トラックについての事業監督の緩和，内海海運事業の復船調整（カルテル）の見直しなどがある。流通分野では，割賦販売の斡旋業者制限の撤廃と加盟店獲得の自由化，大店法の改正・廃止，農林・警察関係手続の迅速化，酒類販売免許基準の緩和，塩専売制の廃止があげられる。エネルギー関係では，揮発油販売指定区域の段階的廃止，特定石油製品輸入暫定措置法の廃止，卸電気事業参入許可制の廃止がある。

　そのほか，認可制から届出制への変更として，割引運賃その他運輸事業の変更，保険商品，有線放送契約約款，医療法人の定款変更，環境衛星間経営業標

準営業約款標識などである。

【展開講義 18】「営業の自由」論争

　1970年代に，企業の社会的責任とも関連し，「営業の自由」論争が展開された。それは，「職業選択の自由」の一環としての営業の自由か，公序としての営業の自由か，をめぐる争いであった。従来，「営業の自由」は，近代において，職業選択の自由，財産権の自由（憲22条・29条）の1つとして，「国家からの自由」として捉えられ，寡占的・独占的市場構造がもたらす弊害規制を独占禁止法，労働法等が「公共の福祉」を実現するものとして，つまり「営業の自由」を一定程度制限するものとして理解されてきた。これに対して，後者の見解は，これを「独占放任型自由主義」と「反独占型自由主義」との対抗関係において捉え，「営業の自由」は，歴史的には，国家による営業・産業規制からの自由であるだけではなく，営業の「独占」と「制限」からの自由であり，それは人権として追求されたものではなく，いわゆる「公序」(public policy) として追求されてきたものであり，「反独占型自由主義」として理解すべきだと説いた（以上については，岡田与好『独占と営業の自由』木鐸社，1975年参照）。この論争は，近代資本主義の成立やいわゆる古典的な自由主義に対する認識の違いもあり，必ずしも十分な展開を見せなかったが，その後，現代における古典的な人権のもつ意義の再検討を促し，また主として労働法の分野で，従属的労働関係に対して自己決定を重視する傾向を生み出した。さらに，近時では，いわゆる規制緩和の流れの中で，独占禁止法や不正競争防止法における民事法的規制の必要性の議論へと繋がっている（日本経済法学会編『競争秩序と民事法』有斐閣，1998年参照）。

3　営業組織とその譲渡

◆ 導入対話 ◆

学生：最近新聞で，しばしばカンパニー制度とか分社化という言葉が出ていますが，どういうことですか。

教師：カンパニー制度は，いくつかの事業部門をもつ会社が，それぞれの事業部門を独立した企業と見なして，人事や営業などを独自に運営させることで，企業全体の収益向上をはかるものといえます。分社化は，事業部門を独立の法人

格をもつ会社にすることです。
学生：そうすると，分社化は営業譲渡と関係するのですか。
教師：そのとおりです。企業はかつて多角的経営を目指してきましたが，最近では，不採算部分を他の企業に譲渡する場合も目立ってきています。
学生：私の家は，50人ほどの従業員を雇って鉄工所を経営していましたが，採算が合わず，従業員を全部解雇した上で，工場敷地は不動産会社に，旋盤などの機械は他の会社に売却したようです。これも営業譲渡ですか。
教師：これは商法では，営業譲渡とはいいません。商法では，「有機的一体として機能する財産」の譲渡が営業譲渡だといわれています。個々の財産を処分しただけでは，営業譲渡ではないのです。
学生：分社化との関係で，会社分割が注目されていると聞いていますが，営業譲渡との違いは何ですか。
教師：そうですね。株式会社・有限会社の会社分割に関する規定が平成12年に新設されました（商法373条以下，有63条ノ2以下）。そして，実際にも多く利用されています。これまでも，別の会社を設立して，その設立に元の会社の営業を譲渡することも可能でしたが，譲渡の対象となる債務の引受，債権の譲渡（民法467条）の手続などが面倒なこと，譲渡財産の検査（商法173条・181条・246条など）を要することなどから，一体としての財産（営業）を包括的に承継させることで，会社の分割をはかる制度が設けられました。会社の分割では，新たに別会社を設立すると同時に，分割する会社の「営業」を新設される会社に承継させる新設分割と既存の会社に承継させる吸収分割があり，それぞれ，新設される会社または吸収する会社が発行する株式が元の会社に交付されるものと元の会社の株主に配分されるもの（前者が物的分割，後者が人的分割とも呼ばれている）があります。このような会社分割制度が設けられたために，今後は分社化のために営業譲渡を利用するのは少なくなるでしょうね。

3.1 営業譲渡の意義

企業は，営業のためにさまざまな財産を有し，それらは一体となって，部分の総和を超える価値をもつことになる。この財産の中には，貸借対照表の資産の分に計上される固定資産・流動資産だけではなく，得意先・仕入先関係，営業上の秘訣（ノウハウ），経営の組織などの事実関係も含んでいる。これらの

財産が有機的に統合されて，営業活動が行われるが，これらの有機的一体としての財産を移転させるのが営業譲渡である。したがって，営業を構成する個々の財産のみの譲渡は営業譲渡とはいえない。逆に，組織的一体としての財産がその同一性を保ったままで移転されるかぎり，一部の営業用財産が移転の対象から除外されても，営業譲渡に当てはまることになる。

(1) 営業全部の譲渡と一部の譲渡

営業譲渡には，営業全部の譲渡とその一部の譲渡とがある（245条1項1号，有40条1項1号）。営業の一部であっても，有機的に結合された組織的一体としての財産の移転と認められなければならない。たとえば，数個の事業部門を抱え，かつその事業部門が営業としての独立性をもつような場合，その一部の事業部門を譲渡する場合がこれに当たる。

(2) 営業譲渡契約

営業譲渡契約の方式については法律上特別の規定はなく，譲渡当事者間の合意により行われ，移転すべき財産の範囲，移転の時期，対価，商号の引継ぎなどの必要事項に関する合意が必要となる。営業譲渡は個々の財産の譲渡を目的とした売買・交換・贈与などの典型契約だけではなく，得意先やノウハウなどの事実関係も含むところから，一種の混合契約と解されている。

なお，譲渡の当事者が個人商人の場合であれば，当事者間の合意で譲渡契約は有効に成立するが，会社においては，社員・株主にとって重要な基礎的な変更となるため，会社内部において一定の承認手続が必要とされている。株式会社または有限会社がその営業の全部または一部の譲渡を行うときには，株主総会または社員総会の特別決議を必要とし（245条1項1号，有40条1項1号），株式会社または有限会社が営業全部を譲り受ける場合には，株主総会または社員総会の特別決議を必要とする（245条1項3号，有40条1項3号）。

ただし，245条1項1号で特別決議を必要とする営業譲渡は，商法24条以下の営業譲渡と同一の意味であるか否かについては争われている。

(3) 営業譲渡の効果

(a) 譲渡人の財産移転義務　　譲渡人は譲受人に対して，営業を構成する個々の財産を移転させる義務を負うと同時に，第三者への対抗要件をも充足しなければならない。

動産については引渡し（民178条），不動産については登記（民177条），商号については登記（24条2項），特許権や商標権などの知的財産権については登録（特許98条，商標39条），指名債権については債務者に対する通知または承諾（民467条）等の手続が必要となる。

譲渡人の営業上の債務を譲受人の負担とするためには，債務の引受け，弁済の引受け（民474条），債務者の後退による更改（民514条）などの手続が必要となる。

得意先関係やノウハウなどの事実関係の移転には，譲受人が支障なくこれらを利用できるように，譲渡人は得意先の紹介やノウハウの伝授等の措置を講じなければならない。

商業使用人，代理商は，とくに排除する合意がないかぎり，譲受人に移転すると解されている。

(b) 譲渡人の競業避止義務　営業譲渡は得意先や仕入先などの事実上の関係をも移転の対象とするものであるが，譲渡人が同種の営業を継続したり，再開すれば，譲受人にとっては営業を譲り受けた意義がなくなることすらある。そこで，25条は次のように譲渡人の競業避止義務を定めている。

当事者間に別段の合意がないときは，譲渡人は同市町村（東京都および政令指定都市では各区）および隣接の市町村においておいて，20年間同一の営業を行うことはできない（25条1項）。

当事者の合意により，譲渡人がこの義務を免かれ，またはその地域の縮小もしくは期間を短縮をはかることができる。

譲渡人が同一の営業をしない旨の特約を締結したときも，その特約は道府県および隣接府県内で，かつ30年を超えない範囲でのみその効力を生じる（25条2項）。この制限を超える特約は，全部が無効となるのではなく，この法定の範囲内において効力を生じると解される。

譲渡人が，営業の譲渡にもかかわらず，一般に譲渡の対象となった営業を継続していると誤信させ，譲受人の得意先を奪うような不正の競争の目的をもって同種の営業を行うことは，特約の有無にかかわらず，許されない（25条3項）。

3.2　営業譲渡と第三者保護

(1) 営業譲渡により，譲渡人の債権・債務は原則として譲受人に移転する。

ところが，営業譲渡契約において，特定の債権・債務を譲渡の対象から除外することも可能だとされている。たとえば，譲渡人の第三者に負っている特定の債務につき，譲渡契約から除外し，債務の引受または弁済の引受がなされない場合には，譲受人はその債務につき支払義務を負わないことになる。ただし，譲受人が譲渡人の商号を引続き利用するときや，新聞等で債務を引き受ける旨の広告をしたときには，譲渡人に弁済義務を負わせている（26条・28条）。

営業の譲受人が譲渡人の商号を続用する場合には，譲渡人の営業によって生じた債務について，譲渡人もまたその弁済をなす義務を負う（26条1項）。この場合には，譲渡人および譲受人の双方とも責任を負うことになり，不真正連帯債務と解される。

商号が続用される場合は，営業主の交代を債権者が認識することは容易でなく，交代を知らないがために譲渡人に対して債権保全の措置をとる機会を失うおそれが大きく，さらに営業上の債務は企業財産が担保となっており，その財産が譲渡されれば，債務の引受けをしない旨を積極的に表示しないかぎり，譲渡人が併存的債務引受けをしたものとみなして，譲受人に責任を負わせている。

譲受人の弁済義務は，譲受人の営業によって生じた一切の債務に及び，不法行為，不当利得によって生じた債務も含まれる。

以上の譲受人の責任は，営業の譲り受け後遅滞なく，譲受人が譲渡人の債務につき責任を負わない旨の登記をしたとき，または譲渡人および譲受人から第三者に対して譲受人が責任を負わない旨を通知した場合には，発生しない（26条2項）。

(2) 譲受人が譲渡人の商号を続用しない場合にも，譲受人がとくに譲渡人の営業によって生じた債務を引き受ける旨の広告をしたときは，債権者はその譲受人に対して弁済を請求することができる（28条）。広告中に債務引受の文字を用いなくても，社会通念上営業によって生じた債務を引き受けたと一般に信じるべき記載のある広告文であれば足りると解されている。

(3) 商号の続用または債務引受の広告により譲受人が責任を負うべき場合，営業譲渡または広告のときから2年内に請求または請求の予告をしない債務者に対しては，譲渡人の責任は2年を経過したときに消滅する（29条）として，営業譲渡人の責任を軽減している。これ以後は，譲受人のみが責任を負うこと

になる。2年は除斥期間であり，時効期間ではない。

3.3 営業の賃貸借と経営委任

(1) 営業の賃貸借は，商人がその営業の全部または一部を他人に賃貸することである。賃貸の対象は，営業譲渡の場合と同じく，一定の営業目的をもって組織化された有機的一体としての財産である。商人が営業用の動産・不動産を個別に賃貸して，賃借人がそれを利用する場合は，営業の物的施設の賃貸借（民601条～622条）ではあっても，営業の賃貸借ではない。

(2) 当事者間で締結される賃貸借契約の方式には法律上別段の規定はない。ただし，株式会社・有限会社においては，株主総会または社員総会の特別決議をもってその承認を得なければならない（245条1項2号，有40条1項2号）。賃借人は，賃借りを受けた営業を，自己の名をもってかつ自己の計算において，経営する権利を取得する（民601条参照）が，賃貸人に対して賃借料を支払う義務を負う。

(3) 賃貸人は，賃貸借の期間中，賃借人に対して競業避止義務（25条）を負うものと解される。また，賃貸人の営業から生じた債権債務は，別段の合意がない限り，賃借人には移転しないが，その債権者・債務者との関係では，商法26条ないし28条が類推適用される，と解される。

(4) 営業の賃貸借は，賃貸人が賃借人にその経営を委ねる（委任）という関係を含んでいる。ただし，狭義の経営委任においては，経営は委任者の名をもって行われ，受任者は委任者から経営に関する広範な代理権を付与され，そこから生じる権利義務もすべて委任者に帰属することになる。この点で，営業の賃貸借との違いが見られる。経営委任においても，委任者は競業避止義務（25条）を負うものと解される。委任者の営業から生じる債権債務は，対外的には委任者の名をもって行われることから，商法26条以下の規定を類推適用する必要はない，と解される。

3.4 営業の担保化

営業は一定の営業目的により組織化された一体としての機能的財産として，一定の交換価値をもち，営業譲渡等の対象とされているが，現行法上，営業全体が一体として担保権の目的または強制執行の対象となることは認められていない。営業を構成する個々の財産に対する質権・抵当権の設定および個々の財

産の執行しか認められていない。ただし、鉄道抵当法・工場抵当法・鉱業抵当法・漁業財団抵当法などの特別法でもって、営業に属する財産を一括して財団とみなし、その上に抵当権を設定する制度が認められており、鉄道財団と軌道財団については強制競売および強制管理の方法が認められている（鉄抵40条以下、軌道抵1条）。また、企業担保法は、株式会社により発行される社債を担保するために当該株式会社の総財産につき担保権を設定することが認めている。

【展開講義　19】　営業譲渡と競業避止義務

　営業譲渡と競業避止義務との関係については、3つの考え方がある。第1は、営業譲渡は組織財産の移転であり、営業の承継と必ず結びつくために、当然に競業避止義務が生じるとするものである。第2は、営業譲渡は組織財産の移転であると第1と同じ考え方にたつが、営業の承継とは必然的には結び付かず、競業避止義務は法律が特別に定めたものと解するものである。第3は、譲渡会社は、譲受会社が従前の状態で営業を継続するのを妨害してはならない義務があるが、競業避止義務を免除する特約も有効であり、競業避止義務は営業の譲渡に不可欠な義務ではないと解するものである。

　また、競業避止義務の論拠をどこにおくかは、営業譲渡をいかに捉えるかとも関係する。

　まず、商法245条1項における営業譲渡は24条以下の営業譲渡と同じものと解する、つまり、営業そのものの全部または重要な一部は、一定の営業目的のため組織化され、有機的一体として機能する財産（得意先関係等の経済的価値ある事実関係を含む）の全部または重要な一部の譲渡であり、当然に営業の承継を伴い、競業避止義務と不可分な関係があるとする見解である（最判昭40・9・22民集19巻6号1500頁）。営業譲渡は、営業収益の帰属者としての地位の承継であり、譲受会社がそれによって譲渡会社に代わって企業収益を獲得することにあるが、譲渡会社が顧客層を奪うような不公正な行為を行うとすれば営業譲受の効果がなくなることから、競業避止義務は当然の規定だと解されることになる。

　次に、営業の目的のために組織化されて有機的一体をなす財産であることを前提とするが、営業活動の承継がなくても、営業譲渡として、株主総会の特別決議は必要とするものである。

　さらに、営業活動の承継を伴わなくても、譲渡会社の運命に重大な影響を及ぼすような場合は、企業全体からみて重要と認められる営業用財産（たとえば、工

場）でも245条の営業にあたると解するものである。近時の学説では有力になりつつあるが，営業承継・競業避止義務と株主保護を目的とする株主総会特別決議の必要性とを分離して考え，会社法上は，株主保護を優先すべきだと解している。もちろん，株主総会の特別決議を経ていない場合には，営業譲渡（契約）の無効をもたらすことになり，善意の譲受会社の保護（たとえば，営業譲渡後，数年も営業を行った時点で，その無効を主張するような場合）が必要となる。

第8章　商行為に関する特則

1　商事契約の成立に関する特則

◆　導入対話　◆

学生：民法では，契約の成立や代理などについては，相当多くの規定が置かれていますが，商法は総則と売買で，せいぜい30条ほどです。こんなに簡単な条文で大丈夫なのですか。

教師：本当に簡単ですね。商法は，たとえば商事債権の消滅債権の時効は5年（522条）とか法定利率を年6％（514条）とするなど，民法の特則だけを示しているだけで，主要な部分は民法の規定が適用されるから少なくても済んでいるのですよ。

学生：でも，商取引は民事取引に比べてもっと複雑ですから，それにしても少ないですね。

教師：しかも，企業は取引に際して，業界ごとに合理的な契約を作成しており，商法の商行為に関する特則もほとんどが任意法規とされているために，あまり法律で規制するのもよくないという面もありますね。

学生：しかし，約款論のところでも触れられてたように，企業が一方的に作成する約款には問題も多いのではないのですか。

教師：そうですね。とくに免責条項については，力の強い企業が一方的に取引の相手方に押しつけるという面が見られますね。独禁法の不公正な取引方法として，支配的地位の濫用規制などを通して事後的に契約条項の見直しが行われる可能性はあるとはいえ，問題にするのは難しいですね。もちろん，消費者保護の面では，クーリングオフのような制度が認められるようになってきていますが，普通取引約款規制法のような，約款すべてを全般的に規制する法律を制定する必要があるでしょうね。

1.1 申込の効力

契約の申込において，承諾期間の定めのある場合と定めのない場合，および対話者間の申込と隔地者間の申込に分けることができる。したがって，①承諾期間の定めある隔地者間の申込，②承諾期間の定めのない隔地者間の申込，③承諾期間のある対話者間の申込，④および承諾期間の定めのない対話者間の申込が想定される。

なお，隔地者間の申込とは，申込の意思表示を了知するのに時間を必要とする当事者間の申込のことであり，対話者間における申込とは，相互に直ちに意思表示をなしうる当事者間の申込のことである。

承諾期間の定めのある申込の場合には，①の隔地者間であると③の対話者間であるとを問わず，申込者はその期間内は申込の撤回ができないとともに，その期間内に承諾がなされなければ申込はその効力を失う（民521条）ことから，507条は④の承諾期間の定めのない対話者間における申込を規定していることになる。②の承諾期間の定めのない隔地者間の申込については，508条は民法524条の特則を定めている。

対話者間において，承諾期間を定めないで申込をしたの場合，相手方は直ちに承諾をしないかぎり，その申込は当然に効力を失う（507条）。ただし，民法の適用される商行為でない契約についても同様に解されており，いまや507条は民法の特則とはいえない。

②においては，契約の申込は，相手方が相当の期間内に承諾の通知を発しないときは，その効力を失う（508条1項）。民法の原則によれば，申込者は，承諾の通知を受けるに相当な期間経過後初めて申込を撤回できる（民524条）が，商法では，申込の相手方が相当の期間内に承諾の通知を発しないときには，申込は当然に失効することになる。ただし，相当期間が終了後，承諾をした場合には，これを新たな申込と認め，申込者はこれに対して諾否の意思表示をすることができるとしている（508条2項）。

1.2 諾否の通知義務

契約は申込に対して明示または黙示の承諾の意思表示がなければ成立しない（民526条）。また，申込を受けても承諾するかどうかは本来自由なはずであり，申込者が拒絶の通知がなければ承諾したものとみなす旨を予告しても，相手方

はこれに拘束されることはない。商法は，これに対して，平常取引関係にある商人に対して，その商人の営業の部類に属する契約の申込がなされたとき，遅滞なく諾否の通知を発しないと，申込を承諾したものとみなしている (509条)。

継続的な取引関係にある相手方から，しかもそれが営業に属する事柄についての契約の申込があれば，相手方は明示的に拒否しないかぎり承諾するものと考える傾向にあり，また通常の経験と知識でもって諾否を容易に判断できると考えられることから，商人間においては，このように申込者の期待を保護している。

ただし，本条の適用があるのは，承諾期間を定めず申し込まれた場合に限られる。①と③の承諾期間の定めのある申込の場合には（民521条），その承諾期間内に諾否の通知をすれば足り，また④の承諾期間の定めのない対話者間における申込の場合には，直ちに承諾をなさないときは申込はその効力を失う (507条) から，509条は②の承諾期間の定めのない隔地者間における商行為たる契約の申込に適用される。

本条が適用されるには，申込を受けた相手方は商人でなければならない。ただし，申込者は商人であること，またその契約が申込者にとって商行為であることを必要としない。

【展開講義　20】　**商法509条は附属的商行為に適用されるか**

　商法509条が適用されるには，申込のなされた契約が「営業の部類に属する」ものでなければならない。判例・通説は，商人が営業として行う基本的商行為に属する契約に限られ，契約解除の申込や代物弁済の申込には本条の適用はないと解している（人の営業敷地の借地権放棄に関する申込について，最判昭28・10・9民集7巻10号1072頁参照，銀行の取引先のために根保証をした者からの保証人変更の申込について，最判昭59・11・16金法1088号80頁参照）。この見解に対して，必ずしも基本的商行為に限らず，商人が営業上集団的・反復的に行う契約であれば，附属的商行為をも含むと解すべきだとする有力な見解がある。通説によれば，たとえば，自己商を兼ねる問屋に対して売買契約の申込がなされる場合に，自己売買としての申込を受ければ本条が適用され，委託売買の実行行為として申込を受ければ本条が適用されないとの不都合が生じ，取引の安全を害することになる，とする。ただ，この説においても，上の契約解除の申込等の事例は日常の

業務として行われたものとはいえないとしており，結果的には，差異は生じないと思われる。

2 商事代理および商事委任に関する特則

◆ 導入対話 ◆

学生：商法で代理関係はどのようなところで問題になるのですか。
教師：支配人などの商業使用人では，部長や課長等の名称を使用し，商人たる会社のために代理権限を行使していることはほとんど問題とならないでしょう。また，代表取締役等の会社の代表者の場合も，本人が会社のために行為をしていることをいちいち示さなくても，相手方は，会社を代理ないしは代表して行っていることは通常問題にしないでしょうね。たとえば，何々会社の代表取締役とか部長の肩書を記載した名刺を示して，商談に入れば相手方もこの人が会社を代理・代表していることを確認するまでもないでしょうね。ところが，個人商人のために代理をして一定の法律行為をする場合には，それが代理人として行為しているのか，そうではなく，代理人本人の行為として行っているのか，わからないことも考えられます。民法では，代理人が本人の代理人ですと示さなければ代理人の行為として捉えなくてもよいとして，いわゆる顕名主義を採用していますが，商法504条は民法に対して非顕名主義を採用しているものと一般に解しています。
学生：そうすれば，相手方が代理人がある商人の代理人であることを知らない場合は，相手方は本人に対しても履行を請求できるし，代理人にも履行を請求できることになるのですか。相手方に過失があるような場合もそうですか。
教師：これが問題なんですね。すべてを解説する時間がないので，展開講義を聴いて下さい。

2.1 代理の方式

民法では，代理人の行為が本人に帰属するには，代理人が本人のためにすることを示すことが必要だとして（民99条・100条本文）いわゆる顕名主義をとることを明らかにしている。例外的に相手方が本人のためにすることを知りまた

は知りうべかりしときには，このような表示がなくても本人に対して効力が生じるとしている（民100但書）。これに対し，504条は，商行為の代理は，本人のためにすることを表示しなくても，その行為の効果は本人に生じる（本文）として，いわゆる非顕名主義を明らかにするとともに，相手方は代理人が本人のためにすることを知らないときは，代理人に請求してもよいと規定している（但書）。日常的に行われる商取引においては取引の当事者よりは取引の内容に重点が置かれることから，顕名主義は必ずしも必要でないと判断したものである。

すなわち，代理人が本人のために行為する代理権を有し，かつその権限内において本人のためにする意思をもって行為した場合には，本人のためにすることを示さなくとも，本人は代理人の行為によって直接に相手方に対して権利・義務を有することとなる。ただ，本人のために示さない代理人と取引した相手方が，代理関係を知らないとき（善意で，かつ過失のないことが必要）は，そのことを証明して，代理人の責任を追及できるとしている。ただし，【展開講義21】で明らかになるように，504条がはたして，民法の特則といえるかについては，争いがある。

なお，手形や小切手のように，文言証券においては，手形・小切手用紙には必ず代理関係が表示されなければならず，非顕名主義は適用されない。

2.2 代理権の存続

民法では，代理権は本人の死亡により消滅するのが原則である（民111条1項1号）が，商行為の委任による代理権は，本人の死亡によって消滅せず（506条），代理人は相続人の代理人となる。会社においては死亡は考えられないが，個人商人においては，個人商人たる本人の死亡により，代理権が消滅せず，その相続人に引き継がれることを明らかにしている。つまり，506条は，委任の目的たる行為が商行為ということではなく，委任行為自体が委任者からみて商行為である場合（行為たる委任の場合）でなければ適用されないと解されており，個人商人がその営業のために商業使用人を任命して，その営業のために代理権を付与するような場合が考えられる。

2.3 受任者の権限

民法は，受任者は委任の本旨に従い善管注意義務をもって委任事務を処理す

べきであると規定している（民644条）が，506条は，商行為の受任者は，委任の本旨に反しない範囲において，委任を受けない行為をすることができる旨を定めている。この商法の規定は，受任者の権限を民法より拡大したものではなく，民法の規定の意義を明確にしたものにすぎないと解されている。なぜなら，民法においても，委任の本旨に反しない範囲においては，委任を受けない行為をもなしうると解されているからである。

なお，本条の規定は，委任に限定され，代理権を伴う委任には適用されないとする解釈もありうるが，商取引における相手方の保護を考慮した規定として，代理権の範囲についても適用があるものと解すべきである。

【展開講義 21】 商事代理と民法上の代理

商法504条の解釈をめぐって争いがある。

(1) 第1の説は，本条本文は，代理人が代理関係を示さなくても相手方が代理関係を知っている場合には，相手方が代理関係を知らなくても適用されると解す。顕名主義をもつ民法によっても代理人の意思表示は本人に対して効力を生じる（民100条但書）ことから，この点に商法の特則といえるものがある。ただ，相手方が本人のためにすることを知らなかったときには，相手方を保護する意味で，相手方に対し代理人も履行の責任を負うとする。したがって，相手方は，代理関係を知らなかったことを証明することにより，代理人の責任を追及しうる。この場合には，代理人も相手方に対する本人の債務につき不真正連帯の関係において責任を負うことになる。

(2) 第2の説は，本条は代理関係を明示しなくても相手方が事実上これを知りうれば足りるとする当然の規定であり，民法100条但書と同趣旨のものである，と解する。ただ，民法と異なり，商法では，代理の効果を否認する相手方が代理関係を過失なくして知らなかった旨を立証しなければならないとして，立証責任を転嫁しているにすぎないとする（民法では，代理人が代理関係を示さないでした行為につき，本人または代理人が代理の効果を主張するためには，相手方が代理関係を知り，また知らないことにつき過失がある旨を立証しなければならない）。

(3) 第3の説は，過失の有無で区別し，代理関係を知らないことにつき相手方に過失のない場合には，相手方は代理人に対してのみならず本人に対しても請求しうるが，相手方に過失のある場合には，本人に対してのみ請求できる，と解する。

(4) 第4の説は，本条本文は相手方が代理関係を知らない場合にも適用されるとして，第1の説によりながら，相手方が代理関係を知らなかったとき（過失により知らなかった場合を除く）は，相手方は，その選択により本人との関係を否定して代理人との法律関係を主張できるとする（最〔大〕判昭43・4・24民集22巻4号1043頁）。

3 商事債権に関する特則

◆ 導入対話 ◆

学生：私たち学生は，友人5人集まって，ノート型のパソコン1台を購入することにしたのですが，代金はそれぞれ分割して代金を支払えばよいのですね。

教師：そうだと思いますが，契約書をよく見て下さい。

学生：契約書には，パソコンの代金の支払いは連帯して支払うものとする，という言葉が入っています。

教師：それだと，連帯債務になっているのですね。友人の1人が支払わないと，後の全員が負担しなければならないですね。

学生：でも商法511条では，商行為によって生じた多数当事者の債務は連帯債務としていますが，商法の適用のない私たちも連帯債務になるのですか。

教師：民法でも分割債務が原則だとはいえ，契約で連帯債務だとすることはできますよ。

学生：そうだとすれば，商法は民法の特則だとは必ずしもいえませんね。

教師：そのとおりですね。だから，連帯の特約がむしろ常態となってしまっている現在では，立法論としては，別段の意思表示がないかぎり，民事債務についても連帯性を認めるべきだとする見解もあるくらいです。

3.1 多数債務者間の連帯

民法では，多数当事者間の債務関係は，各債務者が平等の割合で負担するのが原則である（民427条）。また保証人は，催告・検索および分別の利益を有する（民452条・453条・456条）。この原則に対して，商法は，債務の履行を確実にし，企業取引の安全を保護するために，連帯を推定する規定を置いている。

(1) 多数債務者間の連帯

たとえば，数人が共同して，大量の消費財を買い入れ，そのうちの1人が自家消費ではなく，転売を目的としているような場合には，転売行為は絶対的商行為（501条1号）に当たるため，その消費財の購入に伴う代金支払債務は，各自が連帯して負担することになる（511条1項）。民法においては，特約がないかぎり，買い入れた者が平等の割合で債務を負担することになるが，商法はこの特則を定めている。

連帯の推定を受けるには，当該行為が債務者の1人または全員にとって商行為であればよい。債権者にとっては商行為であるにとどまる場合には，連帯の推定を受けない。

なお，その行為が債務者1人にとって商行為であれば，他の債務者の負担する債務は商行為による債務とはいえないが，3条2項により，債務者全員に商法の規定が適用される（514条・522条）。

(2) 保証の連帯

①債務が主たる債務者の商行為により生じた場合，または②保証が商行為である場合は，主たる債務者および保証人が格別の行為をもって（主たる債務の発生とその保証行為が時間的に離れていても）債務を保証したときでも，連帯保証（民454条・458条）となる（511条2項）。その商行為は，絶対的商行為および相対的商行為でもよい。

①においては，主たる債務が債務者にとって商行為である行為によって生じたとき，たとえば，商人がその営業のために物品の買い入れを行ったことによって生じた売買代金債務について，第三者が保証する場合には，その債務は連帯保証となる。その債務が主たる債務者の商行為によって生じたものであれば足り，保証人たる第三者が商人であること，さらにはその保証が商行為である必要はない。主たる債務者の債務が，債務不履行により損害賠償債務に変更された場合でも，主たる債務との同一性があるかぎり，その連帯保証になると解される。

②においては，保証が商行為であるとき，たとえば，個人が住宅資金の借入につき，住宅販売会社や銀行などがその保証をするような場合である。ただし，保証の連帯性は，銀行が貸付に際して保証人を要求するような，非商人が保証

をするような場合には，連帯性は認められないと解される。保証が商行為となる場合の債権者を保護すれば足りるからである。

以上の連帯保証において，保証人は催告の抗弁権（民453条）および検索の抗弁権（民456条）をもたず，また分別の利益（民456条）ももたない。数人が保証をする場合には，保証人間に連帯関係が認められると解されている。

3.2 利　　率

商行為によって生じた債務に関する法定利率は年6分とされている（514条）。商行為によって生じた債務は，債務者または債権者のために商行為によって生じた債務であれば足り，非商人の行う絶対的商行為あるいは当事者の一方にとって商行為である行為によって生じた債務もこの利率が適用される。また，商行為により直接生じた債務だけではなく，商行為である売買契約の合意解除による前渡代金返還債務，債務不履行による損害賠償債務についても，商事法定利率が適用される。

なお，6％を超える利率を合意することは認められるが，利息制限法および「出資の受入れ，預り金及び金利等の取締りに関する法律」（出資法）による制限がある。

3.3 商事留置権

商人間において，双方的商行為によって生じた債権が弁済期にある場合には，債権者は，弁済を受けるまでその債務者との間の商行為によって自己の占有に帰した債務者所有の物または有価証券を留置することができる（521条）。民法上の留置権では，被担保債権が留置権の目的物に関して生じたこと，すなわち，被担保債権と目的物との間に個別的な牽連関係が存在することが必要である（民295条1項）が，商法では，継続的な取引関係を考慮して，被担保債権と目的物との間に一般的関係があれば足りるとしている（521条）。

たとえば，商人A，B間で継続的な取引関係があり，AがBに対して売掛債権をもっており，Bが転売等のためにAに自己所有の物品を寄託していたような場合は，債務者の破産および会社更生の場合を除いて，AはBに対して売掛金を支払わないかぎりは，その寄託物を返還しないと主張することができる。

このような商事留置権が成立するには，被担保債権（上の例では売掛債権）について，①当事者双方が商人であること，②当事者双方にとって商行為たる

行為によって生じたこと，③債権が弁済期にあることが必要である。

②の要件との関係において，他人から譲り受けた債権については留置権は生じないが，相続，会社の合併などで債権を包括的に承継した場合，債権が物の占有とともに移転された場合，さらに，指図債権または無記名債権が取得された場合には，債権の継承人はこの留置権を取得するものと解されている。③の要件との関連では，留置権行使のときに弁済期にあればよく，留置物の占有取得のときに弁済が未到来であってもよい。

商人間に留置権が認められるのは，その目的物が債務者所有の物または有価証券で，かつ債務者との間の商行為によって債権者の占有に帰したことが必要である。

留置権がある場合でも債務の弁済を受けるまで目的物を留置し，その果実を優先的に弁済を受けうるだけにとどまり（民295条・297条），目的物から優先弁済を受ける権利をもたない。ただ，商人間の留置権は，民法上の留置権と異なり，債務者の破産に際して，破産財団に対して先取特権とみなされ，優先弁済を受けることができる（破93条）。また債務者の会社更正においては，更正担保権として特別の取扱いを受けることになる（会更123条）。

この留置権は特約により排除することができる（521条但書）。

商法は，この商人間の留置権の他に，代理商（51条），問屋（557条），運送取扱人（562条），運送人（589条）船長（753条2項）に留置権を認めている。

3.4 流質契約

商行為により生じる債権が被担保債権の場合には，流質契約が認められる（515条）。民法では，質権の設定時または被担保債権の弁済期が未到来のうちに，質権者に弁済として質物の所有権を取得させ，その他法律の定めた方法によらないで質物を処分することを許す契約，いわゆる流質契約を禁止している（民349条）。民法の流質契約禁止は，債務者の窮状に乗じて債権者が不当な利益を取得することを禁止することにあるが，商法は，流質契約を認めても，債務者の利益が不当に害されることがないこと，また取引の早期決済をはかる必要から，商行為によって生じた債権を担保するために設定された質権については，民法の流質禁止規定を適用しないものとしている。ただし，債務者保護を考慮して，その被担保債権が債務者のために商行為である場合に限られ，債権

者にとってのみ商行為である場合を含まないと解されている。もっとも，債務者が商人でない場合においても，譲渡担保とすることにより，債権者は，実質的には，流質契約と同一の効果をもたらしうる。

3.5 商事時効

(1) 企業取引の早期決済と安全性を確保するために，商法は，民法の10年の消滅時効の原則（民167条1項）に対する例外を設けている。商行為によって生じた債権は，5年としている（522条，ただし，商法でも，時効期間について特別の定めがあるときは，それに従うことになる。566条・567条等がある）。

商行為により生じた債権であれば，その債権は，債権者または債務者のいずれか一方にとって商行為であれば足りる。また付属的商行為でも足りる。商行為によって生じた債務と同一性を有するかぎり522条の適用が認められ，商事契約の不履行による損害賠償および契約解除による現状回復請求権も5年の時効によって消滅する。また，保証債務が商行為によって生じた場合には，主たる債務が民事債務で10年の消滅時効にかかるときでも，保証債務は5年の時効によって消滅する。

(2) 会社は営利法人であり，営業を離れては存在しないため，会社の行為はすべて商行為性を有するから，503条2項の適用はないと解されている。したがって，会社および労働組合間に成立した退職金に関する協約上の約定も商行為と解されている（最判昭29・9・10民集8巻9号1581頁）。ただし，会社の行為がすべて商行為とはいえず，あくまでも営業に関連することに限定すべきだとの見解もある。たとえば，会社が従業員に対する住宅建設資金の貸付，金銭消費貸借にかかわる債権では503条2項の適用を認め，消滅時効を10年とする判決もある（東京地判昭57・3・2判時1054号153頁，東京地判平9・12・1金商1044号43頁）。

3.6 債務履行の場所・時間

商行為によって生じた債務の履行場所は，その性質または当事者の意思表示により決まる。決まらない場合には，持参債務が原則であり（民488条），履行時点の債権者の営業所または（営業所がなければ）債権者の住所である（516条1項）。支店で取引したときは，その支店が営業所とみなされる（516条3項）。

商行為による特定物の引渡しは，「行為の当時」その物の存在した場所で行

うことになっているが（516条1項），民法では，特定物の引渡しは「債権発生の当時その物が存在した場所」となっている。行為のときに債権が発生するのが通常であるから，行為時と債権発生時は一致するが，例外的に，停止条件付法律行為の場合には，その効力は条件成就時に生じ（民127条），債権もそのときに発生したことになる。

債務の履行またはその請求は，法例または慣習により取引時間の定めがあるときには，その時間内に行うべきである（520条）。民法にはこれに相当する規定はないが，同様に解されている。

||||||||||||||||||||||||||||||||||||||||||||||||||||||||||||||||||||||||||||||||||||||||||||||

【展開講義　22】　銀行の預り手形と商事留置権

(1)　銀行が取引先に対して貸付債権を有している場合，手形割引または交換所への手形呈示のため預かった手形に対して，銀行は商事留置権を取得することになる。ただし，取引先の債務者が破産後にその手形を手形交換所で取り立てて弁済に充当できるかが問題となる。つまり，この商事留置権は，破産会社が破産宣告を受けたことにより，特別の先取特権とみなされる（破93条1項）が，この場合，留置権としての効力は失効したものと解されるのか，それとも商事留置権を有する債権者は破産宣告後においても破産管財人による手形の返還請求を拒絶することができ，手形の占有を適法に継続できると解されるかである。判例は後者の見解を採っている（最判平成10・7・14金商1046号3頁）。

(2)　銀行取引約定書4条4項は「貴行に対する債務を履行しなかった場合には，貴行の占有している私の動産，手形その他の有価証券は，貴行において取立てまたは処分することができるものとし，この場合もすべて前項に準じて取り扱うことに同意します。」と規定しているが，支払期日未到来の手形についても，その換価方法は原則として執行官が支払期日に銀行を通じた手形交換によって取り立てるものとしており（民執192条・136条），銀行による取り立ても手形交換によりなされることが予定され，そこには，取立てをする者の裁量権の介在する余地のない適正妥当な方法で行われる。したがって，銀行が手形について適法な占有権限を有し，かつ特別の先取特権にもとづく優先弁済権を有する場合には，銀行自らが取り立てて弁済に充当しうる約定をすることに合理性があり，銀行取引約定書4条4項をこの趣旨に解することができるとする。

||||||||||||||||||||||||||||||||||||||||||||||||||||||||||||||||||||||||||||||||||||||||||||||

第9章 商事売買

1 売主の供託・競売権

── ◆ 導入対話 ◆ ──

学生：将来は，生鮮食品の輸入業を営もうと思っています。しかし，生鮮食品ですから，値動きが激しく，また短期間で売り捌かないと品物もすぐ傷みますから，買主が商品の受取りを拒否したような場合が一番心配です。

教師：商品の輸入は，国内で一定の買手がないと非常に不安ですね。とくに生鮮食品のような場合はそうですね。しかも，値動きが激しいものですから，商品を輸入した時点で，転売先がもう品物が要らないということも考えられますね。

学生：そのようなときにはどうすればよいのでしょう。

教師：生鮮食品ですから，毀損しやすいものとして，買主が契約通りに受け取らなければ，商法では，競売にかけることができる（524条第2項）となっています。しかし，競売にかけることは面倒ですから，おそらく転売できるといった商慣行があると思いますよ。それをよく調べてみなければなりませんが，もしこのような慣行がないときでも，買主との間で，買主が引き取らない場合には，直ちに契約を解除できるようして，転売が可能なようにしておくべきでしょうね。

1.1 受領拒絶・不能における売主の権利

民法では，買主が売買の目的物を受け取ることを拒絶したり（受領拒絶），受入準備ができていないなど買主側の事情で受け取ることができないとき（受領不能），または売主が過失なくして買主を確知できないときは，売主は目的物を供託してその引渡義務を免れることができるとされている（民494条）。さらに，売買の目的物が供託に適さず，もしくは滅失・毀損のおそれのあるとき，

または目的物の保管に過分の費用を要するときは，売主は裁判所の許可を得て，目的物を売却し，その代価を供託することができるとしている（民497条）。

商人間の売買においては，買主に受領拒絶または受領不能があれば，供託または売却できるとしている（542条1項）。この場合には，買主に受領遅滞の要件（民413条・493条）を必要としないと解される。

1.2 売主の供託権

商人間の売買において，買主の受領拒絶または受領不能があれば，売主は民法（494条～496条）および供託法の規定に従って売買の目的物を供託することにより，目的物の引渡義務を免れることができる（商524条1項本文）。民法では，供託において，売主は遅滞なく供託の通知をしなければならないが（民495条3項），商法では，売主は供託の通知を発すればよく（民524条1項2文），通知到達の危険を買主に負わせ，売主に有利な解決をはかっている。供託およびその通知の費用は買主の負担になると解される。

1.3 売主の自助売却権

商法は，民法の競売要件（民497条）を緩和し，売主は，相当の期間を定めて売買の目的物の受取りを催告し，裁判所の許可などを要せずに，供託に代えて目的物を競売できるとしている（524条1項）。目的物が毀損しやすいものについては，この催告も必要としない（524条2項）。目的物を競売した売主は，その代価を供託しなければならないが，その代価の全部または一部を売買代金に充当することができる。

商法は，民法よりは簡易な手続による自助売却権を定めているが，これも民事執行法による競売手続（民執195条）によらなければならず，値動きの激しい商品については敏速に対応できるものではない。このため，受領拒絶または受領不能があれば，競売によらずに他の買取業者に転売できるとする特約を定めることが多い。

【展開講義 23】 供託権・自助売却権と損害賠償請求

本条の供託権および自助売却権は，売主保護のために認められたものとして，売主はかかる権利を行使せず，民法の一般原則により契約を解除して損害賠償の請求をすることも妨げないと解される。また，この供託権・自助売却権は，売主

が速やかに目的物の引渡義務を免れるものであることから，買主の受取拒絶または受取不能の事実があれば，買主を遅滞に付するために売主があらかじめ履行の提供（民493条）をしておく必要はなく，代金支払済の場合にも売主はかかる権利を行使して目的物の引渡義務を免れることができる，と解される。もっとも，売主は履行の提供により買主を遅滞に付し，遅滞による損害賠償の請求をすることもできる。

2　買主の検査・通知義務

◆　導入対話　◆

学生：家電商品の卸売会社に就職したのですが，量販店などに大量に納入するときに，数量不足や商品に欠陥のあるときは，どう対処すればいいのでしょう。

教師：このような場合には，どちらも商人として，日常的に商品を売買しているわけですから，商法では，大量に家電商品を卸したときに，小売店の方で，契約通りの数が納入されているのか，欠陥はないか，すぐに検査しなければならない，とされています。検査した結果，数量不足や欠陥があれば，これもすぐに，卸売会社に通知すべきことになっています（526条）。

学生：でも，数量不足はすぐに確認できても，家電商品の内蔵機器に欠陥があって，消費者が使い始めてそれがわかるような場合もありますね。

教師：そのとおりですね。商法では，「直ちに発見できない瑕疵」ということで，小売店が受領後6カ月以内に発見することを前提としています。この期間が過ぎれば，小売店は，それにもとづく卸売会社の契約上の責任を問うことができない，ということになりますが，おそらくこのような場合には，家電商品のメーカーに修理義務等を課すことで解決していると思われます。もちろん，欠陥商品で消費者に被害が生じた場合には，製造物責任法も関係してきますね。

2.1　売買目的物の瑕疵または数量不足

売買の目的物に瑕疵または数量不足があるときは，民法では，買主はその事実を知ったときから1年以内であれば，契約解除，代金減額，損害賠償の請求

をすることができる（民563条～566条・570条）。しかし，商人間の売買では，売主がそれらを知っている場合は別として，瑕疵や数量不足があれば，1年ではなく，買主は受領後直ちに検査し，その旨を通知しなければ，これらの権利を行使することはできないとしている（526条1項前段）。直ちに発見できない瑕疵についても，受領後6カ月を経過してもなお発見できないときは，買主はこれらの権利を行使できない（526条1項後段）。

商法が，民法に比べて迅速な検査・通知義務を定めているのは，商人として専門知識があれば，容易に瑕疵を発見でき，また買主からその旨の通知を受ければ，売主も不足分や瑕疵のない商品の提供など，迅速な善後策を講じることができることを考慮している。

なお，この買主の検査・通知義務は，特定物の売買だけではなく，家電商品のような不特定物の売買にも及ぶと解される。

ただし，給付された商品が契約目的物とは別種類の商品であるというように売主にとって基本的な誤りがある場合には，買主は，526条の検査通知義務によっては権利行使の制約を受けないと解するのが相当である（東京地判平2・4・25判時1368号123頁，金商860号28頁）。

2.2 検査・通知義務

買主は目的物を受け取り，検査が事実上可能となったときに遅滞なく検査しなければならない。たとえば，船荷証券の交付を受けて目的物の所有権が買主のものになっても，買主が目的物を実際に入手できなければ検査はできないことになる。また，目的物が第三者に転売され，この第三者のもとで初めて目的物を検査できるような売買契約においては，第三者に目的物が到達し，検査が可能となったときである。

買主が検査し，目的物に瑕疵または数量不足があれば，買主はその種類や範囲を明示した上で，その旨を遅滞なく売主に通知しなければならない。瑕疵は，民法のように「隠れた瑕疵」に限定されず，見本売買において引き渡された目的物が見本より劣るような場合や，ソフトの不足で稼働しないコンピュータ機器なども「瑕疵」があると考えられる。

「直ちに発見できない瑕疵」があるときは，目的物受領後6カ月以内に瑕疵または数量不足を発見し，遅滞なく通知をしなければならない。「直ちに発見

できる」か否かは，取引の態様や目的物，取引慣行により異なるといえるが，専門的知識を有する買主たる商人の通常の注意をもってすれば，取引の態様，過程に照らして合理的な方法および程度において検査すれば発見できたと判断されるような場合には「直ちに発見できる」ものといえる。

2.3 検査・通知義務の対象と効果

売主が引渡時において目的物に瑕疵または数量不足があることを知っている場合には，買主の通知義務は発生しない（526条2項）。また，契約の内容と全く異なったものが提供されたような場合にも，買主は通知義務を負わないものと解される。

通知をなした買主は，民法の規定に従い契約の解除・損害賠償または代金減額の請求をすることができる。目的物の瑕疵を理由とするときは，契約解除または損害賠償の請求を（民570条・566条），数量不足のときはさらに代金減額の請求をなすことができる（民565条・563条）。

買主が検査・通知義務を怠った場合には，売買の目的物の瑕疵または数量不足を理由として，契約の解除等をなすことはできないだけではなく（526条1項），売主に対して完全な給付を請求しえないと解される。ただし，この検査・通知義務は，これを怠れば買主に損害賠償責任が発生する通常の義務ではなく，一定の権利を行使できなくなるという意味において，不完全義務ないし間接義務といわれる。

【展開講義 24】 **不特定物と商法526条**

目的物に瑕疵がある場合の瑕疵は，民法570条の物の瑕疵であり，権利の瑕疵は含まれない。また，民法の瑕疵担保責任（民570条）は，特定物に限るとする見解と不特定物をも含むとの見解があるが，通説・判例は，526条は不特定物にも適用があると解している（最判昭35・12・2民集14巻13号2893頁）。その理由として，商事売買の目的物は不特定物であることが多く，526条を不特定物にも適用しなければ，規定の存在意義が半減すること，商事売買における迅速な決済の必要性から，買主の検査・通知義務を定めている本条の趣旨からして，特定物に限るべきではないとする。なお，本条が不特定物売買に適用されることを前提とした場合，買主は完全履行の請求をもなしうるが，526条の期間が経過したことにより契約を解除しえず，また損害賠償の請求もできなくなった後においては，

もはや完全給付の請求もなしえない，と解される（最判昭47・1・25判時662号85頁）。

3　買主の保管・供託義務

───────── ◆ 導入対話 ◆ ─────────

学生：遠いリンゴの産地から，リンゴを大量に仕入れ，点検したところ，見本で送ってもらったものと比べて相当品質が悪く，その旨を売主に通知して，この契約を解除したような場合，品物はどうすればよいのでしょうか。

教師：売買契約が解除されれば，そのリンゴの所有権は売主のものとなりますから（民545条参照），運送料を売主持ちにして送り返すといいでしょう。

学生：それ以外の方法はないのですか。

教師：商法では，買主は売主の費用で保管または供託し，また目的物に滅失・毀損のおそれがあれば，裁判所の許可を得て競売し，その代価を保管・供託すべきだとしています（527条・528条）。この規定からすれば，買主の義務として，リンゴを保管し，それも期間がたてばリンゴも痛みますから，競売に付さなければならないことになります。

学生：面倒ですね。昔のように，送り返すのも面倒で，送り返すまでに品物が劣化するような場合はこんな面倒なことも考えられますが，今だったら，1日もあれば，送り返せますよ。

教師：そうですね。この商法の規定は，現状には合っていないかもしれませんね。だから，契約で，リンゴの品質が契約に定められた条件に合致せず，買主が契約を解除したときには，売主の責任において1週間以内に引き取るべきものとするとか，それ以後も引き取らない場合には，転売も含めた目的物の処分ができる，といった規定を設けておく方がいいでしょうね。

3.1　目的物の保管・供託

商人間の売買において，目的物の瑕疵もしくは数量不足を理由に買主が契約を解除した場合，または，売主から引き渡された目的物が注文品と異なりもしくは注文数量を超過した場合で，かつ他地への送付売買においては，買主に目

的物の保管または供託すべきことが要求される（527条1項本文・528条）。また，目的物に滅失・毀損のおそれのあるときには，裁判所の許可を得て競売に付し，その代価を保管または供託しなければならない（527条1項但書・528条）。

いわゆる送付売買とは，売主および買主の営業所（営業所がない場合はその住所）が同一市町村内にない場合をいう（527条3項）が，営業所（または住所）が同一市町村にあっても第三の地が荷送地とされているときも同様に解される。逆に，売主・買主の営業所（住所）が同一市町村にない場合でも，目的物の引渡しが売主の営業所でなされるとき，または買主の指定する目的物の送付先が売主の営業所（住所）と同市町村内であるときには，保管等の義務は発生しないと解される。この買主の保管・供託および競売義務は，売主が買主の下にある目的物について直ちに対応措置がとれないことを考慮したものだからである。

なお，買主の保管等の義務は，売買契約の成立を条件とするものであり，申込と同時に物品を受け取り，その申込を拒絶した場合（510条）と区別する必要がある。

3.2　保管・供託義務

(1)　買主が売買契約の履行として受領した目的物に瑕疵または数量不足があるために契約を解除した場合（527条1項）はもちろんのこと，その場合には限定されず，約定解除権の行使や確定期売買における遅れた履行による解除等にも類推適用されると解される。また，目的物を解除前に受け取ったか，解除後に引渡を受けたかを問わない。

(2)　買主が目的物を保管すべき期間は，売主が適当な処理をとることができるまでの相当な期間に限られると解される。買主が，保管した事実を売主に通知したもかかわらず，売主が善後措置をとらないような場合には，買主は保管義務を免れ，売主に送付することができることになる。

(3)　保管と供託の選択は，買主に委ねられるが，目的物に滅失・毀損のおそれがあるときは，買主は目的所在地の地方裁判所（非訟126条4号）の許可を得て，競売し（民執195条），その代価を保管または供託しなければならない（527条1項但書・528条）。この競売は緊急売却といわれる。競売がなされたときは遅滞なく売主に通知しなければならない（527条2項・528条）。

(4)　売主が引渡時において目的物に瑕疵または数量不足があることを売主が

知っている場合には，買主の通知義務は発生しない（526条2項）ことから，目的物の保管・供託義務も，売主に悪意のないことを前提としていると解される。また，注文品と異なること，注文数量を超過することについて悪意がないことが必要であると解される。

【展開講義　25】　超過分と代金支払義務

　　買主が約定数量を超えて物品の受領を受けた場合，買主は約定の数量に応じて約定代金を支払い，売主はその超過分の返還を不当利得として返還請求できるが，超過分の代金の支払を請求できるわけではない。ただし，商人間の売買において，商法526条の検査・通知義務を履行しない場合に，超過分についても代金支払義務が発生するか否かが問題となる。数量超過においては買主の検査・通知義務を否定する見解（多数説）と商法526条の類推適用を認め，買主が検査・通知義務を怠ったときは，買主が超過部分の買取りを承認したものとして，超過代金を支払うべきだとする見解（少数説）がある。前者の見解は，数量不足の場合に売主のおかれる不利益（買主から契約解除等の権利を行使される不利益）を考慮して，買主の監査・通知義務が法定されているが，数量超過においては，かかる不利益はなく，買主の検査・通知がなくとも売主は商法528条により超過部分の返還請求権を適時行使しないかぎり超過部分のへ返還請求権を行使できないにとどまることを理由とする（神崎・商行為292頁，平出・224頁）。

4　確定期売買

　　　　　　　　　　◆　導入対話　◆

学生：友人の話では，お姉さんの結婚パーティで招待客に引き出物として贈るために，コーヒーカップを100組，陶器店に注文したのに，結婚式の当日間に合わず，他の品物で間に合わせたらしいのですが，陶器店では翌日になって招待客に送品するといってきたようです。どうすればよいのでしょう。

教師：コーヒーカップの注文は，結婚式には間に合わなければ，意味がありませんね。この売買契約では，遅くとも結婚披露宴が終わるまでにコーヒーカップが納品されなければ，つまり売主が契約を履行しないと，契約締結の目的は達せられないことになります。

4 確定期売買 131

学生：そのとおりですね。
教師：このように，一定の日時あるいは一定の期間内に履行がなければ契約の目的が達成されないような契約は，確定期（定期）行為といわれるものです。このような場合には，履行期に履行がなければ債権者は催告をすることなく契約を解除できます（民525条）。だから，陶器店には，もうコーヒーカップが必要でなくなったので，契約を解除する，という旨を伝えておけば足りるでしょう。
学生：友人のお姉さんが，商売用に注文したという場合も同じですか。
教師：もし買主も売主も商人であれば，友人のお姉さん側で披露宴の終わるまでに履行の請求をしないと，525条でもって，契約は当然に解除されたものと解されるでしょう。これを一般に確定期売買とよんでいます。

4.1 確定期売買

　売買の性質上または当事者の意思表示により，一定の期間内に履行しなければ契約の目的を達成できない売買を確定期契約（定期行為）という。たとえば，結婚式用の衣装のように，一定の日時または期間内に納品がなければ契約の目的を達成できない場合，民法では，相手方に契約の解除権が発生するとしている（民542条）。この結果，売主は買主が解除権を行使するまでは，転売もできないことになる。また，買主は，目的物の価格が下がれば解除し，上がれば履行を請求するなどの弊害も生じることになる。そこで，商法は，商人間の確定期売買では，相手方が債務の履行をなさず，その時期を徒過した場合には，他の一方が直ちに履行の請求をした場合を除き，契約は当然に解除されたものとされている（525条）。

　ただし，商人間で履行期を決めただけでは確定期売買とはいえず，契約の趣旨から見て履行期を過ぎれば契約の目的を達成できない性質のものでなければならない。もちろん，確定期売買で，契約の解除がなされたと見なされる場合において，買主に損害があれば，売主に対して損害賠償を請求できる（民545条3項）。

4.2 双方的商行為の要件

　確定期売買の当然解除を認められるためには，商人間の双方的商行為であることが必要である。ただし，525条は，売主の供託権および自助売却権，買主

の検査・通知義務および買主の保管・供託・競売義務に関する規定（524条・526条〜528条）とは異なり，商人間の売買に限る文言のないこと，さらに，本条の趣旨が商事売買における売主保護にあることから，少なくとも当事者の一方にとって商行為たる売買であれば足りるとの少数説がある。ただし，少数説からすれば，売主が商人でなくとも，買主にとって絶対的商行為である場合にも本条の適用が認められることになり，売主保護という立法趣旨が生かされないことになる。

【展開講義　26】　確定期売買と当事者の意思

(1)　確定期売買と認められるには，売買の性質または当事者の意思表示から一定の日時・期間内に履行されなければ契約の目的が達せられないときである。もちろん，売買の性質から判断するにしても，契約の目的（当事者の意思）を考慮しなければならず，また契約の目的を判断するにしても売買の性質を考慮する必要があるなど，両者を厳然と区別できるものではない。ただ，売買の性質から確定期売買と認められた事例としては，買主にとって目的物の利用時期または転売時期が客観的に限定されている場合，とくに，中元用のうちわやクリスマス用品など季節的な商品の売買が多い。これらの事例は，売買の目的物からして，当事者の意思も当然に一定の期間内に履行されなければ当然に契約の目的が達せられないことが推測される事例であるといえる。ただし，当事者の意思表示から確定期売買と認められるかについては必ずしも明確ではない。

(2)　最判昭和44年8月29日（判時570号49頁）は次のような事例である。Yは，昭和30年2月9日，訴外A（特飲業者の組合長）に特飲街をつくるという特殊事情から相場より相当安く売却したが，土地分譲を目的とするYは，安価な土地の提供にいつまでもしばられることを嫌い，Aから昭和30年3月10日までに代金全額の支払いがあるとの強い希望を有し，Yもこれを了解していた。Aは当該土地をXに転売し，Yに対して所有権移転の登記を請求したが，Yは，本件土地の売買は確定期売買であり，Aが3月10日までに代金の支払いをしないでその時期を経過したことにより，Y・A間の契約は当然に解除されたものであるとして，Xの請求を拒絶した。最高裁はYの主張を認めているが，本件における売買契約の「特殊事情」は商人の合理的な判断として重視する必要があったのか，疑問となる事例である（戸田修三「商法総則・商行為」百選別冊ジュリ［第3版］84号112頁）。

(3) そのほか，一定の日時を指定して，その日時における一定の銘柄・株数・単価で株式を売買すべき委託契約においては認められ（大判大6・11・14民録23輯1965頁），ビール会社の株式の転売利益を目的に株式を買い入れたが，ビールの際需要気前の5月中旬頃までその引渡しを受けなかった事例では否定されている（大判昭11・7・14新聞4022号7頁）。

また，契約当事者が納期期日を厳守すべきことを要請したのは，当時発生していた本件物件の特別な需要状況のもとではこのことが本件契約の目的達成上重要なことであると認識されていたことにもとづくもので，LSIチップ等の電子科学計算機用部品セットの売買につき，その性質および当事者の意思表示に照らして525条の確定期売買に該当すると認めるたものとして，東京地判平成2年4月25日（判時1368号123頁，金商860号28頁）がある。

第10章　消費者売買

1　総説

───────　◆　導入対話　◆　───────

教師：近代私法の基本原理のひとつである契約自由の原則について説明して下さい。

学生：えーと，契約を締結するかどうか，だれと契約をするか，どういう内容の契約をするか，などについては当事者の自由な意思にもとづいて決まるということですか。

教師：そうだね。当事者が自由な意思にもとづいて各自にとってもっとも有利と考える契約を結ぶことで，自由競争を促進し，経済活動全体が発展していくことになるんだ。

学生：なるほど。でも先生，そうすると民法や商法は当事者がお互いに平等であることを前提にしているようですが，現実にはそうでないことも多いのではありませんか。

教師：そのとおりだね。現代の経済社会では，経済的弱者を保護するために国家の介入が必要となり，民法や商法とは異なる原理を前提とした特別法が作られている。たとえば，労働基準法による労働者の保護，借地借家法による借主の保護，各種の消費者取引法による消費者の保護がそのような例としてあげられる。

学生：法律楽々勉強法を作って，学生も保護してもらいたいですね。

1.1　消費者保護の必要性

　昭和30年代以後，消費者売買が関心を引くようになった。その理由は，技術革新の進展とあいまって，巨大企業による大量生産・大量販売という現象が一般化し，消費者は商品取引につき企業に対して弱い立場に置かれるようになっ

たからである。すなわち，現代の消費者は，①商品に関する専門的知識を持っておらず企業側の情報に依存するしかなく，②誇大広告などによる企業側の情報操作によって商品選好の形成が支配されやすく，③不当な価格を強制されたり，④欠陥商品により生命や健康が侵害される危険にさらされている。そこで，消費者保護の観点から制定された特別法により，民法や商法とは異なる前提に立った規制が必要とされる。

1.2 消費者保護法の原理

消費者保護の必要性が高まるなか，昭和43年に消費者保護基本法が制定された。この法律の基本的な目的は，国民の消費生活の安定および向上を図ることにある。その手段として，消費者の利益の擁護および増進に関して，国・地方公共団体と事業者の果たすべき責務ならびに消費者の果たすべき役割を明らかにするとともにその施策の基本となる事項を定める。消費者保護基本法には，消費者保護に関する施策として，危害の防止，計量の適正化，規格の適正化，表示の適正化，公正自由な競争の確保，啓発活動および教育の推進などが定められているほか，国に対して消費者の意見を施策に反映させる制度の整備を求め，事業者に対して消費者の苦情処理体制を整備するよう求めている。以上のような消費者保護の基本原理は，国民生活安定緊急措置法（昭48法121），買占防止法（昭48法48），割賦販売法（昭36法159），訪問販売法（昭51法57，現在は「特定商取引に関する法律」に名称変更）など一連の消費者保護法によって具体化されている。

1.3 消費者契約法の制定

消費者契約に関してトラブルが生じたとき，民法の規定によって契約の取消や無効などの救済が得られるケースは限られている。そこで，平成13年4月から施行された消費者契約法（平12法61）では，消費者と事業者との間には情報の質・量ならびに交渉力の格差があることに鑑み，取消・無効に関する要件を民法よりも緩和することとした。すなわち，同法によれば，①事業者の一定の行為により消費者が誤認しまたは困惑した場合については契約の申込・承諾の意思表示を取消すことができ，②事業者の損害賠償責任を免除する条項やその他消費者の利益を不当に害することとなる条項は無効となる。この法律は，指定商品・役務に適用が限定される割賦販売法等と異なり，すべての消費者契約

を対象として適用されることから，消費者契約関連紛争の包括的・基本的ルールとして，今後広範な展開が予想される。

2　信用販売

──────── ◆　導入対話　◆ ────────

教師：おや，今日は早いね。いつも遅れて来るのにどうしたの。
学生：通学用にバイクを買ったんです。
教師：高かっただろう。アルバイト代を貯金していたのかい。
学生：いいえ，貯金なんてありません。もちろん，クレジットですよ。ところで先生，クレジットを利用するのって結構ややこしいですね。学生だと連帯保証人を要求されたり，契約内容確認の電話を受けたりしました。
教師：クレジット販売というのは，その人を信用してお金を立て替える仕組みだからね。信用に関する情報をいろいろ聞かれるのは当然だよ。
学生：でも，その情報が勝手に使われたりすることはないのですか。かなり個人のプライバシーに関わることまで聞かれたんですけど。
教師：個人情報の保護については，法律によりある程度の配慮がなされているよ。よい機会だから信用販売について勉強してみようか。
学生：お願いします。でも，先生はなんでも勉強に結びつけるなぁ。

2.1　信用販売と割賦販売法

(1)　販売取引規制の必要性

　消費者が，銀行，質屋，サラ金等から借金をしたり，月賦払いの約束で商品を買うことがある。これらの取引は，消費者に信用が与えられているという意味で一般に消費者信用とよばれるが，このうち，商品の売買をともなう場合をとくに信用販売という。信用販売は，昭和20年代末ごろから家電製品および自動車の販売を中心に盛んになり，現在では小売業の売上げの相当割合を占めている。信用販売に特別の法規制が必要とされる理由は，現金販売と異なり，分割金利などの契約内容がわかりにくい，信用供与者が債権回収のため過酷な特約を付しがちであるなどの事情があるからである。

(2) 割賦販売法

信用販売に適用される法律として割賦販売法（昭36法159）がある。割賦販売法は，指定商品が割賦販売，ローン提携販売，割賦購入あっせんの形式で取り引きされる場合に適用される。また，前払式特定取引によって指定商品または指定役務の取引がなされる場合についても適用される。ここで指定商品とは，定型的な条件で販売するのに適当な商品であって政令で定めるものをいい，事務用機械器具，農業用機械器具，運搬車，化粧品などがその例である。また，指定役務としては，婚礼または葬式のための施設提供その他の便益の提供およびそれに付随する物品の給付がある。

2.2 信用販売の種類

(1) 割賦販売

割賦販売とは，購入者から代金を2カ月以上の期間にわたり，かつ3回以上に分割して受領することを条件として指定商品を販売することをいい，それ以外の分割払い販売は，法律上の割賦販売ではない（図1参照）。

リボルビング方式による指定商品の販売は，割賦販売に含まれる（割賦2条1項）。リボルビング方式による販売というのは，あらかじめ定められた利用限度額の範囲内で商品を購入し，その代金は，1回の購入額とは無関係に，毎月一定金額を支払うものである。たとえば，利用限度額を30万円とし，毎月の返済額を1万円として，この範囲では自由に何度でも商品を購入できるとする取引方法である。

(2) ローン提携販売

購入者が指定商品の購入代金の支払いに当てるため，販売業者と提携している金融機関から2カ月以上の期間にわたり，かつ3回以上に分割して返済する条件で金銭を借入れ，販売業者が購入者のその債務の保証をして当該商品を販売することをいう（割賦2条2項1号）。銀行が貸付を行うオートローン，電化ローン，ピアノローンがその典型例である。

ローン提携販売においては，三面的な法律関係がある。すなわち，購入者と販売業者の間には現金払の売買契約と保証委託契約とがあり，購入者と金融機関との間には割賦返済の消費貸借契約があり，販売業者と金融機関の間には保証契約がある。しかし，経済的実質を見ると，購入者に信用を供与するか否か

2 信用販売   139

図1　割賦販売

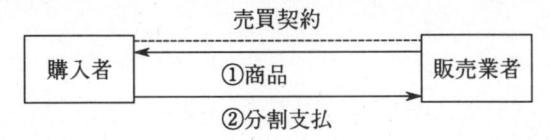

購入者 ←――売買契約――― 販売業者
　　　 ←―――①商品―――
　　　 ―――②分割支払――→

図2　ローン提携販売

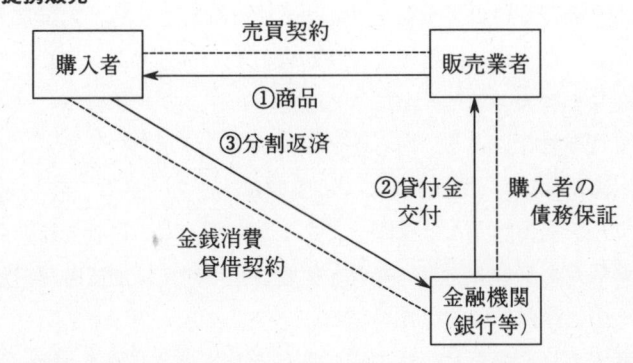

購入者 ←――売買契約――― 販売業者
　　　 ←―――①商品―――
　　　 ―――③分割返済――→
　　　　　　　　　　　　　②貸付金交付　購入者の債務保証
金銭消費貸借契約
　　　　　　　　　　　　金融機関（銀行等）

図3　割賦購入あっせん

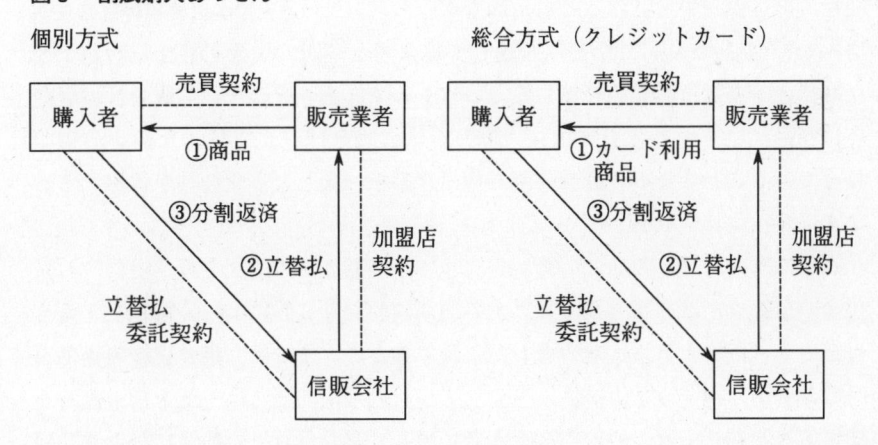

個別方式

購入者 ←――売買契約――― 販売業者
　　　 ←―――①商品―――
　　　 ―――③分割返済――→
立替払委託契約　　　　　　　②立替払　加盟店契約
　　　　　　　　　信販会社

総合方式（クレジットカード）

購入者 ←――売買契約――― 販売業者
　　　 ←―①カード利用商品―
　　　 ―――③分割返済――→
立替払委託契約　　　　　　　②立替払　加盟店契約
　　　　　　　　　信販会社

は保証人である販売業者が決めている。商品の所有権は，通常，求償権の担保として販売業者に留保されている（図2参照）。

(3) 割賦購入あっせん

信販会社等が，購入者に代わって商品代金を販売業者に立て替え払いし，購入者は信販会社に対して2カ月以上の期間にわたり，かつ3回以上に分割して支払うという方式をいう（割賦2条3項）。信販会社が信用を供与するとともに，形式的に商品などの購入をあっせんすることになるから「割賦購入あっせん」と呼ばれる。これには，信販会社等が購入者に対してあらかじめ特定の販売業者から商品を購入することができる証票（カード，クーポン券，チケット等）を交付して行う総合方式と，あらかじめ購入者に証票を交付せずに行う個別方式がある（図3参照）。個別方式による割賦購入あっせんは，その経済的機能においてローン提携販売とほぼ同一であるが，購入者と信販会社の間には立替払委託契約等があること，販売業者と信販会社の間には加盟店契約が存することなど，その法律関係において異なる。

購入者がデパートなどの販売店で商品を買うときにクレジット（割賦払い）を申し込むと，その販売店は加盟店契約をしている信販会社に連絡する。信販会社に申込書が送付されると信用調査が行われ（この過程で契約確認の電話をかけるのが一般的である），販売店を通じて購入者との間で代金立替払契約および立替払金の割賦払契約を締結するというものである。その後，信販会社は販売店に商品代金を一括して支払い，購入者は信販会社が立て替えた額を分割で払っていくことになる。商品の所有権は立替払いをした信販会社が留保する。

(4) 前払式特定取引

商品の購入者が，商品の引渡に先立って，商品売買の取次を行う者に対し，代金の全部または一部を2カ月以上の期間にわたり3回以上の分割払をするものをいう。百貨店等の「友の会」がこれにあたる。または，指定役務の提供を受ける者が，指定役務の提供に先立って，対価の全部または一部を指定役務を提供する者もしくはその取次を行う者に対し，2カ月以上の期間にわたり3回以上の分割払いをするものをいう。「冠婚葬祭互助会」がこれにあたる。

2.3 割賦販売に対する規制

(1) 開示の規制

販売業者が割賦販売の方法で指定商品を販売するときには，販売条件の開示として，現金販売価格，割賦販売価格，代金の支払期間および支払回数，割賦手数料の料率を明示しなければならない（割賦3条）。また，契約が成立したときは，同様の内容を記載した契約書を購入者に交付しなければならない（割賦4条）。

さらに，販売業者は，個別方式により指定商品を販売する条件について広告する場合には，広告方法のいかんを問わず，現金販売価格，割賦販売価格，代金の支払期間および支払回数，割賦手数料の料率，前払式割賦販売の場合には商品引渡時期を省令に定めるところにより示さなければならない（割賦3条4項）。これは「一括表示の原則」とよばれ，顧客にとって魅力のある点のみを広告することを防止するものである。これに違反した場合には，10万円以下の罰金となる（割賦53条2号）。

(2) 契約内容に関する規制

契約解除について履行の催告の期間・方法の法定（割賦5条1項）や，契約解除にともなう損害賠償額の制限（割賦6条1項）が定められている。

(3) クーリングオフ

割賦販売業者が営業所以外の場所において，割賦販売の方法により指定商品を販売する契約の申込を受け，または契約を締結したときは，申込者または購入者は，一定の期間内（8日以内）であれば，当該申込の撤回または契約の解除を行うことができ，この場合割賦販売業者は，損害賠償または違約金の請求をすることができない（割賦4条の4第1項）。商品の引取費用は割賦販売業者の負担となる（割賦4条の4第3項）。これはクーリングオフと呼ばれ，セールスマンの売込み攻勢により契約申込等をしがちな者に，再考する期間を保証するものである。申込の撤回または契約解除の意思表示は書面（簡易書留，内容証明郵便等）によるべきものとされ（割賦4条の4第1項），書面を発したときにその効力を生じるものとされている（割賦4条の4第2項）。

ところで，商品がセットになっている場合，その一部の商品を使用・消費してしまったときはどうだろうか。たとえば，10本の健康食品のドリンクのうち1本を飲んでしまったとか，化粧品セットのうち口紅だけを使用したというような場合である。セット商品の一部を使用・消費したらセット全部の商品につ

いてクーリングオフできないとすると，残余部分のほうが使用・消費した部分より高額であり，しかも分売できるものであったとすれば，この権利行使を制限することになり妥当ではない。そこで，このような消耗品としてとくに政令で指定された商品（化粧品も含まれる）については，省令所定の方式でクーリングオフの権利が行使できなくなる旨を告げられているのでないかぎり，一部使用後であってもこの権利の行使を妨げられないこととされている（割賦4条の4第1項3号）。

2.4 ローン提携販売に対する規制

ローン提携販売については，割賦販売の場合における取引条件の開示，クーリングオフに関する規定が準用されている（割賦29条の4第1項）。また，割賦購入あっせんの場合に認められる「抗弁の対抗」については，従来ローン提携販売に対して適用がなく問題があったが，平成11年に準用規定が設けられた（割賦29条の4第2項）。契約解除等の制限を定めた5条・6条についての準用規定がないが，ローン提携販売の場合にもこれを類推適用すべきであろう（【展開講義　27】参照）。

2.5 割賦購入あっせんに対する規制

割賦購入あっせんについては，開示規制として，取引条件を記載した書面や契約書面を顧客に交付することが求められ（割賦30条・30条の2），契約内容の規制として，瑕疵担保責任，契約の解除と期限の利益喪失（割賦30条の6），解除にともなう損害賠償等の額の制限（割賦30条の3），クーリングオフ（割賦30条の6）が定められており，割賦販売と実質的に同様の規制がなされている。

ところで，消費者が個別割賦購入あっせんを利用して商品を販売業者から購入したが，商品引渡の履行がなかったため，売買契約を合意解除した場合において，そのことを理由として信販会社からの立替金の支払請求を拒むことができるかという「抗弁の対抗」が問題となる（【展開講義　28】参照）。

この点につき昭和59年改正時に新設された割賦販売法30条の4は，消費者保護の観点から，個別割賦購入あっせんのみならず総合割賦購入あっせんについても，消費者は売買契約上生じている事由をもってクレジット会社からの支払請求に対抗できることを認めた。すなわち，割賦購入あっせんによる指定商品の購入者は，販売契約の不成立，無効・取消，商品の瑕疵，引渡義務の不履行

など，販売契約上，販売業者に対して代金の支払いを拒みうる事由があれば，それをもって割賦購入あっせん業者からの支払または弁済の請求に対しても対抗することができる（割賦30条の4第1項）。これに反する特約で購入者に不利なものは無効である（同条2項）。この抗弁を対抗しようとする購入者は，割賦購入あっせん業者から抗弁にかかわる事由を記載した書面の提出を求められたときには，その書面を提出するように努めなければならない（同条3項）。ただし，この規制は問題の販売契約が政令で定める金額（現在は4万円）に満たない少額の取引である場合，または購入者のために商行為となる指定商品に関する取引である場合には適用されない（同条4項）。

2.6 前払式特定取引に対する規制

この取引を業として行う者に対しては主務大臣の許可を受けることが要求され（割賦35条の3の2），その営業組織について一定の規制がなされている。しかし，他の販売信用取引におけるような取引条件の開示や契約内容に関する規制は存在しない。

【展開講義　27】　ローン提携販売と割賦販売法5条・6条

(1) ローン提携販売は，昭和47年の割賦販売法の改正において，新たに規制対象に加えられたものであるが，割賦販売に対して適用される同法5条（契約解除等の制限）および6条（契約解除等にともなう損害賠償額の制限）はローン提携販売には準用されていない。しかし，このとき準用規定を設けなかった理由は，積極的に適用を除外するためではなく，割賦販売とは法律関係が異なり慎重に検討する必要があり，緊急改正では規制の対象外とされたためだと説明されている。

(2) そのため，5条・6条がローン提携販売にも類推適用されるべきか否かについては見解が分かれており，かつては条文形式を重視した解釈をとる否定説も主張されていたが，最近では，消費者保護という立法趣旨から，少なくとも販売業者と購入者との間については5条・6条を類推適用すべきであるとするのが通説となっている。また判例も，求償権を行使する販売業者と購入者との間で6条が類推適用されることを肯定している（最判昭51・11・4民集30巻10号915頁）。

(3) ただし，金融機関と購入者の関係に対しても類推適用を認めるか否かについては，いまだ見解が分かれており，①ローン提携販売では売主と買主との間の売買と金融機関との間の消費貸借は密接不可分の関係にあるから，金融機関から

購入者の請求には5条を類推適用し，販売業者が求償債務の不履行を理由に商品を取り戻す場合には6条を類推適用すべきであるとする説（来栖三郎・契約法194頁〔三藤執筆〕），②買主は金融機関への借入金の返済を商品の賦払金と考えており，5条・6条の類推適用を認めないと消費者の保護は有名無実化するとして，無条件に5条・6条を類推適用する説（原田甫・新割賦販売契約の実務75頁），③昭和47年改正は，金融機関と購入者の関係を直接規制の対象に取り込まないことを前提としているから，販売業者と購入者の関係にかぎり5条・6条の類推適用を認めてよいとする説（竹内昭夫「割賦販売と消費者保護」消費者信用法の理論238頁），④金融機関が購入者の期限の利益を喪失させるためには5条の類推適用が，消費貸借上の残債務請求には利息制限法に加えて6条が類推適用され，販売業者が購入者の債務を金融機関に代位弁済した場合には，民法459条2項の範囲で求償権を取得し，販売業者の求償権行使には，直接，割賦販売法の5条・6条の類推適用はないとする説（千葉恵美子「消費者信用取引と割賦販売法5条・6条（二・完）」北大法学論集33巻3号271頁）などがある。

【展開講義　28】　割賦販売法30条の4の法的性質

(1)　信販会社に対する抗弁の対抗を認めた割賦販売法30条の4が適用されるためには，各種の信用販売のうち，①個別割賦購入あっせん，または総合割賦購入あっせんのいずれかに該当し，②指定商品の販売にかかわり，③政令所定の金額以上の支払総額であり，④購入者のために商行為にならないこと，が要求されている。このため，本条の適用対象外となる他の取引類型について，本条の類推適用が認められないかが問題となる。

(2)　最高裁は，割賦販売法30条の4は消費者保護の観点から新たに認められた規定にほかならないとして，これを創設的なものと解した（最判平2・2・20判時1354号76頁）。このような立場によるかぎり，適用対象外の取引について同条を類推適用することは困難となり，購入者の保護は従来の抗弁の対抗に関する解釈に委ねられることになる。

(3)　割賦販売法の改正前において，抗弁の対抗に関する裁判例は，これを否定する立場と肯定する立場とが対立していた。すなわち，抗弁の対抗を否定する判例（たとえば，東京高判昭57・6・29金商658号17頁，その他）は，売買契約の不成立・商品の引渡し未了といった事由は売買契約上の問題で，立替払契約とは別個のものであり，購入者の販売業者に対する抗弁をもって信販会社による立替金の請求に対抗できないとして，両契約が法的に別個のものであることをその理

由とする。他方，抗弁の対抗を肯定する判例（たとえば，高松高判昭57・9・13判時1059号81頁，仙台高判昭63・2・15判時1270号93頁，その他）にあっては，売買契約と立替払契約の密接不可分の関係ないしは相互依存関係，信義則，商品引渡義務に対するあっせん業者の保証，販売業者の黙示的代理権の授与などを理由に立替払金の支払を拒めるとする。

(4) 学説は，抗弁の対抗を認めるという点では結論を同じくしているが，解釈上の根拠を何に求めるかについては，必ずしも一致していない。大別して3つの立場がある。①あっせん業者と販売業者は経済的に密接な一体関係にあり，売買契約と立替払契約は互いに依存し合い，密接不可分に結合しているという地位の一体化を根拠とする説（浜上則雄「いわゆるクレジット販売と消費者保護（3）完」NBL243号15頁），②売買契約と立替払契約を別個のものとして捉え，あっせん業者に一定の義務を負わせ，その義務違反の効果として立替払金の支払拒絶を導く説（長尾治助・消費者信用法の形成と課題170頁以下），③売買契約と立替払契約は法律上独立しているが，両者の間には発生上，履行上，存在上の牽連関係があるとする説（千葉恵美子「割賦販売法上の抗弁接続規定と民法」民商創刊50周年記念論集Ⅱ291頁以下）。

3 特定商取引

◆ 導入対話 ◆

学生：昨日，アパートで寝ていたら，制服を着た男性がたずねてきて，「私は消防署の方から来た者ですが，防災安全の一環として消火器を調査・点検させてもらいます。消火器を見せて下さい」というんですよ。

教師：例によって昼まで寝ていたんだね。それで消火器を持っていたのかい。

学生：いいえ。持っていないと答えると，男性は「今度消防条例でアパートには一室ごとに消火器の設置が義務づけられたのを知らないのですか。ちょうど今ひとつ持っていますので，安く売ってあげましょう。」といいながら消火器を持ち込んで来たんです。

教師：ふーん，なんだか怪しいね。

学生：ええ，今から考えると……。でも，そのときは男性が消防署の制服のような服を着ていたこともあって信用してしまい，3万円の消火器を現金で買いま

> した。でも，本当にそんな消防条例があるのですか。
> 教師：今のところ，消火器の設置を義務づけた消防条例はないと思うけど……。それはおそらく，身分を偽り，よく似た制服を着用していかにも消防職員のようにみせかけて商品を販売する「かたりセールス」だね。ほかにも，郵便局から来たといって表札を売るもの，有名なデパートを装って貴金属，衣類等を販売する例がある。
> 学生：えーっ，じゃあ騙されたんだ。先生，もう3万円は戻ってこないんですか。
> 教師：まあまあ，落ち着いて。昨日のことならクーリングオフが使えるけれども，代金を現金で支払ってしまったとすると，取り返すのはかなり難しいよ。
> 学生：そんなぁ。

3.1 特定商取引に関する法律

従来，訪問販売，通信販売，電話勧誘販売などの無店舗販売については，訪問販売に関する法律（昭51法57）がこれを規制していた。しかし同法は，その後，無店舗販売についてばかりではなく，連鎖販売，特定継続的サービス提供などについても規制対象を拡大することになったので，平成12年，その名称を「特定商取引に関する法律」に変更した。

同法に定める消費者取引のうち，訪問販売，通信販売，電話勧誘販売については，すべての商品に対して規制が適用されるのではなく，指定商品，指定権利，指定役務に限られる（連鎖販売，特定継続的サービス提供については，そのような制限はない）。ここで，指定商品とは，政令で定められたものを指し，国民の日常生活にかかわる取引において販売される商品が多数含まれている。また同様に，指定権利とは，保養施設またはスポーツ施設を利用する権利，語学の教授を受ける権利などであり，指定役務とは，特定物品の貸与，特定施設の利用，住居等の清掃，衣服の仕立て，結婚紹介，住宅入居申込手続の代行などを指す。

特定商取引に関する法律は消費者保護を目的とする法律であるから，消費者でない商人間の取引については原則として適用されない。

3.2 特定商取引の種類

(1) 訪問販売

販売業者の営業所・代理店・その他省令で定める場所以外の場所において行われる指定商品・指定権利の販売，指定役務の契約・提供の申込や締結をいう。路上で通行人をよび止めて営業所に連れて行き商品を売込むキャッチ・セールスや，電話や郵便により顧客に対し勧誘であることを告げずに営業所等へ来ることを求めるアポイントメント・セールスなども訪問販売にあたる（特定商取2条1項2号，同省令1条1号）。訪問販売については，①消費者が自ら店舗に出向いて買い物をする店頭販売と異なり，なんら心の準備のない状態で消費者が突然に契約の勧誘を受けること，②強引な売込みなど過度の勧誘行為がなされがちであること，③セールスマンの言動に起因して契約内容が不明確になりがちであること，④商品の品質などに不満があっても店舗がないために事業者への責任追求が困難になりがちであること，などから特別の規制が必要とされる。

(2) 電話勧誘販売

販売業者が，消費者のところに電話をかけ，または電話をかけさせて契約の申込またはその勧誘を行い，消費者からそれに対する承諾または契約の申込を郵便などにより受けて，契約を締結するという形式である（特定商取2条3項）。電話による勧誘行為には，①消費者の都合にお構いなく不意にかかってくること，②消費者は相手の素性が確認できないまま会話を強いられること，③断っても執拗にかかってくること等の弊害がある。この種の取引によるトラブルが相ついだことから，平成8年に新たに規制対象とされたものである。

(3) 通 信 販 売

販売業者が，広告やカタログ等により契約の申込を勧誘し，消費者が郵便その他の省令で定める手段を用いて，そこに示された条件で契約の申込を行い，販売業者がそれを承諾して契約を締結するという形式である。ただし，上述の電話勧誘販売に該当するものは除かれる（特定商取2条2項）。消費者が申込に用いる手段としては，郵便のほかに，電話，ファックス，パソコンなどが含まれ，インターネット上にある事業者のホームページ広告を見て電子メールで契約の申込をした場合も通信販売に該当する。さらに，通信販売の中には，注文を受けないで商品を見込み客に送付する「ネガティブ・オプション（押し込み販売）」の形態もある（→151頁）。

(4) 連鎖販売

いわゆる「マルチ商法」である。物品販売業またはサービス提供業の形態をとりながら、物品の再販売・受託販売・取引あっせんをする形で事業組織に新規加盟する者に相当多額（2万円以上）の負担をさせ、他方、そうして支払われた金銭がその新規加盟者を勧誘した者に対して分配されるという仕組みである（特定商取33条1項）。

物品販売業またはサービス提供業の形式をとらないで類似の取引を行うと、いわゆる「ネズミ講」として犯罪行為になる（無限連鎖講の防止に関する法律）のに対して、連鎖販売はそれ自体違法ではないが、①新規加盟者に将来自分も他人を次々と勧誘することによって多額の利益を得られるという幻想をもたせること、②物品の品質や性能に問題があり販売が困難であることが多いこと、③事業加盟者の権利・義務について不明確な場合が多いこと、④加盟者が脱退を希望しても契約解除が困難である、などの点において問題が多いことから特定商取引法において一定の規制をしているのである。

(5) 業務提供誘引販売

いわゆる「内職商法」または「モニター商法」と呼ばれるものである。ある商品を使い収入が得られる、あるいは、ある講座を受けて資格をとれば仕事が得られるなどと称して、高額の商品またはサービスを売りつける形式の消費者契約取引で、主婦層などを中心に被害が増加していることから、連鎖販売取引と同様の規制が設けられた。

(6) 特定継続的サービス提供

国民の日常生活にかかわり継続的に提供される有償サービスであって、提供を受ける者の身体の美化または知識・技能の向上その他の目的で誘引が行われ、かつ、サービスの性質上、その目的が実現するかどうか確実でないものとして政令で定められたものを特定継続的役務という（特定商取41条2項）。この特定継続的役務のうち、事業者が政令で定める期間を超えて提供することを約束し、これに対して消費者が政令で定める金額を超える金銭を支払うことを約束する契約のみが、特定商取引法の規制対象となる（同条1項）。

かつて法律による保護の対象は政令指定商品などの「物品」に限られていたが、外国語学校やエステ・サロンなど、長期間にわたって継続的にサービスを

提供する取引契約に関するトラブルがあいついでいた。外国語学校やエステ・サロンは，実際に体験するまでサービスの内容や質がわからず，自分に適したサービスかどうかを見極めることが難しい。こうしたトラブル防止のため，平成11年に新たな規制対象として導入された。

3.3 訪問販売の規制

(1) 開示の規制

訪問販売の勧誘行為を始めるに際して，セールスマンが身分や訪問の目的を偽れば罰則の対象になる（特定商取3条）。商品・権利の販売価格または役務の対価，代金・対価の支払時期・支払方法，商品の引渡時期，クーリングオフに関する事項，その他省令に定める事項を記載した書面を交付しなければならない（同法4条）。契約が成立したときには，別途，契約書面の交付義務がある。契約書面の記載事項は上と同じである（同法5条）。

(2) 契約内容に関する規制

瑕疵担保責任，契約解除の制限，契約解除にともなう損害賠償額の制限（特定商取10条）などの規制がおかれている。

(3) クーリングオフ

訪問販売については，不意にセールスマンの販売攻勢をうけた消費者が熟慮せずに契約を締結してしまうおそれがあるので，割賦販売の場合と同様にクーリングオフ制度が設けられている（特定商取9条）。特定商取引法の指定商品でもあり割賦販売法の指定商品でもあるもののクーリングオフについては，本条の規定が適用される（割賦4条の4第8項）。本条のクーリングオフのほうが，キャッチセールスの場合等にも適用される，契約書面等にクーリングオフにつき告げることが強制されているなどの点で，消費者に有利だからである。また，割賦販売法上のクーリングオフは賦払金の全部の支払いが完了した後にはクーリングオフが認められないが，本条のクーリングオフは契約当事者の双方が義務を履行した後に行うことも認められている。

なお，本条のクーリングオフは，現金取引であって，かつ該当契約にかかる指定商品・指定権利の代金または指定役務の対価の総額が3000円に満たない場合には認められない。

(4) 禁止行為

販売業者または役務提供事業者は，訪問販売によって契約締結を勧誘するに際し，あるいはクーリングオフの行使を妨げるために，当該契約に関する事項で消費者の判断に影響を及ぼすような重要なものについて，不実のことを告げてはならない（特定商取6条1項）。また，契約を締結させるため，もしくは，クーリングオフをさせないために，消費者を威迫したり困惑させてはならない（同条2項）。販売業者等がこれらの禁止行為をした場合には，主務大臣の指示もしくは業務停止命令の対象となり，または，懲役刑もしくは罰金刑が科される（同法7条・8条・70条1号）。

3.4 電話勧誘販売の規制

(1) 勧誘行為に関する規制

電話勧誘販売にあたっては，相手方に対して，販売業者の名称，勧誘を行う者の氏名，商品等の名称に加え，その電話が契約の締結を勧誘するためのものであることを告げなくてはならない（特定商取16条）。また，電話勧誘販売による契約を締結しない旨の意思を表示した者に対しては，勧誘をしてはならない（同法17条）。また，訪問販売の場合と同様に，販売業者は書面の交付義務を負う（同法18条・19条）。

(2) 諾否等の通知義務

販売業者は，電話勧誘顧客から郵便等により契約の申込を受け，かつ，代金・対価の全部または一部を受領したときは，申込者に対して遅滞なく債務を履行するか，さもなければ，省令で定めるところにより，承諾または不承諾の旨を遅滞なく書面により通知しなければならない（特定商取20条）。後述の通信販売に対する規制と同じ趣旨である。

(3) その他

禁止行為（特定商取21条），クーリングオフ（同法24条），瑕疵担保責任，契約解除にともなう損害賠償額の制限（同法25条）について訪問販売と同様の定めがある。

3.5 通信販売の規制

(1) 広告の規制

商品・権利の販売価格または役務の対価，代金・対価の支払時期・支払方法，

商品の引渡時期，引取または返還についての特約に関する事項，その他省令に定める事項を記載しなければならない（一括表示の原則。特定商取11条）。

商品の性能または権利・役務の内容，返品特約，その他省令で定める事項につき，著しく事実に相違する表示をし，または実際のものよりも著しく優良でありもしくは有利であると人を誤認させるような表示をしたときは，罰則の制裁がある他，主務大臣の指示または業務停止命令の対象となる（誇大広告の禁止。同法12条）。

(2) 諾否等の通知義務

業者は，代金・対価の全部または一部を受領したときは，申込者に対して遅滞なく債務を履行するか，さもなければ，省令で定めるところにより，承諾または不承諾の旨を遅滞なく書面により通知しなければならない（特定商取13条）。業者が承諾または不承諾を明示しない限り契約は未成立のままであり，この期間が長くなれば消費者にとって不利益だからである。本条の違反に対しては行政罰または罰則が科される。また，承諾の通知を受けるために相当な期間を過ぎても業者から連絡がない場合には，消費者は申込を取消して代金の返還を請求することができる（民524条）。

(3) 契約内容に関する規制の不存在

通信販売については，契約解除に伴う損害賠償額の制限，クーリングオフなどの規定がなく，消費者の保護は業者団体による自主規制に委ねられているが，これらの点については将来の立法化が望まれる。

3.6 ネガティブ・オプション

販売業者の側から契約の申込を行う形態のうち，顧客が承諾していないのに勝手に商品を送付してくるものをネガティブ・オプション（押付け販売）と呼ぶ。「商品の返送または購入しない旨の通知がないかぎり」承諾とみなして代金を請求する方法である。しかし，このような場合には両当事者の合意があるとはいえないから契約は成立せず，顧客には代金支払の義務も商品返送の義務も生じない。ただし，そうはいっても他人の物であるから顧客は当該商品を勝手に使用・処分してはならず，商品保管の義務を負う。そこで，特定商取引法では，商品の送付があったときから起算して14日を経過する日までに顧客がその申込につき承諾をせず，かつ，販売業者がその商品の引取りをしないときは，

販売業者は商品の返還を請求できないという規定をおいている（特定商取59条）。顧客が販売業者に対し商品の引取りを請求し，請求の日から起算して7日を経過した場合も同様である。すなわち，この期間が経過すれば，顧客は無償で商品を使用・処分できることになる。

3.7 連鎖販売および業務提供誘引販売の規制

連鎖販売（マルチ商法）については，取引自体は禁止されていないが，特定商取引法により実質的に事業活動の遂行を不可能とするような厳しい行為規制が設けられている。すなわち，不正行為の禁止といった禁止行為（特定商取引34条），広告規制（同法35条・36条），書面交付義務（同法37条），主務大臣による指示および停止命令（同法38条・39条），およびクーリングオフ（同法40条）等である。業務提供誘引販売についても同様の規定がおかれている。

特定商取引法の連鎖販売の定義にも該当しない脱法的な取引は「マルチまがい商法」と呼ばれ，その規制は一般の不法行為によるほかない。

3.8 特定継続的サービス提供の規制

(1) 開示の規制

特定継続的サービス提供を行う事業者等が顧客と契約を締結しようとする場合には，契約の締結前に，省令で定められた事項を記載した書面を交付しなければならず（特定商取引42条1項），契約締結後には遅滞なく契約内容を明らかにした書面を顧客に交付しなければならない（同条2項）。継続的サービス提供においては契約内容が不明確になりがちなので，当事者の権利・義務を明らかにしてトラブルを未然に防ぐことが目的である。また，効果を過大に表示する誇大広告も禁止されている（同法43条）。

(2) クーリングオフ

要件・効果は訪問販売の場合と同様であるが，大きく異なる点は，顧客が自発的に事業者等の営業所に出向いて契約を締結した場合であっても，つねにクーリングオフが認められることである（特定商取引48条）。これは，契約の性質上，消費者が提供されるサービス内容を契約締結のときに正確に把握することは困難だからである。

(3) 中途解約権

特定継続的サービス提供契約は，その名が示す通り，一定の期間継続するこ

とが前提であるから，事前に効果を予測することは難しく，また，サービス提供期間中に病気や転居などの事情が生じることも多い。そこで，顧客は，クーリングオフ期間の経過後であっても，理由のいかんを問わず，将来に向かって契約解除ができることとされている（特定商取引49条1項）。その場合，事業者が顧客に対して請求できる違約金・損害賠償金の額には制限が設けられており（同条2項），さらに，法の規定に反する特約があっても顧客に不利なものは無効とされている（同条7項）。

【展開講義 29】 インターネットによる通信販売の規制

(1) 通信販売のうち，消費者がコンピューターのモニターを通して契約の申込を行う場合には，誤解や入力ミスによって，その意に反した申込がなされてしまうこともありうる。そこで，民法の錯誤規定（95条但書）の特則として，このようなコンピューターの操作ミスによる消費者の意思表示は重大な過失があった場合にも無効とする規定が設けられている。ただし，事業者側が確認画面を表示して消費者の意思を確認する措置をとっていた場合には，この限りではない（電子消費者契約及び電子承諾通知に関する民法の特例に関する法律3条）。

(2) また，通信販売を行う事業者が電子メールにより広告をする場合には，省令の定めるところにより，その広告の中に，その相手方が電子メールによる広告の提供を希望しない旨の意思表示をする方法を表示しなければならず（特定商取引11条2項），事業者はかかる意思表示を行った者に対して電子メールによる広告の提供をしてはならないことになっている（同法12条の2）。

第11章　交互計算と匿名組合

1　交互計算

―――――――◆　導入対話　◆―――――――

学生：先生，こんにちは。先生もこの銀行を使っていたんですか。

教師：やぁ，こんにちは。出版社から原稿料が振り込まれたという通知があったので，引き出しに来たんだよ。君はどうしたの。

学生：実は，定期貯金をしていたのですけれど，普通口座の貸越しでほとんど使ってしまったので，解約に来たのです。

教師：なるほど。総合口座では自動的に定期預金額の9割まで貸してくれることになっているが，限度額近くまで借りてしまったのなら，かえって利息が高くて損だからね。

学生：そうなんです。ところで先生，この貸越し利息というのは，半年ごとに借りた金額を計算して引き落とされるみたいですが，期末直前に借りた金額を戻せば，つかないのではないですか。

教師：ずいぶん細かいことを考えるね。残念ながら，そうはならないと思うよ。銀行と顧客の関係は段階的交互計算といって，取引があるたびに差し引きが行われ，残額が確定する仕組みになっているからね。

学生：はあ。そのダンカイテキコウゴケイサンというのは何ですか。

教師：今日の午後はゼミがあるね。ちょうど良い機会だから，商法における交互計算について勉強してみようか。

1.1　交互計算の意義

(1)　経済的機能

　商人は，継続的に取引活動を行っているので，取引先との間で絶えず金銭支払の関係を生じる。その関係は，あるときには債権者となり，あるときには債

務者になるという，相互的なものであり，取引のたびに支払いをしていたのでは，送金の手間や費用がかかるうえに，繁雑である。そこで，一定の期間は個別の支払いをせず，ある時期にまとめて差し引き計算をすれば，双方の貸借関係は一目瞭然となり，決済は極めて簡単になる。交互計算はこのような目的のために生まれた貸借決済の技術的制度である。さらに，交互計算では期間中に発生した債権・債務が個別的に取り立てられることがなく，期間終了後に総額が一括して相殺されるため，当事者は，相互に相手が自己に対して取得した債権を担保として取引をすることができる。このように，交互計算の主な経済的機能は，決済の簡易化と債権の担保にある。

　交互計算は，継続的かつ頻繁に取引関係を生じる場合に多く利用される。たとえば，運送業者間，生産者と問屋間，銀行相互間，銀行と顧客間などである。ただし，銀行と顧客の間で締結される当座勘定契約においては，顧客による銀行への入金と，顧客が振出した手形・小切手による銀行の支払いとをその都度計算して残額債権を発生させていく。これは，段階的交互計算と呼ばれるもので，債権・債務関係が発生すると直ちに相殺されることから，通常の総額交互計算のような担保的機能を有していない。すなわち，後述する交互計算不可分の原則が適用されない。

　(2) 要　　件
　(a) 当事者の資格と両者の関係　　当事者のうち，少なくとも一方は商人であることが必要である（小商人でもよい）。したがって，交互計算契約は商行為である。また，これらの当事者間に平常取引があること，すなわち相互に債権・債務を生じるような関係があることが必要である。消費者が小売商から継続的に商品を買う場合のように，一方に債権のみ他方に債務のみ生じるような場合には交互計算は成り立たない。
　(b) 目的たる債権・債務　　交互計算の目的となるのは，一定期間内の取引から生じる債権・債務である。この一定期間を交互計算期間という。これは当事者で決めることができるが，特に定めがなければ，6カ月とされる（531条）。対象となる債権は，この期間中に取引上生じたすべての金銭債権であるが，以下のものは一括して相殺するのに不適当であるため除外される。①金銭債権以外の債権，②不法行為・不当利得・事務管理など取引自体から生じたのでない

債権，③消費貸借の予約による債権のように現実の履行を要する債権，④手形・小切手のように特殊な権利行使を必要とする債権，⑤特約がない場合の個別的な担保付債権。

図1 交互計算のしくみ

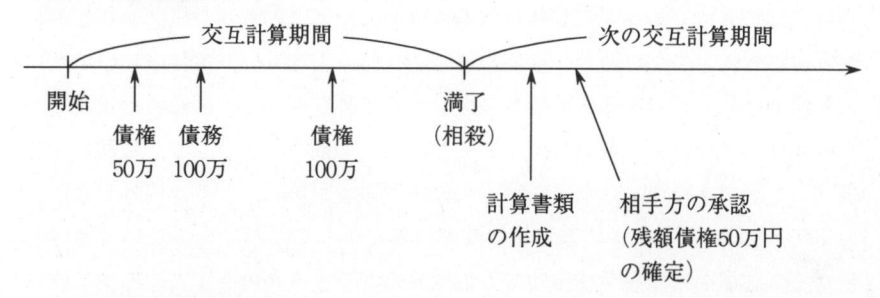

```
        交互計算期間              次の交互計算期間
───┬───┬──┬───┬───┬─────┬──────────→
   ↑    ↑  ↑   ↑    ↑       ↑
  開始  債権 債務 債権  満了   
       50万 100万 100万 (相殺)
                        計算書類   相手方の承認
                        の作成    (残額債権50万円
                                 の確定)
```

1.2 交互計算の効果

(1) 消極的効力

交互計算契約が締結されると，その期間中に発生した債権・債務は，後に総額相殺が予定されているため，個別にこれを処分することができなくなる。これを交互計算不可分の原則とよぶ。すなわち，交互計算に組み入れられた債権・債務は支払猶予の状態になり，時効消滅や履行遅滞の問題を生じない。しかし，組入れによって個々の債権・債務が消滅してしまうわけではないから，債権者が債権確認の訴えを提起したり，債務者が債務の原因となる契約を解除して債務を消滅させることは可能である。

当事者が，このような不可分の原則に違反して，交互計算に組み入れられた債権を第三者に譲渡もしくは質入れした場合の効力，または第三者による差押えを受けた場合の効力については争いがある（【展開講義 30】参照）。

いったん交互計算に組み入れられた債権・債務は，相手方の同意がないかぎり，交互計算から除去することは許されない。しかし，手形その他の商業証券が授受され，その対価が交互計算に組入れられた場合，もし証券の債務者が弁済しないときは，例外的にその項目を交互計算から除去することが認められている（530条）。この場合，当事者は証券の債務者に対する償還請求権を新たに項目に入れることもできるが，相手方が破産しているときには十分な弁済を受けられないおそれがある。証券の対価自体を項目から除去すれば，対価の全額

を回収したのと同じ結果を得ることができる。

(2) 積極的効力

交互計算期間が満了すると，組み入れられている複数の債権・債務は，その総額について一括相殺が行われ，独立した残額債権に姿を変える。この残額については，当事者の一方が計算書類を作成し，相手方がそれを承認することにより確定される。すなわち，計算書の承認は組み入れられた債権債務を更改により消滅させ，新たな残存債権を発生させる効果を有する。計算書の承認後，当事者は，債権債務の各項目について存在した瑕疵を理由として，残額債権を争うことができない。ただ，計算上の錯誤や脱漏があったときは例外とされているが（532条），これは残額債権の成立自体を争うことができるという意味ではなく，別途不当利得を理由とする返還請求ができるということである。残額債権自体を争うことができるとする説もあるが，この但書の由来は中世のヨーロッパにおける商人の慣行を反映したものにすぎず，そのような強い効果をもつ規定と解するべきではない。これとは異なり，計算書類の承認行為そのものに錯誤，詐欺，強迫がある場合には，意思表示の一般原則にしたがい，承認行為の無効・取消を主張できることは当然である。

残額債権は，更改によって新たに生じたものであり，特約がないかぎり，個々の債権に付されていた担保や保証は残額債権に引き継がれることはない。また，組入れられた個々の債権に利息が付されていた場合にも，残額債権については，計算閉鎖の日から法定利息を請求することができる（533条）。民法405条に定められた重利禁止規定の例外である。

残額債権は，計算書の承認があってはじめて発生するのであり，一方当事者が計算書の承認を拒んだ場合には，債務不履行を理由として交互計算契約自体を解約するしかない。

1.3 交互計算の終了

交互計算期間の満了は，ただちに交互計算契約の終了を意味するわけではない。特約がないかぎり，契約は自動的に継続し，残額債務から始まる新たな交互計算期間が開始されることになる。

交互計算契約は，存続期間の満了および契約の一般的終了原因（民541条・543条）によって終了する。また，当事者はいつでも交互計算契約を解除でき

るが（534条），これは交互計算契約が相互の信頼を基礎とする支払いの延期を含んでおり，相手方の信用状態の変化に対応することを可能にするためである。

　契約が終了したときには，交互計算期間の満了の場合とは異なって，直ちに計算は閉鎖され，計算書の承認を経ることなく，残額債権が成立することになる。

【展開講義　30】　交互計算に組み入れられた債権の差押え

　(1)　本文中で説明したように，商人間で交互計算契約が結ばれた場合，各当事者は，そこに組入れられた債権のあるものを取り出して別途請求したり，第三者に譲渡・質入れをしたりすることは認められない。これを交互計算不可分の原則という。このような原則が認められる結果として，契約当事者はお互いに相手方の自己に対する総債権を自己の相手方に対する総債権の支払いについての担保とみることができる。というのは，自己の債権総額のうち，相手方の有する債権総額については期末の一括相殺により確実に決済されるからである。

　(2)　交互計算契約の当事者間において，上述のような原則が認められることは，契約の自由であるから問題はない。しかし，当事者のうち一方が契約を破って組入れ債権を譲渡・質入れした場合の債権取得者や，組入債権が差押を受けた場合，第三者である差押債権者に不可分の原則を対抗できるかどうかについては学説が分かれる。従来の通説は，交互計算に組入れられた個々の債権はその独立性を失うから，これらを個別に行使したり，譲渡・質入することはできず，したがって，これに対する第三者の差押の効力も第三者の善意・悪意を問わず認められないとする（鈴木・24頁，石井＝鴻・商行為89頁，江頭・32頁）。これに対する有力説は，交互計算は当事者間の契約関係にすぎないので，不可分の原則の効果は当事者間に限られ，第三者には対抗できないとする（大隅・商行為75頁，西原・169頁，田中・商行為152頁）。後者の見解によれば，当事者の一方がこの原則に反して個々の債権につき譲渡・質入などの処分をしても，民法466条2項但書の適用により善意の第三者に対抗できず，したがって，個々の債権に対する差押も可能であることになる。判例は，比較的古い時代の判決ではあるが，個々の債権譲渡が許されないのは当該債権が交互計算契約の下における取引より生じたことの当然の結果であり当事者間の譲渡禁止の特約によるものではないとして，通説の立場を支持する（大判昭11・3・11民集15巻320頁）。

　(3)　継続的取引関係にある当事者間において，交互計算契約のもつ担保的機能

を重視するならば,個々の債権に対する差押の効力を認めないほうがよいだろう。もっとも,債権者としては,債権者代位権を行使して交互計算契約を解除し,残額債権を確定させた上で,支払いを請求することも可能である（近藤・175頁）。

また,銀行と顧客の間などで行われる段階的交互計算については,不可分の原則が否定され,期間経過後に一括相殺するのではなく,期間中個々の取引が行われる毎に決済し,その時々に残高債権が発生するものであるから,この残額債権につき譲渡禁止の特約があっても,民法466条2項により善意の第三者に対抗できず,残額債権に対する差押・転付命令も許される（前田庸「交互計算に組入れられた債権に対する差押」百選［第3版］131頁）。

2 匿 名 組 合

―――― ◆ 導入対話 ◆ ――――

学生：匿名組合というのは聞きなれない言葉で,イメージしにくいのですが。
教師：一種の投資契約だと考えてもらえばいいよ。匿名の出資者とその出資を元手に事業を行う者とが利益を分配する契約を結んだものが匿名組合だ。
学生：匿名の出資者から資金を集める点は,合資会社とも共通していますね。
教師：そうだね。実際,匿名組合と合資会社は同じ起源から分化したものなんだ。しかし,合資会社が法人格をもつ社団であるのに対して,匿名組合はあくまで二当事者間の契約であることに注意する必要がある。
学生：でも,匿名組合を使って多数の出資者を集めることはできないのですか。たとえば,インターネットを使って多数の出資者を募り,それを金に困っている学生に高利で貸し付けて,その収益を分配するという契約は可能ではないでしょうか。
教師：かつて同様のことを考えた人がいたよ。戦後の混乱期に保全経済会事件というのがあったんだ。出資金は高利で返済することを約束して,大衆から40億円にのぼる資金を集め,高利で貸し付けたんだ。この資金集めは匿名組合契約にもとづく出資であり,預金ではないとされた。
学生：それはどうなったんですか。
教師：経済が安定を取り戻すとともに,だんだんと高率の利益配当をするのが困難になり,利益配当のために出資を集める状態に陥った。結局は,代表者が詐

欺・業務上横領の容疑で逮捕され，事実上消滅してしまった。
学生：うーん，金儲けは楽じゃないですね。
教師：その後，同様の事件の再発を防ぐために，不特定多数の者からの出資の受入を禁じた出資の受入，預り金及び金利等の取締りに関する法律（出資取締法）が制定されている。だから，現在，インターネットを使って出資金を募集したりすると犯罪になる可能性があるよ。
学生：えっ，それを早く教えて下さいよ。やばいなぁ。

2.1 匿名組合の意義

(1) 経済的機能

　複数の者が共同して事業を行おうとするとき，比較的簡易な共同企業形態として，民法上の組合を利用することができる。しかし，民法上の組合は，法律行為の効力が個々の組合員につき問題となったり，組合財産の複雑な共有関係が生じるため，簡易・迅速を旨とする企業活動には本来適していない。匿名組合は，民法上の組合を企業活動に適するように加工したものである。わが国の商法は匿名組合に関する規定を商行為編においているが，経済的に見ると，匿名組合は合名会社や合資会社と同様の共同企業形態のひとつである。

　匿名組合は，資金をもつ出資者と経営能力ある営業者が，双方の利益のために提携して企業を形成したものである。すなわち，出資者の側から見ると，その社会的地位，経営能力，法律的制限（公務員・弁護士等）などから，自ら企業経営に関与することを望まず，もしくはできない場合にも，投資の有利性と秘密化の利益を得ることができる。また，企業経営に関する危険を出資額の範囲に限定することも可能である。一方，営業者の側から見ると，資本関係を他に知られず，銀行借入金のように確定利息を支払う必要もなく，自由な経営を行うことができる利点がある。

　また最近では，バブル期に生じた関連企業の不良債権を金融機関が処理するときに匿名組合の制度が利用されることがある。以下のような方法で行われる。①多額の不良債権を抱えた企業が完全子会社として特別目的会社（ＳＰＣ）を設立し，債権を譲渡する。②金融機関が，このＳＰＣに対して債権保有資金を貸与する複数の機関投資家を募集する。③ＳＰＣはペーパーカンパニーで，実

質的な債権回収事務は金融機関が行い、そこから得られた回収金をもとに投資家に利払いをする。④このときＳＰＣ（営業者）と機関投資家（匿名組合員）との間には匿名組合契約が締結される。ただし，一般の匿名組合では、出資金を用いて営業を行いその営業から生じる利益を出資者に分配することになっているが、ＳＰＣの場合は、譲り受けた債権を行使または現金化して営業のために用いることはなく、その不良債権の債務者との間ですでに合意されている再建計画の実行の管理にあたるにすぎない。⑤このようにして、金融機関は関連企業の有する多額の不良債権を小口化し流動化することができるのである。

図2 匿名組合方式による不良債権の小口化

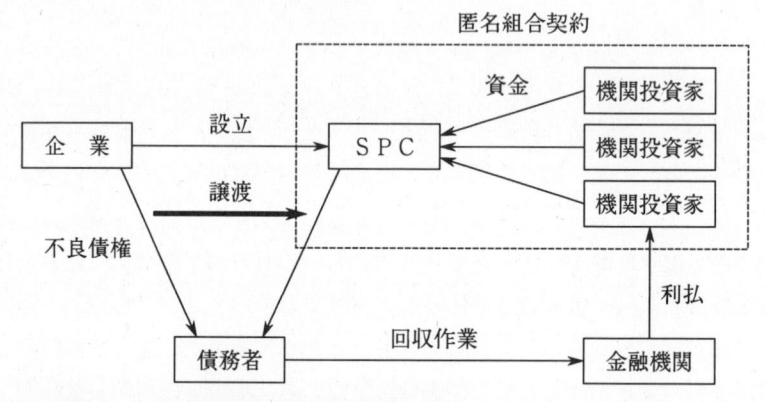

※この場合、企業と金融機関は強い関連性を有している。

(2) 法的性質

匿名組合は、匿名組合員が営業者のために出資を行い、営業者がその営業から生じる利益を分配することを約する契約である（535条）。

匿名組合員の出資は営業者の財産に帰属し、匿名組合員は営業上の取引について直接第三者の前に出てくることはない（536条1項・2項）。すなわち、法律上，匿名組合は営業者のみの事業という形式をとるのであり，匿名組合契約における営業は、営業者自体の営業であって匿名組合の営業ではない。

また、匿名組合は、営業者と匿名組合員という二当事者間における有償・双務の諾成契約であり、民法上の組合のように多数当事者による契約ではない。もっとも、営業者は、資本力を強化するために複数の出資者と同一内容の匿名

組合契約を結ぶこともできるが、この場合にも、匿名組合契約は営業者と各出資者の間に独立に併存する。つまり、匿名組合員相互の間には何ら法的関係はない。

2.2 匿名組合の対内関係

(1) 出　　資

匿名組合員は契約に従い営業者に対して出資をなす義務を負う。この出資は、金銭その他の財産出資に限られ、信用や労務の出資は認められない（535条・542条・150条）。匿名組合員の出資は、民法上の組合のように共有にはならず、営業者の財産に帰属する（536条1項）。したがって、匿名組合員には、合資会社における有限責任社員の持分に相当する概念は認められない。

営業者は、自己の全財産をもって営業を行うのであるから、営業者自身が出資することはない。

(2) 営業およびその監視

営業者は、匿名組合における業務を執行する義務を負う。業務執行にあたっては、善良なる管理者の注意を尽くさなければならない（民671条類推・644条）。また、反対の特約がないかぎり、営業者は匿名組合の行う営業と同種の営業を自ら行えないという競業避止義務を負う（通説）。ただし、営業者がこの義務に違反しても、匿名組合員には介入権が与えられていないので、債務不履行による損害賠償請求ができるにすぎない。

匿名組合員は、営業者に対して契約に従い営業を行うように請求することはできるが、自ら業務を執行する権限を有しない（542条・156条）。ただし、匿名組合員は合資会社の有限責任社員と同様の監視権が認められている。すなわち、営業年度の終りにおいて営業時間内に限り、貸借対照表の閲覧を求め、かつ業務および財産の状況を検査することができ、また重要な事由があるときはいつでも裁判所の許可を得て業務および財産の状況を検査することができる（542条・153条）。

(3) 損益分配

匿名組合の営業によって利益が生じたときは、契約に従い、匿名組合員に対して利益分配が行われる。利益分配の割合は、契約によって自由に定めることができるが、特段の定めがないときには出資の割合に応じて行われる（民674

条1項)。

　匿名組合契約は，消費貸借契約とは異なり，確定利息を受ける権利を有するものではないから，組合財産に損失が生じている場合には，損失がその後の営業利益により補塡された後でなければ，匿名組合員は利益分配請求をすることができない（538条）。

　匿名組合員は，利益分配請求権と同時に損失分担義務を負うのが原則である。ただし，損失の分担については特約によりこれを排除することもできる。特約がないときには，匿名組合員は営業上の損失を分担することになるが，この場合にも，出資が計算上分担損失額だけ減少するだけであり，現実の拠出をする必要はない。契約終了時に匿名組合員の分担損失額が出資の額を超えている場合にも，追加出資をして損失を補塡する義務はない。

2.3　匿名組合の対外関係

　匿名組合契約においては，匿名組合員は営業に関与せず，その名称は明らかにされていないから，対外的には営業者による営業が存在するだけである。したがって，匿名組合と取引をする第三者に対して権利義務を有するのは営業者のみであり，原則として，匿名組合員は第三者と無関係である。

　ただし，例外として，匿名組合員がその氏や氏名を営業者の商号中に用い，またはその商号を営業者の商号として用いることを許諾したときは，その使用以後に生じた債務については営業者との連帯責任を生じる（537条）。これは名板貸の責任（23条）と同様に，禁反言法理を具体化した規定である。

2.4　匿名組合契約の終了

(1)　終了原因

(a)　当事者の意思による場合　　組合契約の存続期間を定めたときには，その期間の満了時に組合契約は終了する。存続期間の定めがないとき，または一方当事者が死亡するまで組合を存続させる旨を定めたときは，各当事者は，営業年度の終りにおいて契約を解除することができる。この解除をするためには，6カ月前に予告をしておく必要がある（539条1項）。また，やむをえない事由があるときには，存続期間の定めの有無を問わず，各当事者はいつでも組合契約を解除することができる（539条2項）。

(b)　当事者の意思によらない場合　　組合の目的たる事業の成功または成功

不能，営業者の死亡または禁治産，営業者または匿名組合員の破産のうち，いずれかの事由が生じたときには，匿名組合契約は自動的に終了する（540条）。

(2) 終了の効果

匿名組合契約が終了すると，営業者は匿名組合員にその出資の価額を返還する。組合に損失が生じている場合には，損失分担をしない旨の特約がないかぎり，出資額からこれを減額した残額を返還すればよい（541条）。出資が金銭による場合にはその金額を返還することになるし，現物出資の場合であってもこれを金銭に評価した価額を返還すればよく，匿名組合員は，出資した財産自体の返還を請求することはできない（名古屋地判昭53・11・21判タ375号112頁）。

組合活動に利用されていた財産はすべて営業者の所有に属するから，以上のような当事者間の債権・債務の決済は，営業者の営業の存否とは無関係である。したがって，組合契約終了後も営業を継続するかどうかは，営業者の自由である。

【展開講義　31】　民法上の組合と匿名組合の相違

(1) 匿名組合は，組合というその名称にもかかわらず，いくつかの点において民法上の組合と大きく異なっている。

(2) まず，民法上の組合は各当事者が出資を行うことにより成立するが（民667条），匿名組合の場合は匿名組合員のみが出資を行い，営業者が出資をすることはない（535条）。次に，民法上の組合の財産は総組合員の共有となるが（民668条），匿名組合では組合自体の財産というものはなく，出資はすべて営業者の財産となる（536条1項）。したがって，組合員の持分という概念も認められない。また，民法上の組合では，団体の構成員であるために脱退という言葉が使われるが（民678条），匿名組合は契約であるから，解除とよばれる（539条）。さらに，民法上の組合の場合には各組合員が第三者に対して権利義務を有することになるが，匿名組合員は営業者の行為について第三者に対して権利義務を有しない（536条2項）。匿名組合には組合自体の営業というものはなく，営業者の営業があるだけである。

(3) 以上のように，民法上の組合と匿名組合は法律上の性質において区別される。しかし，両者の区別が微妙なケースも存在する。たとえば，匿名組合であっても数名の出資者が共同して一方当事者として匿名組合員になることは可能であ

り，この場合には出資者相互間に民法上の組合関係が存する（西原・176頁以下）。また，数人の者が対内的には共同の事業を営むこととし，対外的行為は当事者の中のある者の名義で行うこととしていた場合は，非典型組合のひとつである内的組合であると解される（我妻榮・債権各論（中）二768頁，793頁）。古い判例には，①民法に規定する組合員の権利義務を定めていること，②営業が組合事業であること，③営業上の財産が組合員の共有に属すること，などを判断基準として，対外的法律行為が特定の組合員の名義で行われていたとしても，匿名組合ではなく民法上の組合に該当するとしたものがある（大判大6・5・23民録23輯917頁）。しかし実際上は，内的組合と数人の出資者が共同して一方当事者としての匿名組合員となる場合の匿名組合とを区別することは困難だという指摘がされている（遠藤美光・百選［第3版］133頁）。

第12章　代　理　商

1　代理商の意義と形態

◆　導入対話　◆

学生：先生，以前から不思議に思っていたのですけど，自動車ディーラー（販売会社）というのは，メーカーとはどういう関係にあるのですか。

教師：自動車ディーラーは，いわゆる特約店とよばれるもので，特定のメーカーの商品だけを販売することになっている。しかし，メーカーの支店ではなくて，独立の会社なんだ。もちろん，メーカーの子会社であることが多いけどね。

学生：メーカーは多くのディーラーを通して自社の商品を広範に販売することができるわけですね。でも独立の会社なのに，別のメーカーの商品を扱うことができないのはおかしいのではないですか。

教師：それは特約店の側にも，メーカーのブランド名が使用できたり，経営上の援助を受けられるなどの利益があるから，契約によってそういうことにしてあるのさ。いわゆる系列化だね。似たようなことは，損害保険業界や家電業界でも行われているよ。

学生：それは商法の中に規定があるのですか。

教師：いや，特約店契約はもっぱら取引実務から生じてきたもので，多くの場合，特約店は売買の形式でメーカーから商品の供給を受けているから，特殊な商事売買契約ということになる。これに対して，商法に規定があるのは代理商契約と呼ばれるもので，これは直接の当事者となることはなく，他の商人のために商事契約の代理や媒介を行うものだ。両者の経済的機能は類似しているけれども，代理商の定義と効果については法律により定まっているから，きちんと勉強しておく必要があるよ。

学生：はぁ。難しそうですね。

教師：ところで君は車に詳しそうだけど，A社のディーラーはどこにあるか知りませんか。先日発売された新型RV車の試乗に行きたいのだけれど。

> 学生：えっ，RV車に乗るのですか。先生も意外とお若いですね……。

1.1 経済的機能

　ある商人が広汎な地域にわたって営業範囲を拡大しようとする場合には，まず，遠隔の地域に支店を開設し，そこに商業使用人を配置する方法が考えられる。しかし，この方法は，支店の開設や使用人派遣のために多額の経費を必要とするだけではなく，その地域の事情に明るくない使用人による営業活動には相当の困難がともなうことになる。これに対して，現地にいる独立の商人と営業のための契約を結ぶ方法をとることもできる。こちらの方法では，①その独立商人の専門的知識や信用を利用することができる，②定額の俸給制度に代えて契約ごとの手数料制度を使用することにより経費を削減できる，③使用人の場合のように直接監督する手間がかからない，といった利点がある。さらに，④拡大した事業が失敗したときにも，独立商人との契約を打切るだけで，容易に企業規模を縮小することができる。この後者の方法が，代理商契約とよばれるものである。

　代理商は，行商に出た商業使用人が一定の場所に定住して，独立の商人になったことにその由来があるといわれ，1897年のドイツの新商法において初めて明確な規定が設けられた。わが国の商法の代理商に関する規定は，このドイツ新商法にならったものである。

1.2 代理商の意義

(1) 定　　義

　商法において代理商とは，商業使用人ではなく，独立の商人であるにもかかわらず，特定の商人のために，平常その商人の営業の部類に属する取引の代理または媒介をなすことを業とする者であると定義されている（46条）。

(2) 代理と媒介

　代理商には，商人の代理人として契約を行う締約代理商と，代理人ではないが契約の成立のために事実上の尽力をする媒介代理商とがある。締約代理商は，後述する問屋（551条以下）・運送取扱人（559条以下）などの取次商と類似しているが，取次商が自己の名をもって他人の計算において行動するものであるの

に対し，締約代理商は直接に他人名義で行動する点に違いがある。また，媒介代理商は他人のために商行為の媒介をする点では後述する仲立人（543条以下）と同じであるが，仲立人が不特定多数の商人のために随時媒介をする者であるのに対して，媒介代理商は特定の商人のために継続的に媒介をなす点が異なっている。

　このように，代理商は仲立や問屋と同様に商人の営業を補助する仲介業のひとつであるけれども，不特定多数の商人を相手にするのではなく，特定の商人の補助機関的役割を果たしている。このことから，代理商に関する規定は，商法第三編「商行為」ではなく，第一編「総則」における商業使用人のすぐ後に置かれているのである。

(3) 独立の商人であること

　代理商は特定の商人の営業を補助する者であるが，その商人の営業組織内において従属関係にある商業使用人とは異なり，外部の独立した商人であって，商人と代理商の関係は対等である。また，法に「平常」とあることから，代理商は特定の商人との間に日常的かつ継続的な関係を有していなければならず，単に多数の個別的契約の処理をするというだけでは足りない。

　このように，商業使用人と代理商は，法律上は明確に区別されるが，実際上は両者の判別に迷うことも少なくない。ことに，大企業においては，代理商と商業使用人とを区別することは困難である。結局，手数料または定額といった報酬の形式，営業費用の分担，営業所の所有関係などを総合的に判断して決定するしかない。

　さらに，「代理店」という名称が使用されていても，法律上の代理商ではないこともある。判例には，商品の販売方法を定める継続的契約において，一方が他方の「代理店」になる旨が定められていた場合，これが代理商契約になるか否かはその契約内容を実質的にみて判断しなければならず，単に「代理店」という名称が使用されていることをもってその契約が代理商契約であると判断することはできないとしたものがある（大判昭15・3・12新聞4556号7頁）。商品の販売方法については，「代理店」という名称が使用されていても，実際は，転売の形式をとるもの（売買契約の一種），売買の取次をするもの（問屋契約の一種）などがありうるからである。

図1　代理商のしくみ

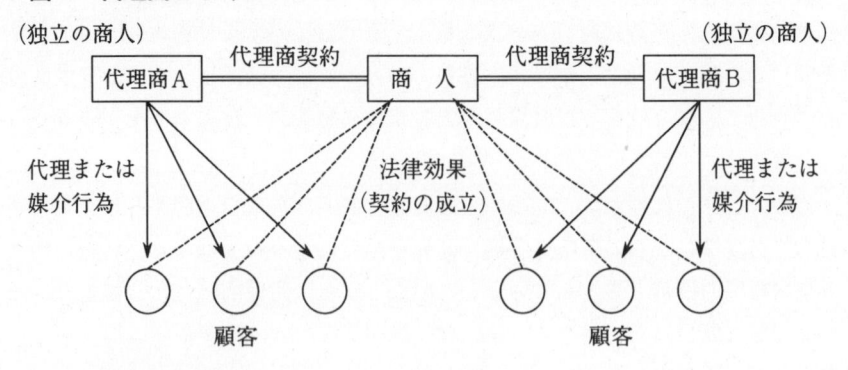

```
(独立の商人)                                           (独立の商人)
  代理商A  ──代理商契約── 商 人 ──代理商契約── 代理商B

  代理または          法律効果              代理または
  媒介行為          (契約の成立)            媒介行為

     ○  ○  ○            ○  ○  ○
        顧客                  顧客
```

1.3　特約店その他

　自動車業界や家電業界に多く見られる特約店とは，メーカーまたは他の販売業者から買い取った商品を転売する形をとりながら，著名な商人の販売チャンネルとして系列化されたものをいう。これらの特約店とメーカーの間においては，競業避止義務（専属店制），一手販売権，テリトリー制，販売先指定，商標・サービスマークの使用許諾，販売ノウハウの伝授，信用供与等の事項を含んだ特約店契約が結ばれている。特約店は経済的にメーカーに従属する立場にあるため，その法的性質は代理商と類似しているが，商法上の代理商にあたるかどうかは個別的に判断しなければならない。

　また，特約店の特殊形態として，フランチャイズがある。これは，ある商人の商標・サービスマーク等を使用することにより同一のイメージの下に営業を行う権利を与えられ，かつ，その事業経営につき統一的な方法による統制・指導・援助を受け，その見返りとしてロイヤリティーを支払うものである（【展開講義　32】参照）。

　さらに，海外への商品販売チャンネルとして置かれる海外代理店がある。代理店というその名称にもかかわらず，ほとんどがメーカーから商品を買取り転売する者である。海外代理店は，いわゆる「総代理店」である場合が多く，総代理店契約の締結によって，その国に他の代理店を設けることができなくなるだけでなく，メーカー自身がその国で販売活動をなすことも禁じられる。

図2　フランチャイズのしくみ

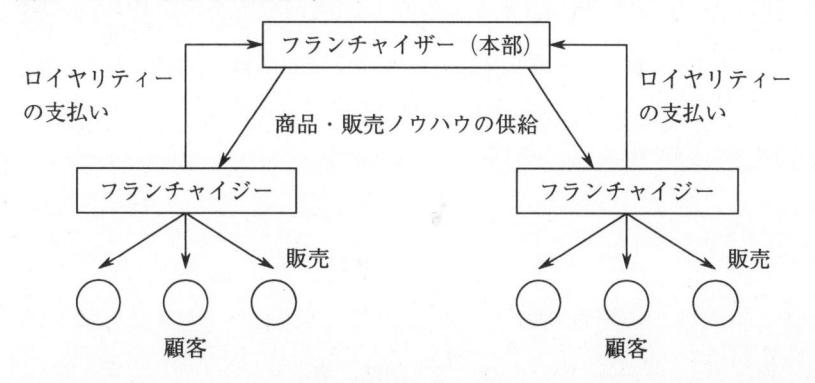

```
              ┌─────────────────┐
              │ フランチャイザー（本部） │
              └─────────────────┘
ロイヤリティー    ↙    ↓    ↘    ロイヤリティー
の支払い      商品・販売ノウハウの供給   の支払い
    ┌───────────┐           ┌───────────┐
    │ フランチャイジー │           │ フランチャイジー │
    └───────────┘           └───────────┘
      ↓  ↓  ↘ 販売           ↓  ↓  ↘ 販売
      ○  ○   ○                ○  ○   ○
         顧客                      顧客
```

【展開講義　32】　フランチャイズ契約

（1）　フランチャイズ契約は，本部機能を有する事業者（フランチャイザー）が他の事業者（フランチャイジー）に，一定の地域内で，自己の商標，サービスマーク，トレードネーム，その他の営業の象徴となる標識，および経営のノウハウを用いて事業を行う権利を付与することを内容とする契約である。フランチャイズ契約は，コンビニエンスストア等の小売業のほか，弁当屋，ファースト・フード店，居酒屋などの飲食業で多く見られる。伝統的な特約店は既存の業者が系列化されたものであるのに対して，フランチャイズ・システムは新規にフランチャイジーを募集する点に特色がある。したがって，脱サラや転業による未経験者であっても簡単に店舗が開業できるという利点がある半面，開業のために必要となる投資額も大きい。

（2）　フランチャイズ・システムにおいて，フランチャイザーは，フランチャイジーの資金や人材を利用して事業を拡大することができる。一方，フランチャイジーは，店舗経営の知識や経験に乏しく，資金力も十分でないため，本部であるフランチャイザーによる経営指導や資金援助を期待する。このように，フランチャイザーがフランチャイジーを指導・援助することが，フランチャイズ契約の重要な要素のひとつとなっている。

（3）　したがって，フランチャイジーを新規募集する場合には，フランチャイザーは契約締結に当たっての客観的な判断材料となる正確な情報を提供する信義則上の保護義務を負っていると解される（京都地判平3・10・1判時1413号102頁）。これは，フランチャイザーが契約締結前にフランチャイジーに対して提供

する店舗の売上予想が実際と違った場合などに問題となり，損失の生じたフランチャイジーがフランチャイザーに対して損害賠償を求める裁判例が増えている。近年では，予測方法について詳細な検証がなされ，合理性を欠く方法による予測がされているときにはフランチャイザーの責任を認める傾向にある（山下・百選［第4版］135頁）。

2　代理商の権利・義務

> ◆　導入対話　◆
>
> 学生：代理商は，有名な商人の商号・商標などを用いて営業をしているにもかかわらず，実際には独立の商人だということですね。
> 教師：そうです。
> 学生：では，代理商が商人との約束を破って勝手に取引をしたり，代理権を超えた行為をすることはないのですか。
> 教師：当然そういうケースもあります。そのために，商法は，代理商と本人との間の法律関係について数ヶ条の規定をおいています。また，代理商の代理権については商人との間の契約によりその範囲が定められるため，代理商と取引をする相手方には分からないことが多く，トラブルが発生しています。そこで，代理商の代理権の範囲を法律の定めによって明確にするべきだという意見もあります。

2.1　代理商と本人の関係

(1)　法 的 性 質

　代理商によってその営業の補助を受ける一定の商人は，代理商に対して本人とよばれる。本人たる商人は，必ずしも一人に限らず，特定されているならば複数でもかまわない。ただし，この場合には各本人の許諾を受ける必要がある（48条1項）。

　代理商と本人との間の契約を代理商契約という。代理商契約の法的性質は，委任または準委任（民643条・656条）であると解されている。代理をする場合

は委任，媒介をする場合は準委任である。したがって，代理商は本人に対して善管注意義務（民644条）を負うが，両者の関係が継続的なものであることから，この義務の内容は，取引の代理または媒介を行う場合に必要な注意を払う義務にとどまらず，日常的に本人のために有利な取引の代理または媒介をする機会をとらえるよう努力する義務をも含む。

このように，代理商と本人の間の関係は，特別の契約や慣習がないかぎり，委任に関する法律の規定（民643条以下，商504条・506条など）に従うことになるが，代理商契約の特性に鑑み，とくに商法は以下のような規定を設けている。

(2) 通知義務

代理商が本人のために取引の代理・媒介を行ったときは，遅滞なく本人に対してその通知を発しなければならない（47条）。これは，本人からの請求をまたず，また委任が終了したと否とに関係なく通知を発しなければならない点で，民法の委任に関する規定（民645条・656条）の例外である。代理商が通知を怠ったために本人に損害が生じたときは，損害賠償の責任を負う。

(3) 競業避止義務

代理商は，本人の許諾がなければ，自己もしくは第三者のために本人の営業の部類に属する取引をなし，または同種の営業を目的とする会社の無限責任社員もしくは取締役となることはできない（48条1項）。代理商が本人の営業に関して知りえた知識を利用し，本人を犠牲にして，自己または第三者の利益を得ることを防止する趣旨である。代理商が競業避止義務に違反した場合には，本人は，代理商に対して損害賠償を請求しうるほか，介入権を行使してその取引が自己のためになされたものと看做すことができる（48条2項→41条2項・3項）。

(4) 留置権

代理商は，別段の意思表示がなされていないかぎり，取引の代理または媒介を行ったことによって生じた債権が弁済期にあるときは，その弁済を受けるまで，本人のために占有する物または有価証券を留置することができる（51条）。占有物を留置することにより債務者の弁済を間接的に強制するという点では，民法の一般留置権（民295条）や商人の留置権（521条）と同趣旨の制度であるが，仲介業務の性質および本人との間の継続的な法律関係を考慮して，代理商

には特別の留置権が認められているのである。

代理商の留置権によって担保される債権は，本人のための取引の代理または媒介によって生じたものであればよく，民法の一般留置権の場合とは異なり，留置の目的物に関連して生じたものであること（牽連関係）を必要としない。たとえば，手数料その他報酬の請求権，立替金の償還請求権などがこれにあたる。

留置の目的物は，代理商が本人のために適法に占有する物または有価証券でなければならないが，商人の留置権の場合とは異なり，本人との間の商行為により代理商が占有するに至ったこと，および本人が所有する物または有価証券であることを要しない。

代理商の留置権の効果については，商法には特別の規定はなく，原則として民法の留置権の規定に従う。ただし，商事留置権のひとつであることから，破産法上の特別の先取特権と看做され（破93条1項），また会社更生法においても更生担保権とされている（会更123条1項）。

2.2 代理商と第三者の関係

代理商の代理権の範囲は，原則として本人との間の代理商契約によって定まる。締約代理商が契約締結の代理権を有することは当然であるが，媒介代理商は取引の媒介を行う権限を与えられているにすぎず，原則として代理権を有しない。

この例外として，物品の販売・媒介の委託を受けた代理商は，売買の目的物の瑕疵・数量不足その他売買の履行に関する通知を受ける権限を有する（49条）。売買の履行に関する通知以外については，媒介代理商に通知を受ける権限はない。また，本人から授権されていないかぎり，本人のために代金を受領することもできない。しかし，これでは民法の表見代理が成立する場合を除いて取引の安全を害する結果となる。そこで，代理商の代理権の範囲を明文で定めるべきであるとする立法論も主張されている。とくに，損害保険代理店の代理権の範囲については，保険契約者保護の観点から，法律による明確化が必要である（【展開講義　33】参照）。

【展開講義　33】　損害保険代理店の代理権

(1)　わが国においては，損害保険会社のために保険契約の締結を代理することを業とする損害保険代理店が多数存在する。損害保険代理店は，特定の損害保険会社のために，継続して保険契約の締結の代理または媒介を業として行う個人または法人であり，商法上の代理商にあたる。損害保険代理店が相互会社（商人でない）である場合には商法上の代理商に該当しないが，代理商の規定が準用されることになっている。

(2)　損害保険代理店が締約代理権を有するか否か，およびその代理権の範囲は本来契約により定まることである。しかしながら，ある損害保険代理店が締約代理商なのか媒介代理商にすぎないのか，および当該代理店の代理権の範囲（たとえば，保険料の領収，契約に関する意思表示および通知の受領，契約の変更・延長および解除，告知義務の受領，保険金の支払い，その他の事項）については，その代理店を通じて保険会社と契約を締結する保険加入者の利害に大きく関係するため，法律によって画一的に定めておくことが望ましい。

(3)　平成7年6月7日に新しい保険業法（平7法105）が公布され，従来の保険業法が全面的に改正されるとともに，保険募集の取締に関する法律および外国保険事業者に関する法律が廃止された。この法改正の目的は，国際的な規制の動向に対応して，多面的に規制緩和を図るとともに，保険会社の健全性確保，保険契約者等の保護のための規制手段を現代化することである。今回の改正点のうち，保険契約者保護のための規制として，保険仲立人制度の新設，生命保険募集人の一社専属制の緩和，比較情報の提供や配当予測に関する規制の修正，保険契約者のクーリングオフの権利が法定された。さらに，従来の生命保険募集人と損害保険代理店という画一的な区別を廃止し，これらの募集人が顧客に対して保険募集を行おうとするときは，代理または媒介の別を明示することが義務づけられた（保険294条）しかし，損害保険募集人の代理権の範囲については，従来どおり保険業法施行規則で保険事業の認可申請に際して添付すべき事業方法書に，当該募集人の権限に関する規定を定めることを要求しているにとどまっている（保険業法施行規則8条3号）。

3　代理商契約の終了

―――――――◆　導入対話　◆―――――――

教師：君が商人（本人）だとして，ある代理商との間の契約関係を打ち切りたいときにはどうすればいいかな。

学生：えーと，代理商契約は委任契約ですから，民法の原則によれば，いつでも一方的に解除できることになります。でも，たしか商法にも規定があったはずですよね…。

教師：そうです。代理商の解除については，商法の中に民法の特則が定められていて，いつでも解除できるというわけではないんだね。

学生：それはどうしてですか。

教師：代理商契約は継続的な契約関係であり，商人（本人）と代理商の間の信頼関係にもとづいて成り立っているからなんだ。もし，商人（本人）のほうから自由に解除ができることになると，代理商が取引の継続を前提として投下した人的・物的資本が無駄になったり，努力して築いた信用や顧客を奪われることにもなりかねない。だから，代理商契約における解除については，一定の制限が必要になる。

学生：法律の世界はもっと冷酷なものかと思っていましたが…。やはり，人間関係には信頼というのが大切なんですね。

3.1　一般的終了原因

代理商契約は，委任または準委任であるから，委任契約の一般的終了原因によって終了する（民653条）。また，本人の営業が終了したときも，代理商契約は当然に終了することになる。

3.2　解除による終了

代理商契約の解除について，商法は次のような特別の規定を設けている。これは代理商契約が継続的性質を有していることに鑑みて，委任契約の即時解除を認めた民法651条の例外を定めたものである。

(1)　契約期間の定めのない場合

代理商契約の当事者が契約の期間を定めていないときは，各当事者は2カ月前の解約告知をして契約を解除することができる（50条1項）。このとき，解

約の理由を明らかにする必要はない。また，いったん解約告知をすれば，期間の経過後に改めて解除の意思表示をしなくても，期間の経過により当然に解除となる。

この解約告知に関する商法50条1項の規定は任意規定であるから，2カ月という予告期間を短縮する特約も有効である。また，本条による解除が行われた場合には，民法651条2項の適用が排除される結果，たとえ解約により相手方に損害が生じたとしても損害賠償の責任は生じない（しかし，この点は立法論的に疑問とされている）。

以上に対して，契約期間の定めがある場合には，各当事者はその期間が終了するまでは，代理商契約の解除をすることができない。

(2) やむをえない事由があるとき

やむをえない事由があるときは，契約期間の定めがあると否とにかかわらず，各当事者はいつでも代理商契約を解除することができる（50条2項）。ここでやむをえない事由とは，契約を存続することが社会通念上著しく不当であると認められる事由をいい，たとえば，代理商の不誠実，重病，本人の営業の重大な失敗，代理商に対する重要な債務の不履行などである。

やむをえない事由による解除が行われた場合に，当事者の一方に過失があるときは，相手方は損害賠償を請求することができる（民652条・620条但書）。

【展開講義　34】　特約店契約の解除

(1) 特約店契約の解除については，代理商契約と同様の問題がある。すなわち，特約店は独立の商人ではあるけれども，経済的には商品供給者に対する従属性が高い。商品供給者から取引を打ち切られると，他の取引先を見出すことが困難であることも少なくなく，その取引の継続を前提として投下した人的・物的資本の回収の機会を失い，努力して築いた信用や顧客を奪われることになる。他方，商品供給者は，必要に応じて特約店との取引を打ち切ることを可能にしたいという要請があり，それは企業の経営判断の尊重，取引相手方の選択の自由という理念によって根拠付けられる。しかし，商法には特約店に関する規定がなく，その解除については民法の一般原則に従うことになる。

(2) このため下級審判例は，供給者による継続的売買契約の解消を制限する傾向にある。すなわち，期間の定めのない契約の解約申入れ・解除，期間の定めあ

る契約の解除について「契約の継続を期待しがたいような重大な債務不履行」や「やむをえない事情」が必要であるとするものが多い。裁判例において，そのようなものとして認められた事由としては，特約店の側の債務不履行，信頼関係破壊行為，信用不安，背後事情の変化などがある。

(3) たとえば，現在ではレンタルCD店をよく見かけるが，ひと昔前までは貸レコード店といった。この貸レコード店をめぐって，かつて裁判が起こされたことがある。次のような事案である。Aはレコードの小売業者，Bはレコード卸売業者，Cはレコード会社（メーカー）である。Aは，B・Cと特約店契約を結びレコード等の供給を受けていたが，昭和56年5月以降秋口まで，B・Cから買い受けたレコードを貸レコード業者に大量に供給した。このため，B・CはAとの特約店契約を解除し，出荷を停止した。Aはこれを争い，AがB・Cの特約店契約にもとづく地位にあることの確認と，B・Cに注文したレコードの引渡を求めたのである。これに対して裁判所は，次のように判示してAの請求を認めなかった。Aは，特約店契約という継続的契約関係に入った当事者として，B・Cから供給を受けたレコード等の商品を，少なくとも，B・Cの意思に反し，かつ，B・Cの利益を害するような程度・様態で貸レコード業者にレコードを供給した場合には，信義則上，債務不履行責任を負わなければならないこともありうる。このとき，特約店契約の基礎となる信頼関係を破壊し，契約の継続を期待できなくするような債務不履行として，解除原因となりうる（東京地判昭59・3・29判時1110号13頁）。

(4) さらに近年では，商品供給者がその販売政策を実現するために作成した精緻な契約書を前提とした特約店契約の解消が争われる例が増えている。特約店がそのような条項に違反した場合には，商人間で明確な契約がある以上，「やむをえない事由」は必要なく，信義則違反・権利濫用・公序良俗違反にあたらないかぎり，商品供給者は特約店契約を解消できるとする判例がある（東京高判平9・7・31判時1624号55頁）。

(5) 最高裁も，契約の終了にあたって「やむをえない事由」という書かれざる要件を持ち込むことには消極的だとみられる。たとえば，大手の化粧品メーカーAは小売業者と特約店契約を締結し，その契約の中で，同社の化粧品販売にあたっては顧客へのアドバイスを行ういわゆる「対面販売」の義務を小売業者に課していた。ところが，小売業者Bは，一種のカタログ販売の方法により低価格でA社の化粧品を販売し始めた。A社はかかる販売方法は対面販売条項に反するので是正するよう求めたが，Bが応じなかったため，特約店契約を解約し出荷を停

止した。Bは解約の効力を争って提訴したが，最高裁は，本件の対面販売条項は独禁法に違反せず有効であり，かかる条項に特約店が違反したことを理由とする解約は，信義則に反せず，権利の濫用に当たらないとした（最判平10・12・18判時1664号3頁）。

第13章　仲立営業

1　仲立人の意義

─────── ◆ 導入対話 ◆ ───────

学生：「仲立人」と聞くと結婚式の仲人や喧嘩の仲裁人なんかを連想してしまうのですが……。

教師：確かに，他人の間に入って何らかの行為をするという意味では同じように見えますけれども，仲立人は，他人間の法律行為，それも商行為という法律行為を取り持つ（媒介する）業者です。単に人を紹介したり仲直りをさせたり，あるいは仲人役を務めるというのは，他人間の商行為を媒介するのではありませんから，そのような者は仲立人ではありません。ただ，媒介の対象となる行為が商行為でなくとも法律行為であれば，民事仲立人といいます。これと区別するためには，商法でいう仲立人の方を商事仲立人とよんでもいいのですが，ここでは単に仲立人とよぶことにしましょう。

学生：具体的にはどのような業種がありますか。

教師：たとえば，通信販売業者がそうです。あれは，商人から販売委託を受けた商品売買の仲立人です。

学生：そういえば，ウチにもいろんな所からダイレクトメールでカタログを送ってきます。

教師：のんびりしていた昔と違って，今は忙しくて買い物に出かけるゆとりのない人も多くなったからでしょうか，さまざまな商品のカタログによる通信販売が盛んですね。

学生：通信販売以外の例は。

教師：旅行業者も身近な例です。他には，金銭貸借や手形割引の仲立業，海運仲立業や外国為替ブローカーなどが挙げられます。結婚相手を紹介するブライダルコンサルタントは，民事仲立人です。

1.1 仲立人の概念

商法上，仲立人とは，他人間の商行為の媒介を行うことを業とする者と定義される（543条）。商品売買・手形割引・銀行コール（短期融資）の貸借・傭船契約（船舶貸切運送契約）など，商人間の商行為を媒介する業者は当然に仲立人であるが，媒介の対象となる商行為は，一方にとっての商行為でもよいと解されている。たとえば，旅行業者は，旅行者と旅客運送業者との間の運送契約，旅館・ホテル業者との間の宿泊契約が成立するように，仲を取り持つ。これも商行為の媒介であり，旅行業者は仲立人である。仲立に関する行為は商行為である（502条11号）から，仲立人は商人である（4条1項）。

仲立人は，商行為の媒介を行うのであるから，商行為でない行為，たとえば婚姻の仲介や非商人間の不動産取引の仲介を行う者は，商法上の仲立人ではない。これらは，民事仲立人といって，その仲介行為を営業として行うときは，502条11号の「仲立ニ関スル行為」として，その行為は営業的商行為とされ，民事仲立人も商人として扱われることになる。

1.2 仲立人と類似業者

仲立人は，商行為の媒介を行うのであって，媒介する商行為の当事者となるのではない。すなわち，媒介した商行為によって権利義務の主体となるのではない点で，問屋をはじめとする取次商と異なる。たとえば，問屋は，自己が権利義務の主体となって，他人のために物品の販売または買入れを行うことを業とする者であり（551条），仲立人ではない。

他方，仲立人は，媒介の対象たる商行為の当事者を代理する権限がない点で，自己が代理人となって第三者と契約を締結する締約代理商（46条）と異なる。もっとも，仲立人が媒介する商行為について代理権を授与され，代理人として商行為を成立させることは可能である。たとえば，顧客の委託を受けた旅行業者が空席のある飛行機の便を紹介した後に，顧客の名で運送契約を締結する場合がそうである。

また，媒介を業とする点で，仲立人は媒介代理商に類似するが，後者が一定の商人のために継続的関係に立って媒介を行うのに対して，前者は広く他人間の商行為を媒介する点で異なる。もっとも，仲立人に媒介を委託する者は，仲立人にとって特定または不特定の者でなければならないという制限はないから，

特定の者である場合には，媒介代理商と極めて類似することになる。いずれにせよ，仲立営業も，他人との信頼忠実を基調とする点では，これらの業種と異ならない。

2 仲立契約の法的性質

◆ 導入対話 ◆

学生：委託者からの依頼を受けて商行為の媒介をするのが，仲立人ということですね。
教師：そうです。
学生：すると，委託者と仲立人との間の契約は，委任ということになりますか。
教師：厳密には準委任です。本来の委任は，法律行為を委託することですが，仲立は，商行為という法律行為にいたる前段階における行為，いわば法律行為の相手方を紹介するような行為であって，法律行為そのものではありませんから。

　仲立人が委託者から商行為の媒介を行うことを引き受けることによって，仲立契約が成立する。仲立契約においては，仲立人が委託者の欲する契約の成立に尽力する義務を負い，委託者が当該契約の成立につき仲立人に報酬を支払う義務を負う。前述の旅行業者の例でいえば，旅行業者が顧客から委託された飛行機便の紹介を引き受けることによって，両者の間に仲立契約が成立し，飛行機便の予約が取れれば，顧客が仲立人に手数料という報酬を支払うことになる（ただし，実務上は航空会社からの割戻金が支払われ，顧客からは徴収されない）。委託者は非法律的な事務（この例では飛行機便の紹介）を委託するのであるから，仲立人との関係は準委任（民656条）となる。
　このように，受託者たる仲立人が契約成立に尽力する義務を負い，委託者が契約成立につき報酬を支払う義務を負うという，両者が双務的な関係に立つのが通常の仲立契約である。これに対して，受託者たる仲立人は契約の成立に尽力する義務は負わないが，その尽力により契約が成立すれば委託者が報酬を支払うという場合も考えられる。義務としては一方的であるので，通常の仲立契約を双方的仲立契約というのに対して，これを一方的仲立契約という。その法

律的性質については，契約成立という結果に対して報酬が支払われる点で，請負に準ずる，または請負に類似する独自の契約と解されよう。

仲立人が締結する仲立契約は，特別の事情がないかぎり，双方的仲立契約と解され（通説），一方的仲立契約は極めて例外的と考えられるので，以下では，双方的仲立契約についてのみ述べる。

3 仲立人の権利・義務

◆ 導入対話 ◆

学生：仲立契約の法的性質が準委任ということは，委任に関する民法の規定が準用される，つまり，仲立人は，受任者と同じような権利を有し，義務を負うということになりますね。

教師：そのとおりです。しかし，他人間の商行為を媒介する商人であるという仲立人の性格から，商法は，仲立人固有の義務や権利を規定しています。

学生：それらの商法規定には，何か特色がありますか。

教師：技術的な点はこれから述べるとおりですが，仲立人は，沿革的に中世ヨーロッパで公職的な側面つまり官吏的な性格を有していたためもありましょう，媒介する商行為の当事者双方に対して公平であることが，強く要求されます。すなわち，仲立人は，委託者に対してのみならず，その相手方に対しても商法上の義務を負いますし，報酬も委託者と相手方の双方に対して半額ずつ請求することになっています。

3.1 仲立人の義務

(1) 見本保管義務

仲立人が媒介する行為につき，委託者からであろうと相手方からであろうと，見本を受け取ったときは，その行為が完了するまでこれを保管しなければならない（545条）。これは証拠保全のためであって，仲立人が媒介する行為につき受け取った見本は，後日取引の目的物をめぐって当事者間に争いが生じないよう，また争いが生じた場合にこれを解決するのに証拠として活用できるよう，仲立人に保管の義務を負わせるのである。この立法趣旨から，「その行為が完

了するまで」というのは，単に契約の履行を意味するのではなく，たとえば契約履行後に生じた争いにつき和解が成立した場合のように，取引の目的物をめぐる争いが生じないことが確定した時点までの意である（通説）。また，ここでの「媒介する行為」とは売買のことである，すなわち本条は見本売買に関する規定である，と解されている（通説）。

(2) 結約書に関する義務

仲立人の尽力によって当事者間に契約が成立したときは，仲立人は，遅滞なく結約書を作成して，署名の上，各当事者に交付しなければなければならない（546条1項）。結約書は仕切書ともいい，仲立人が媒介した行為（契約）の当事者の氏名または商号・契約の年月日およびその要領を記載して，当事者間の争いを防止し，あるいはこれを迅速に解決するために課せられた義務である。ただし，当事者の氏名または商号については，当事者がこれを相手方に示さないよう仲立人に命じた場合には，記載することはできない（548条）。結約書は，当事者間の契約成立後に仲立人が作成するものであるから，契約書と異なることはもちろん，その作成が当該契約の成立要件でないことは明らかである。つまり，仲立によって成立する契約は，結約書の存否とは無関係に，当事者間の意思表示だけで成立する。結約書は，契約が直ちに履行される場合には，各当事者にこれを交付するだけでよい。しかし，契約が期限付きや条件付きであるためその履行が後日になるような場合には，仲立人は，各当事者にも結約書に署名させなければならない（546条2項）。もし当事者の一方が結約書の受領または署名を拒否したときは，それは結約書の記載に異議があるためと考えられるから，他方の当事者に速やかに必要措置を講じさせるべく，仲立人は，遅滞なく他方の当事者にその旨を通知しなければならない（同3項）。

(3) 帳簿に関する義務

仲立人は，帳簿を作成し，結約書の記載事項を記載しなければならない（547条1項）。この帳簿は，仲立人日記帳と呼ばれ，仲立人が媒介した他人間の取引について記載し，証拠保全をはかる目的で作成が義務付けられる。仲立人の財産および損益の状況を明らかにするためのものではないから，商業帳簿ではないと解されるが，その保存期間については，商業帳簿に関する36条1項の類推適用により10年と解するのが通説である。当事者の請求があれば，仲立

人は，いつでもこの帳簿（当然のことながら当該取引関係部分のみ）の謄本を交付しなければならない（547条2項）が，帳簿の閲覧請求は認められていない。

(4) 当事者氏名・商号不開示の義務

商取引においては，個性を重視することなく契約がなされることも多く，他方，相手方に自己が何者であるかを隠すことによって契約交渉を有利に展開できる場合もある。そこで，商法は，当事者が相手方に氏名または商号を示さないよう仲立人に命じたときは，仲立人は結約書および仲立人日記帳謄本にその氏名や商号を記載してはならない，と規定した（548条）。ここでいう当事者は，通常は委託者である場合が多いであろうけれども，その相手方をも含むと解されている（通説）。当事者がその氏名または商号の不開示を命じた場合でも，仲立人日記帳本体には各当事者の氏名または商号を記載しなければならない（547条1項）のであって，当該関係部分の謄本においてその記載が禁じられるのである（氏名・商号が謄写された場合には抹消しなければならない）。仲立人日記帳の謄本交付請求が当事者に認められながら，帳簿本体の閲覧請求が認められない（前述）理由は，ここにある。

(5) 介入義務

仲立人は，単に媒介をするだけで，媒介される商行為の当事者となるのでないことは明らかである。しかし，仲立人が当事者の一方の氏名または商号を示さなかったときは，それが当事者からの指示によるもの（上述）であろうとなかろうと，仲立人自らが他方の当事者に対して当該取引上の債務を履行する責任を負う。これを仲立人の介入義務または履行担保責任という。この場合，当該取引契約は，仲立人と他方当事者との間で成立するのではなく，あくまでも当事者間で成立する。本来的には匿名の当事者が契約上の債務を負担すべきではあるけれども，商法は，匿名当事者の相手方を保護する（その信頼を裏切らない）ために，このような義務を課したのである。もちろん，介入義務を履行した仲立人は，匿名当事者に対して求償することができる。

3.2 仲立人の権利

仲立人は商人であるから，特約がない場合でも，その媒介した行為につき当然に相当の報酬を請求することができる（512条）のであり，これを仲立料という。仲立料は，結約書に関する手続（546条）が終了した後でなければ請求

することができない（550条1項）。換言すれば，特約がないかぎり，契約が成立して結約書の作成・交付が終了してさえいれば，仲立人の媒介した取引契約が実際に履行されたかどうかに拘わらず，仲立料請求権は発生する（大判明41・7・3民録14輯820頁）。逆にいえば，当事者間で契約が不成立に終わったときは，たとえ仲立人が多大な努力を尽くしたとしても，仲立料を請求することができない。

　仲立料は，各当事者半額ずつの負担とされている（550条2項）。この規定は，当事者間の内部関係を定めたものではないから，当事者間で報酬の支払分担を別に定めることも可能であるが，仲立人の同意がないかぎり，これをもって仲立人に対抗することはできないのであって，仲立人としては，各当事者に半額ずつ請求できる。この各当事者平分の原則は，仲立人が当事者双方のために中立的な立場に立って公平に媒介すべきことを前提とした配慮である。他方，仲立人は，仲立料を平分して請求する権利を有するにすぎないから，当事者の一方が仲立料支払債務を履行しない場合に，他方の当事者に対して不履行部分の支払いを請求することはできない。

　仲立人が媒介に際して多額の費用（交通費・通信費など）を要したとしても，特約や特別の慣習がないかぎり，費用は仲立料に含まれると解され，これを当事者に請求することはできない（大阪地判昭44・8・6判時591号91頁）。この点が民法上の準委任（民649条・650条）と異なるところである。

　なお，仲立人は，媒介した取引契約の当事者でないのはもちろん，その代理人でもないから，特約または特別の慣習がないかぎり，当該取引につき当事者のために支払いその他の給付を受ける権限を有しないのが原則である（544条）。ただ，前に述べた介入義務が発生する場合には，この原則の例外として，仲立人は匿名当事者から代理権を授与されたものと解すべきであろう。

【展開講義　35】　民事仲立人は，媒介した行為の相手方に報酬を請求することができるか

　(1)　仲立人の報酬は当事者双方が平分して負担すべき旨を定める商法550条2項が，民事仲立営業（とくに宅地建物取引業：以下宅建業）に類推適用されるかどうかについては，判例・学説が分かれている[1]。肯定説は，以下の根拠を挙

げる。すなわち，民事仲立人の行為により当事者双方が利益を享受する（東京地判昭36・10・20下民集12巻10号2490頁，大阪地判昭44・3・28判タ239号274頁），宅建業者は委託者に対しても業務上の一般的な注意義務を課されている（京都地判昭42・9・5判時504号79頁），と主張する。これに対して，否定説は，以下の根拠を挙げる。すなわち，非商人間における宅地建物の売買・賃借などは一回限りであり，商事仲立と異なり非投機的・非営利的である（京都地判昭38・7・10法時35巻11号96頁，京都地判昭44・3・8判タ236号149頁，大阪地判昭47・11・20判タ291号346頁），商事仲立人と異なり，民事仲立人には商法の規定により非委託者に対する特別の義務が課されていない（東京高判昭38・6・29判タ148号70頁），大森簡判昭38・11・29判時371号55頁，大阪高判昭42・9・26民集23巻7号1273頁），民事仲立の場合は，相手方当事者も等しく仲介の利益を受けているとはいえない（同上大阪高判），と主張する。

(4) この点に関する最高裁の立場は，肯定説・否定説いずれとも判断し難いが，少なくとも民事仲立人が相手方当事者のためにする意思をもって媒介を行っていた場合，すなわち事務管理が成立している場合には，当該相手方当事者に対する報酬請求権が認められると解する余地を残している（最判昭44・6・26民集23巻7号1264頁，最判昭50・12・26民集29巻11号1890頁：後者では民事仲立人の意思解釈基準に客観性を要求している）。

【展開講義 36】 委託者が仲立契約を一方的に解除して後に直接取引をした場合，仲立人は報酬請求権を有するか

(1) いったん仲立契約を締結した委託者が，報酬支払義務を免れるため，一方的に当該契約を解除して直接取引を行う例は少なくない。このような場合に仲立人の請求権を認めるための理論構成の問題である。

(2) この問題に関しては，判例・学説とも区々に分かれる。その主要なものを列挙すると，以下のようである[2]。

① 委託者は，いつでも契約を解除できる代わりに，民法641条により損害賠償義務を負うとする説。
② 委託者の一方的な契約解除は民法130条にいう条件成就の故意の妨害に当たるとして，仲立人がこれを条件成就とみなすことを認め，その結果報酬を請求することができるとする説。
③ 業者一般の商慣習として報酬全額を請求することができるとする説。
④ 商人たる仲介業者が営業上なした行為に対して商法512条により相当報酬

を請求することができるとする説。
⑤ 委託者による一方的な契約解除は民法651条2項にいう「不利ナル時期」における解除に当たるから，予定の報酬全額を損害賠償として請求することができるとする説。
⑥ 直接取引の場合は信義則上解約がなかったものと解すべきだとする説。

(3) 以上のうち，①・②・④が有力説といえる。①の説は仲立の請負的性質に着目したものと思われるが，この説によったのでは，委託者が報酬支払義務を免れるため故意に仲立人を排除して直接取引した（一方的な契約解除という信義則違反に対して制裁的な意味で損害賠償を請求できる）場合と，仲立人による交渉が行き詰まったため止むを得ず委託者が契約を解除して後に直接取引が成立した（信義則上当然報酬を請求できる）場合とが混合されてしまう，との批判がある(3)。④の説によったのでは，取引不成立の場合にも仲立人は報酬を請求できることになって，不都合である。②の説については，「仲立人の媒介によって取引が成立したならば」報酬を支払うというのは条件ではなく報酬支払に対する対価にすぎないとの批判がある(4)けれども，仲立は，仲立人による媒介（実現の可能性は極めて不確定）が成立してはじめて報酬と対価関係になる契約である(5)から，これを停止条件と見ることに問題はないと思われる。仲立契約における委託者の直接取引に関する最初の最高裁判例（最判昭45・10・22民集24巻11号1599頁）も，この立場をとった。

---

(1) 学説では，肯定説：西原・287頁，明石三郎「判批」法時35巻11号98頁，否定説：中川高雄「判批」判評117号28頁。
(2) 論者および判例については，山崎悠基「判批」百選［第3版］134～135頁参照。
(3) 山崎・同上135頁。
(4) 松岡誠之助「判批」ジュリ161号62頁。松岡説は，仲立人を排除した直接取引の委託者が債権者遅滞の責任を負う（民413条）として，このような場合を債権者の債務不履行とみる。
(5) 山崎・前掲135頁。

第14章　問屋営業

1　問屋の意義

───────◆　導入対話　◆───────

学生：問屋（といや）と問屋（とんや）とはどう違うのですか。

教師：通常われわれが問屋（とんや）として認識しているのは，小売商に対する卸売商です。全国各地にある各種の卸売市場，あるいは繊維製品なら繊維製品だけを扱う問屋街などに見られるように，原則として小売商だけを相手にする店は珍しくありませんね。本来的には，「問屋」は，「集（つどい）」つまり小売商人が集まる「屋（や：家）」というのが語源で，「といや」→「とんや」と音便化したものですが，商法では，卸売商と区別するため，音便化する前の発音を採用しているのです。ここで扱う問屋（といや）というのは，他人のために物品の販売または買入れの取次をする業者のことです。仲立の場合と同じように，他人の委託を受けて販売や買入れを行うのですが，形の上では，委託者の名前は出さずに自分自身の名義で取引をします。しかし，委託者のために行う売買ですから，その結果は委託者に帰属することになるのです。したがって，自分のために売買を行う──これを自己商といいます──問屋（とんや）とは違うのです。日本で代表的な例は，証券取引所の会員である証券会社や商品取引所の商品仲買人です。宝石専門店など，委託販売の商品が多い業者も，その限りでは問屋（といや）といえるでしょうね。

学生：ぼくのクラブの先輩で婦人服の卸売りを専門にしている会社で働いている人がいます。現在彼女はアパレルメーカーの委託を受けてデパートに婦人服を販売する仕事をしているといっていましたが，そうすると，このような会社も問屋（といや）ということになるのでしょうか。

教師：いい質問だね。確かに，その会社は，メーカーの委託を受けて販売する限りにおいて，問屋（といや）業を営んでいるといえます。本来的には卸売業者としての問屋（とんや）が商法でいう問屋（といや）として機能している例で

すね。さらにいえば，デパートが卸売業者からの委託を受けて，あるいはメーカーから直接委託を受けて消費者に商品を販売する場合には，その限りにおいて，デパートも問屋（といや）の役割を果たしていることになります。この他，各種スーパーマーケットあるいは魚市場や青果市場などの実態を調べてみるのも面白いかも知れませんよ。

1.1 問屋の概念

問屋とは，自己の名をもって，他人のために，物品の販売または買入れを行うことを業とする者である（551条）。一般に「自己の名を以て，他人のために」する行為を取次といい，取次は営業的商行為に当たる（502条11号）。したがって，売買の取次を業とする問屋は商人である（4条1項）。取次の目的が売買でない場合には，その業者は準問屋とよばれる（後述）。取次を委託する者が商人である必要はない。

まず，問屋は，自己の名をもって行為するのであって，委託者の名において行為するのではない。したがって，問屋は委託された行為の当事者，つまりその売買行為から生ずる権利義務の主体となる（552条1項）。この点において，問屋は，仲立人や代理商その他の代理人とは異なる。仲立人や媒介代理商は，当事者間の取引の成立に向けて媒介を行うだけであるのに対して，問屋は，委託者との関係においては媒介者のように見えるけれども，取引の相手方との関係においては，自ら売買契約の当事者として権利義務の主体となるからである。他方，締約代理商その他の代理人は，本人の名において取引をするのに対して，問屋は，自らの名において売買取引をする点で異なる。

次に，問屋は，他人のために行為する。これは，問屋の行う売買行為が他人の計算においてなされる，つまり売買取引から生ずる損益がすべて他人である委託者に帰属するということである。たとえば，メーカーが製品の販売を問屋に委託したときは，問屋が自ら販売先の小売店と売買契約を締結するのであるけれども，小売店から支払われた売買代金はメーカーのものであり，他方，一部に不良品があったなどの理由で値引きしなければならないとすれば，その負担もメーカーにかかってくる。

1.2 準問屋

準問屋とは，自己の名をもって，他人のために，販売または買入れでない行為を業とする者である（558条）。ただ，物品運送の取次を業とする者は，次に述べるように，運送取扱人として別に定められているから，狭義における準問屋からは除外される。この意味における準問屋の例としては，出版や広告の取次業，保険契約の取次業，旅客運送の取次業などがある。いずれも，取次の目的が問屋と異なるだけであるから，問屋に関する規定が準用される（558条）。

2 問屋の法的地位

◆ 導入対話 ◆

教師：問屋が委託者と結ぶ問屋契約の法的性質は，何だろうか。
学生：委託者は売買という法律行為を委託するのですから，委任ではないでしょうか。
教師：そのとおり。ただ，問屋は，委託者との関係では委任者という立場にある一方で，第三者すなわち売買の相手方との関係では当事者（売主または買主）という立場にあります。このような二重の地位を兼ねている点で，仲立人と異なった特色があるのです。

2.1 問屋契約の内部関係：問屋と委託者

問屋と委託者との契約すなわち問屋契約は，物品の売買という法律行為をすることの委託であるから，委任そのものである。したがって，商法は問屋と委託者との間においては委任および代理に関する規定を準用すると規定する（552条2項）けれども，これは，委任の規定を適用し，代理の規定を準用する趣旨と解すべきである（最判昭31・10・12民集10巻10号1260頁）。

代理に関しては，本来代理権を伴わない問屋の性質から考えれば，代理に関する規定を準用するのはおかしいともいえる。売買取引の相手方との関係においては，あくまでも問屋が当事者だからである。しかし，問屋契約という内部関係の実質においては，問屋は委託者の代理人としての役割を果たしている。その限りにおいて，商法は，代理に関する民法規定を準用するのである。これ

を理論的に見れば，問屋が委託者のために行った売買の効果はいったん問屋に帰属し，それからさらに問屋の移転行為により委託者に帰属する，とするのが筋である（問屋の委託者に関する関係が間接代理とよばれる所以である）。そのため，従来の通説は，問屋契約の法律的形式を重視して，次のように考えた。すなわち，問屋契約の対外関係においては，当該の売買行為の効果として問屋が取得した物品の所有権や債権が当然に委託者に帰属するのではないが，対内関係においては，売買の効果が特別の権利移転を必要とせず直ちに委託者に帰属することを認める趣旨である，と。その結果，問屋の債権者を含む第三者との関係（対外関係）においては，委託者は，これらの権利が自己に帰属することを主張できないことになる。これに対して，近時の有力説（多数説）は，問屋契約の経済的実質を重視して，次のように主張する。すなわち，従来の通説では法律行為の実質的な主体である受託者の保護に欠けるのであり，552条2項は，問屋の売買行為の効果が本来の代理（直接代理）の場合と同様，直接委託者に帰属する（民99条）ことを認める趣旨を規定したものと解すべきである，と。この説によれば，問屋が売買行為によって取得した物品の所有権や債権は，問屋の特別な移転手続を必要とせず，当然に委託者に帰属することになる。

　代理に関する規定の中でも，復代理人の権限に関する民法107条2項の規定は，問屋の再委託の場合には準用されない（通説）。もちろん，問屋は，他人に再委託することはできる（通説は民法104条の準用を認める）けれども，この場合，問屋は，元の委託者の名において再委託を行うのではないから，元の委託者と再受託者との間には直接の法律関係は存在せず，後者は前者の復代理人ではない。したがって，たとえば物品の販売を委託された問屋が別の問屋に販売を再委託した場合に，再委託を受けた問屋と元の委託者との間には民法107条2項の準用はなく，再委託を受けた問屋は，元の委託者に対して直接に販売代金を支払う義務を負わない（前記最判昭31・10・12）。

――――――――――――――――――――――――――――――――

【展開講義　37】　問屋が委託者の指示にもとづかないで行った売買取引の効力はどうなるか

　(1)　問屋が取次の実行として締結する売買契約の法律上の主体は，あくまでも問屋であって，委託者は，当該契約については局外者である[1]。したがって，

問屋が自己の名で売買取引を行ったときは，委託者の指図にもとづかない場合でも，その取引自体は法律上の効力を生ずるのであり，委託者としては，問屋との関係でその取引による計算が自己に帰属することを否認することはできるが，取引自体を無効とすることはできない（最判昭49・10・15金法744号30頁）。この最高裁判例の場合は，問屋（商品取引所の取引員たる会社）の外務員が委託者の指図にもとづかないで行った売買によって委託者が損害を蒙った例である。

(2) 最高裁は，委託者の指図にもとづかないで行われた売買（主体は問屋たる取引員）が外務員の不法行為（この事例では虚偽の報告）によるものであるときは，外務員については不法行為による損害賠償責任を，問屋たる取引員については問屋契約上の債務不履行による損害賠償責任が発生することを認めている（請求権の競合）。しかし，前者については，委託者保護の観点から，問屋の使用者責任として構成するのが望ましいと思われる。

【展開講義 38】 問屋から委託者への権利移転がなされる前に問屋が破産した場合に，委託者は，問屋が委託売買の実行により取得した権利を取り戻すことができるか

(1) 問屋は，自己の名をもって，委託された物品の売買契約を第三者と締結するから，法律的・形式的には，相手方第三者との売買という法律関係の主体は問屋に他ならず，ここから生ずる物権や債権を取得するのも問屋である。しかし，その売買は，委託者のために，すなわち委託者の計算において行われるのであるから，問屋が売買行為によって取得した物品の所有権をはじめとする諸権利は，経済的・実質的には委託者に帰属する。この法律的形式と経済的実質との間の乖離から，上述のような問題が起こってくる。換言すれば，問屋が委託の実行の結果取得した物権や債権が売買の実質的な主体である委託者に移転される前に，これらの諸権利が問屋の債権者の担保となり得るか，という問題である。

この点に関しては，諸外国の法制において委託者の実質的な利益を保護する規定が見受けられる。しかし，わが国ではそのような明文の規定は存在しないため，学説は対立している[2]。

(2) 従来の通説は，法律的形式を重視し，売買により取得された所有権に関していえば，問屋の行う取次は代理でないから，所有権が委託者に取得されることはなく，委託者が所有権を主張するためには，問屋からの移転行為（第三者対抗要件の具備を含む）が必要であり（民646条2項），それが行われない間に問屋が破産した場合は，特別の規定がない以上，委託者の取戻権（破87条）を基礎づけ

る実体法上の根拠を欠き，買入物品が破産財団中に取り込まれるのも解釈論としては止むを得ないとする。

　(3)　これに対して，有力説は，問屋の行う取次の経済的実質を重視し，これに即した解釈態度を採る。すなわち，①買入委託の場合における取次物品は，経済的・実質的に委託者のものであるから，問屋の破産または問屋債権者による強制執行の場合は経済的実質によってその帰属が定められるとして，委託者の所有権を認める説，②問屋と委託者との間の関係につき代理に関する規定を準用すると定める552条2項の「問屋ト委託者トノ間」とは外部関係すなわち問屋対相手方間の関係に対する内部関係を意味し，その中には問屋自身の他にその債権者も包含されるとの解釈により，委託者は問屋が所有権を取得すると同時に，問屋および問屋債権者との関係において所有権を取得するとの説，あるいは③取次と信託との類似性から，問屋が委託者の計算で取得した所有権は問屋に帰属するが，委託者への譲渡前においては，当該実行行為に起因しない問屋に対する一般債権の責任財産を構成しない（信託16条，破6条3項参照）と解して，委託者の取戻権を肯定する説がある。

　(4)　判例（最判昭43・7・11民集22巻7号1462頁，最判昭43・12・12民集22巻13号2943頁他）は，「問屋が委託の実行として売買をした場合に，右売買によりその相手方に対して権利を取得するものは，問屋であって委託者ではない。しかし，その権利は委託者の計算において取得されたもので，これにつき実質的利益を有する者は委託者」であるとし，他人のために物品の売買を行うことを業とする問屋の性質に鑑み，「問屋の債権者は問屋が委託の実行としてした売買により取得した権利についてまでも自己の債権の一般的担保として期待すべきではない」と判示して，問屋がこの権利を取得した後これを委託者に移転しない間に破産した場合に，委託者が当該権利につき取戻権を行使することができることを認めた。判例では取戻権を基礎づける実体法上の根拠が薄弱であると思われるが，委託者への権利移転前に問屋が破産した場合における委託者の取戻権を認めたことは，委託者（顧客・投資家）保護の観点からは評価してよいであろう。

---

(1)　鈴木竹雄「問屋関係における委託者の地位㈠」法協53巻1号2頁。
(2)　学説の状況および諸外国の立法例については，大塚龍児「判批」百選［第3版］140～141頁参照。

2.2 問屋契約の外部関係：問屋と相手方・委託者と相手方

問屋は，委託者のために行った販売または買入により，その相手方に対して自ら権利を取得し義務を負う（552条1項）から，問屋と相手方との関係は，通常の売買における売主・買主間の関係と同じである。したがって，契約の成立および効力に影響のある事項については，原則として問屋と相手方との間についてのみ考慮すればよいのであって，委託者を考慮に入れる必要はない。たとえば，委託者が相手方に対して詐欺や強迫を行ったり，逆に相手方が委託者に対して詐欺や強迫を行っても，当該の売買は影響を受けない（ただし，詐欺の場合には民法96条2項により第三者の詐欺となる）。他方，委託者が問屋に対して有する抗弁を相手方が対抗することはできないし，委託者が相手方に対して有する抗弁を問屋が対抗することもできない。しかし，相手方が委託者に対して有する抗弁は，問屋が委託者の指図に従って売買したときには，その実質を考慮して，問屋にも対抗することができると解するのが妥当であろう。

売買契約の相手方が債務を履行しないときは，問屋の損害は委任の報酬だけであるが，問屋が法律上の売主であることに鑑み，問屋は，経済的には委託者に帰属する損害につき，売買契約履行の代替ともいうべき賠償を請求することができると解すべきである（通説）。

問屋の行う売買の当事者はあくまでも問屋と相手方であるから，委託者と相手方との間には，原則として直接の法律関係は生じない。たとえ，相手方が問屋との売買にあたり委託者の存在を知っている場合でも，同様である。ただ，実質的面の考慮から，委託者に関する事情が例外的に相手方に影響する場合があることは，上に述べたとおりである。

3 問屋の権利・義務

◆ 導入対話 ◆

学生：問屋契約が委任そのものですから，問屋は，民法の委任に関する規定に従って，善管注意義務をはじめとする受任者としての義務を負い，また受任者としての権利を有するということになると思いますが，その他に何か特別の義務や権利がありますか。

教師：問屋は，受任者としての権利義務を有しますが，仲立人の場合と同様，商人ですから，特約がなくとも報酬を請求することができます。ただ，仲立人の場合と異なり，委任の原則に従い，費用請求権も有します。この他，問屋の権利義務に関しては，売買の委託を受けた問屋が法律上契約当事者となるという，問屋契約の特殊性を考慮し，商法は，問屋制度に対する信用を維持する・あるいは委託者あるいは問屋を保護する・取引の迅速を図るなどの目的で，いくつも特則を設けています。

3.1 問屋の義務

(1) 通知義務

問屋が委託者のために物品の販売または買入れを実行したときは，遅滞なく委託者に対してその通知を発しなければならない（557条→47条）。委託者の請求を待たないで通知すべき点が，民法の委任における原則（民645条）に対する例外であり，これは，商取引の迅速および委託者の便宜をはかるためである。通知すべき事項は，売買の相手方・時期・契約条件など，委託者が売買の内容を具体的に理解できるようなものでなければならない。

(2) 履行担保義務

問屋は，特約または特別の慣習がないかぎり，委託者のために行った販売または買入れにつき相手方がその債務を履行しない場合には，自ら履行しなければならない（553条）。委託者と相手方との間には直接の法律関係がないから，相手方が契約上の債務（物品の引渡または代金の支払い）を履行しないからといって，委託者は，相手方に損害賠償を請求することができない。委託者としては，問屋に対して，相手方に履行を催促するよう求めたり，前述の損害賠償請求を行うよう求めたりするほかないが，それでは，相手方の不履行による損害を実質的に受ける委託者の保護に欠ける。そこで，商法は，問屋にこのような履行担保の義務を負わせることにより，問屋制度の信用を確保し，かつ委託者の問屋利用の目的に適合するよう委託者を保護することを図ったのである。相手方の不履行債務は代金支払債務または物品引渡債務であり，通常これらは代替的性質を有するから，問屋による履行が可能となるのである。

問屋の履行担保義務は，委託者のために問屋が行った売買につき相手方がそ

の債務を履行しない場合に認められるものであるから，保証債務に類似するが，保証されるべき主たる債務は存在しないし，契約によって生ずる義務でもない。したがって，問屋には，保証人のような催告の抗弁権（民452条）や検索の抗弁権（民453条）は認められない。

このように，問屋の履行担保義務は，保証債務とは異なるのであるけれども，その義務の存否や内容は，相手方が問屋に対して負っている債務と同一であるから，問屋は，相手方が問屋に対して有する抗弁，たとえば同時履行の抗弁や不完全履行の抗弁を委託者に対して主張することができるし，他方，相手方の債務が消滅すれば，問屋の担保義務も消滅する。結局，この義務は，政策的理由により，法がとくに認めた無過失責任と解されている。

(3) 指値順守義務

委託者が価格を問屋に一任する売買を成行売買といい，価格を指定する売買を指値売買という。問屋は，委任の本旨に従って（民644条）売買を行う義務を負うから，委託者が指値をしたときは，これに従わなければならない。指値売買では，販売委託のときは最低価格を指定し，買入委託のときは最高価格を指定するのが普通である。もし問屋が前者の場合に指値よりも安く売り，または後者の場合に指値より高く買っても，委託者は，委託に反するものとして，その結果が自分に及ぶことを否認できる。しかし，委託者にとって不利なその差額を，問屋自らが負担するときは，委託者に何ら不利益は生じないから，その売買は，委託者に対して効力を生ずる（554条）。この規定は，指値に従うべき義務を正面から定めているのではないが，それを前提として，取引成立の助長ひいては取引の迅速を図っているのである。なお，単に特定の価格を願望したに過ぎない場合は，希望価格であって，指値ではない。逆に，特定の価格以外での販売または買入れを禁ずる場合は，確かに指値の一種であり，問屋はこれに従わなければならないが，本条は，そのような場合までを対象としているとは考えられない。

もし問屋が指値に従わなかったことによって委託者に差額を超える損害が生じた場合は，どうなるであろうか。554条は，問屋が差額を負担さえすれば，指値に違反した売買も委託者に対して効力が生ずることを定めているにすぎず，委託義務違反の責任を免除する趣旨ではないから，その場合には，問屋は当該

の損害を賠償すべきである（通説）。他方，同条は，委託者の側から問屋に対して差額の負担を請求することを認めているのではないから，問屋が差額を負担しないときは，委託者としては，当該売買が委託の実行であることを否認するしかない。なお，問屋が指値を超える価額で販売し，または指値未満の価額で買い入れた場合については，明文の規定がないけれども，その利益が委託者に帰属すると解することに異論はない。

　問屋による差額負担の意思表示の方式については，とくに規定がないから，何らかの手段で伝達すればよい。ただ，その意思表示は，遅くとも販売または買入れの通知（557条→47条）と同時に委託者に到達しなければならない（通説）。なぜなら，問屋の一方的な行為によって委託者はその行為の効果を否定できなくなるのであるから，差額負担の意思表示の時期を問屋の自由に委ねるのは不公平だからである。

3.2　問屋の権利
(1)　報酬・費用等請求権と留置権

　問屋は，委託された売買を実行したことにより，当然に報酬請求権（512条）や費用等の請求権（513条・552条2項→民650条）を有することになるが，これらの債権を担保するために，留置権が認められている。すなわち，問屋の債権が弁済期にあるときは，弁済を受けるまで，問屋が委託者のために占有する物または有価証券を留置することができる（557条→51条）。問屋は商人であるが，委託者が商人であるとは限らないから，商人間の留置権（521条）だけでは不充分である。そこで，商法は，問屋のために代理商の場合と同様の留置権を特に定めたのである。問屋の留置権は，留置物が商行為により債権者（問屋）の占有に帰した物でなくてもよい点，および債務者（委託者）の所有物でなくてもよい点で，商人間の留置権よりも有利である。

(2)　供託・競売権

　これは，問屋が物品の買入れを委託された場合に有する権利である。すなわち，買入れ委託者が問屋の買い入れた物品の受取りを拒絶したとき，または受取りが不能なときは，問屋は，当該物品を供託するか，または競売することができる（556条→524条1項）。競売するに際しては，損敗しやすい物の場合を除き，相当の期間を定めて受取りの催告をしなければならず，競売後は，遅滞な

く委託者に対してその通知を発することを要する（同524条1項・2項）。また，競売代金は供託しなければならないが，買入代金に充当してもよい（同524条3項）。問屋にこのような権利が認められるのは，買入委託を受けた問屋の地位が，商人間の売買における売主の地位に類似するから，同様の保護を問屋に与えるためである。

(3) 介　入　権

問屋は，取引所の相場のある物品の販売または買入れを委託されたときは，自ら売買契約の当事者となることができる（555条1項）。この権利を介入権という。本来的には，問屋は委託を受けて第三者と売買するのが原則であり，問屋が自ら委託者に対して売主または買主として利害が対立する関係に立つことは，許されないはずである。しかし，委託者にとっては，その売買が公正に行われる限り，誰が相手方となるかは問題でないのが普通であろう。他方，問屋にとっては，委託売買の相手方を第三者に求めなくても，自ら相手方となることができれば，同一種類の物品につきAからは販売をBからは買入れを委託された場合に，両者の委託を同時に実行することができるし，自己商を兼ねている場合には，手持ちの商品を売却したいときや仕入れを予定している商品があるときに便宜である。結局，このことは委託が迅速に実行されることになり，委託者の利益にもかなう。そこで，商法は，委託者の利益が犠牲にされないよう，取引所の相場という客観的な基準（問屋が依拠すべき価格）のある物品の売買に限り，問屋の介入権を認めたのである。問屋が介入権を行使するには，特約または商慣習により介入が禁止されていないことが必要であるのは当然であり，たとえば委託者が買入先や販売先を指定したときは，介入禁止の意思表示と解される。介入権の行使も委託事務処理の一方法であるから，問屋は，委託者に対して，報酬を請求することができる（555条2項）し，前述の費用等の請求権も失うものではない。

理論上は以上のようであるが，取引所における売買の代表的な例である証券取引および商品取引においては，委託を受けた問屋（証券会社および商品取引所員）が取引所を通さずに売買の相手方となること（いわゆる呑み行為）は，政策的な理由（公正な相場の形成・投資家の保護・売買手数料の免脱防止）から禁止されている（証券取引法129条，商品取引法137条）。したがって，問屋の介入権

が行使される場面は，一般的に極めて限られているといえよう。なお，証券取引法46条は，顧客から注文を受けた証券会社が自ら売買の相手方となるのか否かを事前に明示すべき義務を課しているが，これは，現実に売買の市場競争が行われた上で結果的に同一人（問屋である証券会社）に売買取引が成立する場合を想定しているので，介入権の行使とは異なる。

4 問屋と証券取引

◆ 導入対話 ◆

学生：問屋の典型的な例として，証券会社がよく出てきますね。

教師：そうですね。売買は，売りたい人と買いたい人の合意があれば成立しますが，しかし，株券や債券などの有価証券の売買では，特に一般投資家の場合，そう簡単に売買の相手方を見つけることはできないでしょう。そこで専門の証券会社に委託するということになる訳です。

学生：そうして証券会社が顧客から受けた注文を集めて売買を成立させる場所が証券取引所ですね。

教師：そのとおり。

学生：証券取引所は全国主要都市にある，会員組織の市場と聞いたことがあります。

教師：そう，以前は，証券会社を会員として，東京・大阪・名古屋・札幌・新潟・京都・広島・福岡の8カ所にありました。このうち広島と新潟は平成12年3月東京に，京都は翌年同月大阪に吸収合併されました。他方，平成12年の証券取引法の改正で，従来は会員組織形態しか認められなかった証券取引所に，新たに株式会社形態が導入され，東京・大阪・名古屋の証券取引所は既に株式会社形態を採っています。IT革命の影響で，証券取引所自体が大量の資金調達に迫られたからだといわれているね。

　証券取引所で売買が行われるのは，このマーケットに売買を集中することによって，証券の流通性を高め，公正な価格を形成して公示することを目的とするからである。証券業者が営む証券業には種々のものが含まれるが，そのうち，自己の名義・委託者の計算で証券の売買を引き受ける（証取2条8項2号）の

が問屋としての業務である。いずれにせよ，この業務を行うことができるのは，内閣総理大臣の営業登録を受けた証券会社である（同28条）。なお，取引所で定める一定の基準（上場基準）を満たした証券でなければ，ここでの取引は認められないが，いわゆるベンチャー企業などで上場基準には達していないけれども一定の基準をクリアしている株の場合には，店頭株といって，証券取引所を通さず，証券会社で構成され内閣総理大臣の認可を受けて設立された証券業協会が開設する店頭売買有価証券市場（実際上は証券会社の窓口）で売買される（同67条・68条）。ここでの売買引受けも問屋としての業務である。証券会社が証券取引所における売買を委託するに際しては，証券取引所の定める受託契約準則に従わなければならない（同130条1項）。

　委託者（顧客・投資家：以下同様）が証券会社に売買を委託（注文ともいう）する際には，売りか買いかの別・銘柄・数量・価格を指定するのが普通である。証券取引所においては，高い価格の買付け注文が低い価格のそれに優先し，低い価格の売付け注文が高い価格のそれに優先するという市場原理が働くから，委託者の希望する売買が成立するかどうかは，委託時の価格指示によって左右される。

　委託者が金額を指示する指値注文を行った場合に，証券会社が指値より価格の買付けまたは指値より高い価格の売付け取引を成立させたときは，委託者は，その取引の効果を自己に帰属させることを否定できない。なぜなら，このような売買取引は，委託者に不利益を与えないからである。これに対して，指値より高ければ買付け，指値より低ければ売付けを行うよう指示する逆指値注文は，証券取引法によって規制されている。指値より高く買うとか指値より安く売るというのは，常識的にはおかしな話である。しかし，株取引の玄人にとっては，相場が動き出すと少しくらい高く買ったり安く売ったりしても，この相場の波にうまく乗れば有利な売買ができる。ただ，こういう注文が多くなると，相場の騰落を激化（乱高下）させる要因にもなりかねないので，証券取引法は，政令でこれをコントロールすることとし，政令に違反して逆指値をしてはならないと規定した（162条1項2号）。ところが，今のところ未だこの政令は公布されていないので，現実問題としては，逆指値注文に制限はない。他方，委託者が特に価格を指示することなく売買注文する成行注文は，価格の制限がないか

ら，取引が成立する可能性が高い反面，委託者にとっては，いくらで売買されるか不安である。そのような不確定要素は最初から分かっていることではあるが，取引所では，委託者保護の観点から，一日の値幅制限を定め，その範囲を超えた価格での売買が成立しないようにしている。

　証券不祥事において話題となった一任勘定取引とは，委託者が個別の取引について売りか買いかの別・銘柄・数量・価格のすべてまたはいずれかを証券会社に一任して行う取引である。このような取引は，一任の内容が不明確であることが多く，そのため証券会社が委託手数料目当てに必要以上に売買を繰り返すおそれがある。他方，投資家たる委託者の自己責任による健全な投資態度を歪めること（証券会社による損失補塡や利益の付替えなど）にも繋がる。そこで，証券取引法は，一任勘定取引を禁止した（証取42条1項5号・6号）。ただし，証券会社が投資顧問業を行う場合には，このような一任契約は認められており，また，外国親会社・外国子会社，非居住者たる顧客ならびに証券会社の役員および使用人の親族（配偶者・二親等内）から一定の同意を得た上で価格などは一任するという契約も認められている（同項本文但書，証券会社の行為規制等に関する内閣府令1条）。

【展開講義　39】　証券取引所の会員が未知の顧客から委託を受ける場合，どのような注意を払わなければならないか

　(1)　株券を窃取されたXは，証券業協会に盗難届を提出し，同協会からは事故通知がY₁・Y₂証券会社に交付された。一方，盗取人から盗難株券の処分を依頼されたAからさらに処分を依頼されたBは，株券名義人の弟と称してY₁に，またXと称してY₂に当該株券の売付けを委託し，Y₁・Y₂はこれに応じて売却，代金をBに支払った。Xは，Y₁・Y₂が協会の事故通知を受けていながら当該株券を漫然と買受けたのは重大な過失であること，さらに，BがY₁・Y₂にとって未知の顧客であるばかりか，売付委託株券の中に女性名義の株券があったにも拘わらず，その弟であるとのBの言葉を安易に信じて確認手段を講じなかったことについても過失があるとして，Y₁・Y₂に損害賠償を請求した。

　(2)　この事例について，判決は，流通証券の殆どが証券会社を通じて取引される現状において，「顧客の実質的資格について客観的に疑わしいときはもとより，特に未知の顧客に対しては特に慎重な態度を」採るべきであるとして，Bの「実

質的権利の有無について当然これを疑うべくして疑わず全然その調査をなさなかった点で」Y₁・Y₂に重大な過失があったと認定，Xの請求を認めた（名古屋地判昭34・9・30判時208号55頁）。

　(3)　本判決のいうように，証券会社は，未知の顧客から売買取引の委託を受けるときは，業務上，その顧客の実質的資格の調査を既知の顧客の場合以上に入念に行うべきであり，これを怠ったときは，不法行為責任を負うことになるが，調査の程度や範囲については，ケースバイケースで判断することになろう。不法行為責任の可能性を認めながら，事実判断の結果，証券会社の不法行為責任が否定された例もある（大阪地判平5・7・7金商924号28頁，控訴審：大阪高判平6・12・22判例集未登載）。

第15章　運送取扱営業

1　運送取扱人の意義

◆　導入対話　◆

学生：商法では，第7章に「運送取扱営業」，第8章に「運送営業」とありますが，両者はどう違うのですか。

教師：運送営業が物や人の運送を引き受けることを目的とするのに対して，運送取扱営業は，委託者と運送人との間に立って物品運送の取次を行うことを目的としています。つまり，運送取扱人は，自ら運送を行うのではありませんし，他方，人ではなく，物の運送を取り次ぐだけです。

学生：運送営業なら，日通とか引っ越し業者や宅配便業者などでイメージできるのですが，運送取扱人となると，具体的にはどんな業者でしょうか。

教師：今君が例に挙げた宅配便で物を送るとき，どこへ頼むかな。

学生：ぼくの場合は，近所のコンビニ店へ持って行きます。

教師：そのコンビニ店が運送取扱人ということになるんですよ。このように，運送取扱人といっても，他に何か営業を行っているのが普通ですね。最近は少なくなってきましたが，小口の運送を引き受ける町の運送屋さんが，大口の運送については，委託者と大手の運送会社あるいは鉄道会社との間を取り次ぐ場合もあります。

運送取扱人とは，自己の名をもって物品運送の取次を行うことを業とする者である（559条1項）。前章の問屋について述べたように，取次は営業的商行為に当たる（502条11号）から，物品運送の取次を業とする運送取扱人は商人である（4条1項）。取次の目的が売買でない点が異なるだけで，問屋に類似するので，問屋に関する規定が準用される（559条2項）。その意味では準問屋と考えてもよいのであるが，沿革的に物品運送も取り次ぐ問屋から分化し，重要な

専門的業種として発達してきたので，商法は，これを特別に規定しているのである。これに対して，人の運送を取り次ぐ業者（たとえば日本交通公社）は，運送取扱人ではなく準問屋として位置付けられる。

次章の運送営業が湖川・港湾を含む陸上運送に限られるのに対して，運送取扱営業は，陸上運送のみならず，海上運送および航空運送も取り次ぐ。他方，運送取扱人は，運送人のように運送自体を引き受けるのではなく，運送の取次を業とするのであり，理論上は相異なるのであるが，実際上は運送取扱のみを業とする商人は稀である。たとえば，牛乳販売店や煙草屋などの個人商店で宅配便の取次を行う例がよくある一方，大手の運送会社で運送の取次を取り扱う例も珍しくない。

2 運送取扱人の権利・義務

◆ 導入対話 ◆

学生：運送取扱人には問屋に関する規定が準用されるということは，運送取扱契約の法的性質も委任ということですね。
教師：そう，委任契約の一種ですから，民法の委任に関する規定も準用されます。

2.1 運送取扱人の義務
(1) 損害賠償義務

運送取扱人と委託者との間の関係（運送取扱契約）は委任であるから，運送取扱人は，委任の本旨に従い善良な管理者の注意を以て，運送取次事務を処理する義務を負う（594条2項→552条2項→民646条）。この義務に違反して委託者に損害を与えたとき，運送取扱人が損害賠償責任を負うべきことについては，特別の規定を待つまでもないことであるが，560条は，次のように規定する。すなわち，運送取扱人は，自己またはその使用人が運送品の受取・引渡・保管・運送人または他の運送取扱人の選択その他運送に関する注意を怠らなかったことを証明するのでなければ，運送品の滅失毀損または延着につき損害賠償責任を免れることができない。本条がこのように規定したのは，運送取扱が物品

運送の補助的な役割を担っていることから，運送人の責任規定（577条）に形式を合わせて，その注意義務を明確化したものであろう。通説も，560条は民法の債務不履行責任の原則を具体的に規定したにすぎないとして，本条に特別の意義を認めない。

　本条にいう保管とは，運送取扱人が運送品を受け取ってから運送人に引き渡すまでの保管であり，他の運送取扱人とは，中継地における運送取扱人や到達地における運送取扱人（併せて中間運送取扱人という：本章4後述）である。

　損害賠償額については，運送人の場合のような規定（580条・581条）がないから，民法の一般原則に従うことになるが，高価品については，運送人の責任に関する商法578条が準用される（568条）。すなわち，委託者が運送取扱人に高価品の運送取次を委託するに際して，その種類および価額を明告しなかった場合には，運送取扱人は損害賠償責任を免れる。委託者が高価品であることを明告しなければ，運送取扱人としては，高価品の運送に相応しい運送人・運送手段・保管方法を選択する理由はないし，それにも拘わらず高価品としての損害を賠償させられるのは酷だからである。他方，運送人の場合と同様に，運送取扱人についても，債務不履行責任と不法行為責任との請求権競合の問題が生じる。

　なお，運送取扱人の損害賠償義務に関する商法560条は任意規定であるから，公序良俗や信義則に反しないかぎり，特約による軽減・免除は可能である。

(2) 消滅時効

　運送取扱人が委託者との間の運送取扱契約によって負担した債務については，商行為によって生じた債務として5年の消滅時効にかかる（522条）が，そのうちの賠償責任については，とくに1年の短期消滅時効が定められている（566条）。これは，運送人の損害賠償責任の場合と同様，継続的・反復的に運送取次行為を行っている運送取扱人にとって，その債務不履行から運送品に生じた滅失・毀損・延着による損害につき証拠を保全しておくことが容易でないためと，責任関係を迅速に処理することが望ましいためである。ただし，運送品の滅失・毀損または延着でない場合，たとえば運送賃の支払超過分の返還や通関手続の懈怠などの責任については適用されず，これらの場合の消滅時効は5年である。また，運送取扱人が悪意の場合にも，この短期消滅時効は適用さ

れない (566条3項)。ここでいう悪意とは，故意に滅失・毀損・延着を生じさせた場合はもちろん，運送品の滅失または毀損を故意に隠蔽した場合をいうとするのが多数説である。しかし，少数説は，運送品の滅失または毀損を知って引き渡した場合をいうとして，悪意の範囲を広く解している（最判昭41・12・20民集20巻10号2106頁）。

【展開講義 40】 運送取扱人の責任は「荷受人が留保しないで物品を受け取りかつ運送賃その他の費用を支払ったときは消滅する」旨の約款条項によって，運送取扱人は免責されるか

(1) 運送取扱営業の場合には，運送営業における588条（運送人の責任の消滅）のような規定は存在しないし，準用規定もない。しかしながら，運送人の責任について法律上妥当する原則を約款によって運送取扱人の責任に導入することは，それが民法90条により公序良俗に反するとか，民法1条により信義則違反または権利濫用に当たるのでない限り，運送人と運送取扱人の業務の類似性に鑑みて何ら不合理ではない（田中他・コンメ商行為333頁）。判例では，通運事業（鉄道運送に関連して運送取扱人が行う業務）を営む会社の通運約款における表題のような免責条項の適用を認めている（札幌高判昭33・11・12判時174号26頁）。

(2) この事例では，ジャガイモの運送の取次を委託された運送取扱人が，一方では鉄道運送中の降雨により生じた濡れ傷み，他方では鉄道貨車に積み込むまで野天にさらされていたことにより生じた凍傷害による価格下落の損害を賠償すべきことを委託者から請求されていた。判決は，委託者側の損害発生の因果関係を認めた上で，通運約款の免責条項により運送取扱人の責任が消滅しているとして，委託者の請求を退けた。

2.2　運送取扱人の権利

(1) 報酬・費用等請求権と留置権

運送取扱人は，商人であるから，特約がなくとも報酬請求権を有するのであり（512条），運送品を運送人に引き渡したときは，運送の終了を待たずに直ちに報酬を請求することができる（561条1項）。委託者のために支払った費用の償還も請求することができる（594条2項→552条2項→民650条）。ただし，運送

取扱契約において運送賃が定められた場合には，特約がなければ報酬を請求することができない（561条2項）。同項の「運送賃ノ額ヲ定メタルトキ」というのは，運送品を委託者から荷受人に届けることについて確定額を約定した場合が通常であるので，その確定額から実際に要した運送賃その他の費用を差し引いた額が運送取扱人の報酬になるからである。

運送人には，以上の債権を担保するために，留置権が認められている。すなわち，運送取扱人が運送品に関して受け取るべき報酬・運送賃・その他委託者のために立て替えたり前貸ししたりした金銭について，当該の運送品を留置することができる（562条）。運送取扱人の留置権は，①留置物と被担保債権との牽連関係（「其運送品」）を要求している点で，商人間の留置権（521条）および問屋・代理商の留置権（557条・51条）と異なり，②債務者（委託者）の所有物でなくてもよい点で，商人間の留置権と異なるが，問屋・代理商の留置権と同じである。ここで留置物と被担保債権との牽連関係が要求されるのは，運送品の荷受人を保護するためである。運送取扱契約においては，委託者と荷受人が同一であるとは限らない。両者が別人である場合に，もし，運送取扱人が委託者に対して有する債権ではあるが当該の運送品とは無関係の債権のために，受取人が受け取るはずの運送品を留置されたのでは，荷受人としては不測の損害を被ることになるからである。

(2) 介　入　権

運送取扱人は，反対の特約がないかぎり，自ら運送人として運送を行うことができる（565条1項）。これを運送取扱人の介入権というが，問屋の介入権の場合（555条1項）のように，取引所の相場ある物品とか通知を発した時点における相場といった限定はない。運送の場合には，それぞれの運送手段について運送賃が大体一定していて，運送取扱人に介入権を認めても弊害は生じないし，運送取扱人が運送業を兼ねていたり，運送業者を下請けとして使用する例も少なくない実状にも合致するからである。介入は，運送取扱人が委託者に対して介入権行使の意思表示（明示・黙示を問わない）をなし，委託者に到達したときに効果を生ずる。運送取扱人が委託者の請求により貨物引換証を作成（作成・交付の意味と解される）したときは，介入権を行使するものとみなされる（565条2項）。貨物引換証は，本来的には運送人が作成すべきもの（571条）だ

からである。委託者の請求により船荷証券が作成された場合も同様に介入が擬制されると解することに，異論はない。介入権を行使する運送取扱人は，運送人と同一の権利義務を有することになる（565条1項後段）。

(3) 消滅時効

運送取扱人の損害賠償責任の場合と同様に，その債権についても，短期消滅時効が適用される。すなわち，運送取扱人が委託者または荷受人に対して有する報酬請求権や費用償還請求権等は，1年の消滅時効にかかる（567条）。これは，運送取扱人の損害賠償責任の消滅時効との均衡をはかったものである。すなわち，運送取扱人の損害賠償責任，換言すれば運送取扱人に対する委託者の損害賠償請求権が1年の時効で消滅するのに，運送取扱人の委託者に対する請求権が5年（522条）経たなければ時効消滅しないというのでは，不公平だからである。

3　荷受人との関係

◆ 導入対話 ◆

学生：運送取扱人が委託者からの委託を受けて取り次ぐ相手方は運送人ですが，その先にさらに荷受人の姿が浮かんできますね。

教師：仲立人や問屋の場合には，委託者と取引の相手方との間にこれらの業者が介在するという図式で，基本的には運送取扱人と同じです。しかし，運送取扱を委託する者すなわち荷送人の最終目的は，運送品が荷受人に届くことですから，その意味では，もう1人の登場人物である荷受人の立場も考慮しなければなりませんね。

運送取扱契約の当事者は委託者と運送取扱人であり，運送取扱人と荷受人との間には直接の法律関係は存在しない。しかし，運送を取り次ぐという運送取扱人の行為は，運送自体と密接な関係にあるから，商法は，運送取扱契約における荷受人を運送契約における荷受人と同一の地位に置いた。すなわち，荷受人は，運送品が目的地に到達した後は，運送取扱契約によって生じた委託者の権利を取得し，荷受人が運送品を受け取ったときは，運送取扱人に対して報酬

または運送賃その他の費用を支払う義務を負う（568条→583条）。

4 相次運送取扱

──────── ◆ 導入対話 ◆ ────────

学生：長距離運送になると，運送人も一業者にとどまらず，複数の運送人が絡んでくると思うのですが，運送取扱の場合にも同じようなことがあるのでしょうか。

教師：そう，取引が地域的に拡大すれば，商品を運送する範囲が長距離に及ぶのは当然ですね。そのような場合に，単独の運送人が全区間を運送するのは効率的でないとか容易でないために，区間ごとに別の運送人が運送する，これを相次運送というのですが，同じことは，運送取扱においても起こります。すなわち，相次運送取扱で，商法は，いわゆる中継運送取扱について規定しています。

4.1 相次運送取扱の意義

運送の場合における相次運送と同様に，相次運送取扱も，広義では以下の3類型がある。すなわち，①最初の運送取扱人が全区間の運送取次を引き受けた後に，他の運送取扱人を自己の計算で利用する場合（下請運送取扱），②委託者が各区間につきおのおの別の運送取扱人を利用する場合（部分運送取扱），および③最初の運送取扱人が全区間の運送取次を引き受けた後に，中継地（複数もあり得る）または到達地における他の運送取扱人に取り次ぐ場合（中継運送取扱）である。

商法は，このうち，③の中継運送取扱について規定する。①の下請運送取扱の場合には，下請運送取扱人は最初の（元請）運送取扱人の履行補助者にすぎず，後者のみが委託者に対し権利を有し義務を負うからであり，②の部分運送取扱の場合には，各運送取扱人の間に法律関係はないからであって，いずれも特別の規定を必要としない。

4.2 中間運送取扱人の義務

中継運送取扱における中間運送取扱人（中継地運送取扱人または到達地運送取扱人）は，委託者たる運送取扱人に代わってその権利を行使する義務を負う

(563条1項)。中間運送取扱人が自己に対する委託者である運送取扱人のために善良な管理者の注意義務をもって委託事務を処理しなければならないのは当然であるから，この規定は注意的意味を有するにすぎない。前者たる運送取扱人の権利には，運送取扱契約により取得した報酬または運送賃・立替金などの請求権の他，運送品の留置権（562条）や運送品の供託・競売権（559条→556条→524条）が含まれる。563条1頁にいう前者とは，権利行使義務を負う運送取扱人の直接の前者と解されている。この義務を負う中間運送取扱人と直接の前者より前の運送取扱人との間には，何ら法律関係がないからである。

4.3 中間運送取扱人の権利

中間運送取扱人が前者に弁済したときは，その権利を取得する（563条2項）。この場合の前者は，当該運送取扱人の直接の前者に限られない。直接の前者でない者に対する弁済を認めて，弁済の当事者にとって不都合はないし，義務者にとっても特別の負担を負わせるものではないからである。

中間運送取扱人が自己に先行する運送人に弁済を行ったときも，前者に弁済した場合と同じであり，当該運送取扱人は，運送人の権利を取得する（564条）。

第16章 運　送　業

1　運送人の意義（荷受人の地位を含む）

──────◆　導入対話　◆──────

学生：デパートでワインを1ケース買って，配達料を支払ってデパートの配達係に配達してもらったところ，箱にシミができていました。配達係が帰った後にただちにケースを開けてみると2，3本のワインの瓶が割れていました。そこで，翌日デパートに電話したところ，担当者に，苦情は配達の時にいってもらわないと受け付けることができません，といわれました。商法を調べてみると，商法588条に運送人の責任は荷受人が留保をなさずして運送品を受け取りかつ運送賃を支払ったときは消滅する旨が定めてありましたので，損害を賠償してもらうのはあきらめました。

教師：あきらめるのは早いのではないですか。配達中，またはそれ以前に損害が発生したことを証明できれば損害を賠償してもらえますよ。

学生：私の条文の理解が間違っていたのですか。

教師：商法588条の「運送人」の意義の解釈が問題です。運送人については定義規定（569条）が設けられているので，その規定の解釈を学んでください。

1.1　総　　説

　運送営業は，その対象により，物品運送営業と旅客運送営業に分けることができる。物品運送営業は，商品の取引における空間的障害を克服することによって，他人の商業を補助する営業であって，時間的障害を克服する倉庫営業とともに，大量取引の円滑化に重要な役割を果す代表的な補助商である。

　運送営業は，運送が行われる地域により，陸上運送営業，海上運送営業および空中運送（航空運送）営業に分けられる。わが商法も，陸上および海上運送営業を分けて，陸上運送営業を第3編商行為第8章運送営業において，海上運

送営業を第4編海商第3章運送において規定している。したがって，商法典にいう運送営業とは，陸上運送営業に限られる。

鉄道および軌道による運送営業については，特別法として鉄道営業法（明33法65号）が定められているほか，鉄道運輸規程（昭17鉄道省令3号），軌道運輸規程（大21鉄道省令4号）等の政令により詳細な規定が設けられており，商法を適用する余地は少ない。

1.2 運送人の意義

運送人とは，陸上または湖川港湾において物品または旅客の運送をなすを業とする者をいう（569条）。運送人は陸上運送の引受けを営業とする者である。地下鉄運送も陸上運送に含まれるように，「陸上」には地中を含むのみならず，商法によれば湖川港湾をも含むものとされており，かかる水面は運送に関しては「陸上」として扱われる。空中も「陸上」に含まれるものと解されている。運送とは，物品または旅客の場所的移動をなすことをいい，距離の長短，動力が何であるか，さらには運送用具等が何であるかも問わない。

運送人は物品または旅客の運送をなす者である。物品とは，動産や有価証券のように，運送人が保管して，場所的に移動可能な一切のものをいう。

運送人は運送をなすを業とする者であり，運送を引き受け，これに対して報酬を受けることを約する契約を締結することを営業とする者であって，これにより運送に関する行為（502条4号）を営業とする者として運送人は商人となる（4条1項）。したがって，たとえば，百貨店のなす買上品の配達のように，他の営業に付随して行う者は，運送の引受けを営業とする者とはいえず，運送人にはならない。

1.3 物品運送契約

物品運送契約とは，当事者の一方（運送人）がその保管のもとに物品の運送をなすことを約し，相手方（荷送人）がこれに対してその報酬を支払うことを約する契約をいう。

運送契約の当事者は，物品運送契約の場合には運送人と運送の委託者たる荷送人である。運送関係の当事者としては，これら以外に荷受人または貨物引換証の所持人があるが，これは運送品の引渡がなされるべき者であって，運送契約の当事者ではない。荷送人と荷受人または貨物引換証の所持人とが同一人で

あることは妨げない。

　物品運送契約は，物品の運送という仕事の結果の完成を目的とし，これに対して荷送人が報酬を支払うという点において請負契約（民632条）の性質を有する。ただ，報酬の支払時期および注文者の解除権についての規定（民633条・641条）のほかは，民法の請負に関する規定を運送に適用する余地はほとんどない。運送契約は諾成・不要式の契約であって，物品運送における運送状（送り状）または貨物引換証はいずれも契約の成立後に発行されるものであり，その作成交付は契約成立の要件ではない。

　運送営業においては同種の取引が大量に行われ，これを迅速に処理するため，実際には運送契約には契約内容をあらかじめ定めた普通契約約款（運送約款）が作成されており，これにもとづいて運送契約が締結されることが多い。これらの運送契約においては，運送約款により，運送契約に適用される法律の任意規定が修正変更されることが少なくない。

　普通契約約款の作成されている運送取引においては，運送契約は附合契約の性質を帯び，荷送人は普通契約約款たる運送約款を受け入れて運送契約を締結するか，それともそれを拒絶するかの自由を有するのみである。しかも，運送約款は，実際上企業者たる運送人が一方的に作成したものであり，企業者の利益に偏重した内容になりがちである。運送営業は公共性の高いものでもあることから，約款に対してはさまざまな行政的な規制が加えられているが，行政的な規制のみでは運送約款を規制するには十分ではない。

1.4　荷受人の地位

(1)　荷受人の権利

　荷受人は運送契約の当事者ではないが，運送の進行に応じて，運送人に対し運送契約上の権利・義務を取得する。

　運送品が到達地に到達する前は，もっぱら荷送人のみが運送契約上の権利義務を有し，荷受人は運送人に対していかなる権利ももたない。

　運送品が到達地に到達した後は，荷受人は運送契約によって生じた荷送人の権利を取得する（583条1項）。したがって，荷受人は運送人に対して運送品の引渡を請求することができるとともに，その他必要な指図を行うことができ，また運送品の一部滅失・毀損・延着などによる損害賠償の請求をすることもで

きる。ただし，この時期においては，なお荷送人の権利は消滅せず（582条2項参照），荷送人の権利と荷受人の権利が併存する。この段階では，荷送人の権利が荷受人の権利に優先するものと解すべきであって，両者の指図が矛盾する場合には，運送人は荷送人の指図に従わなければならない。法が荷受人は「荷送人の権利を取得す」というのは（583条1項），荷送人の権利と同一内容の権利を取得するという意味であって，荷送人の権利が荷受人に移転するわけではない。しかし，その権利の内容は同一であるから，運送人は荷送人に対して有する運送契約上のすべての抗弁をもって荷受人に対抗することができる。

運送品が到達した後荷受人がその引渡しを請求した場合は，荷受人の権利が荷送人の権利に優先することとなる（582条2項）。法は「荷送人の権利は消滅する」といっているが，運送品の引渡しに関して争いがある場合には，運送人は荷送人に指図を求めなければならない（586条1項・585条2項）ことから推知して，荷送人が権利を失うものではないと解されている。

運送品の到達後荷受人が権利を取得することの法律的説明については，運送契約が第三者のためにする契約の性質を有する結果であるとする説と，荷送人の「身代わり」として荷受人は法律によって特殊な地位が認められており，その意味では直接法律の規定により権利義務が発生すると解すべきであるとする説とに見解がわかれている。

(2) 荷受人の義務

運送品が到達地に到達し，荷受人が運送契約上の権利を取得した後も，荷受人はいまだ運送賃支払いの義務を負わない。しかし，荷受人が運送品を受取ったときは，運送人に対し運送賃その他の費用を支払う義務を負うこととなる（583条2項）。この義務は法の規定によるもので，契約上の義務ではない。荷受人がこの義務を負う場合にも，荷送人がその義務を免れるわけではない。運送人の荷受人に対する債権も，1年の時効によって消滅する（589条・567条）。

2 物品運送人の権利・義務

――――――――――◆ 導入対話 ◆――――――――――
学生：ここでは物品の運送契約の締結により当事者に生じる権利と義務について

学ぶわけですね。
教師：そのとおりです。つまり，物品運送契約の法律効果について学ぶわけです。
学生：でも運送人の責任もここで学びますね。運送人の責任は，運送契約の締結によってただちに発生するものではないから，運送契約の直接の法律効果とはいえないのではないですか。
教師：確かにそのとおりです。理論的には，運送人の損害賠償責任は，運送人が運送契約の義務に違反した場合の債務不履行の結果生じるものです。運送人の責任をここで論じるのは，一般の教科書の体系に従ったまでのことです。商法には，運送人の債務不履行責任について，民法の規定を修正変更する特則がいくつか設けられており，運送人の責任の項目のもとでは，それらの規定の解釈を学びます。いずれも重要な規定ですからしっかりと学んでください。

2.1　物品運送人の権利

(1)　運送品引渡請求権

運送人は，荷送人に対し運送の実行のため運送品の引渡しを請求することができる。運送品の引渡しがなければ運送人は債務を履行することができないからである。荷送人が遅滞なく運送品を引き渡さないときは履行遅滞となる。

(2)　運送状交付請求権

運送人は，荷送人に対して運送状の交付を請求することができる（570条1項）。運送状は，運送契約の成立後に作成され，かつ荷送人のみが署名するものであり，運送契約成立の要件をなすものではなく，単に運送契約の証拠となる証拠証券にすぎない。運送状には，運送品とともに到達地に送付され，荷受人が運送品の同一性を検査し，またその負担する債務の範囲（583条2項）を知るために利用される。運送状には，(1)運送品の種類・重量・容積などの運送品に関する記載，(2)到達地，(3)荷受人，(4)作成地・作成年月日を記載し，荷送人が署名しなければならないとされているが（570条2項），それ以外の事項を記載することも妨げなく，またその記載事項の一部を欠くものも運送状でないとすべきではなく，その記載された範囲内で証拠証券としての効力を有する。

(3)　運送賃請求権・費用償還請求権

運送人は，物品運送の報酬である運送賃の支払いを請求することができる。

運送契約は請負契約であるので，特約のない限り，運送賃の前払いを求めることはできない（民633条）。運送の途中に運送品の全部または一部が滅失した場合において，それが不可抗力によるときは，運送人は運送賃を請求できず，もし運送人がすでに運送賃の全部または一部を受け取っているときは，これを返還しなければならない（576条1項）。ここに不可抗力とは，当事者の責に帰すべからざる事由の意味である。これに反して，滅失が運送品の性質もしくは瑕疵または荷送人の過失によって生じたときは，運送人は運送賃の全額を請求することができる（576条2項）。

以上のほかに，運送人は運送に関し必要な費用（たとえば通関手続費用，倉敷料，保険料）を支出した場合には，当然にその償還を請求することができる（513条2項参照）。なお，運送人の荷送人または荷受人に対する債権は，1年の短期消滅時効にかかる（589条・567条）。

(4) 留置権・先取特権

運送人は，運送品に関して受取るべき運送賃・立替金その他の費用または前貸についてのみ，運送品を留置することができる（589条・562条）。この留置権は，留置の目的物と被担保債権との間の牽連関係を要する点および留置物が債務者の所有物であることを要しない点で商人間の留置権（521条）と，その要件を異にしている。また，被担保債権が限定されている点で，商人間の留置権のみならず民法上の留置権（民295条）とも異なっている。運送人は，さらに，運送賃および運送に付随する費用について，自己の手中にある運送品の上に，運輸の先取特権（民311条3号・318条）を有する。

(5) 供託権・競売権

商法は，運送人に対し，運送品の供託権および競売権を付与している（585条・586条）。これは，運送人が，迅速に運送品の引渡しを完了し，運送品の保管義務を免れ，かつ運送賃請求権を確保することができるようにするためである。

2.2 物品運送人の義務

(1) 運送義務

運送人は，運送契約の本旨に従い善良な管理者の注意をもって運送をなす義務を負う。運送人がこの義務に違反したときは，債務不履行にもとづく損害賠

償の責任を負わなければならない。しかし，商法はこの義務の違反の場合の責任については後述（2.3　物品運送人の責任）のような特別の規定を設けている。

(2) 貨物引換証交付義務

運送人が運送契約にもとづいて運送品を受取ったときは，運送人は，荷送人の請求により貨物引換証を作成し，これを荷送人に交付しなければならない（571条1項）。貨物引換証は，運送人が運送品の受取りを認証し，これを到達地において証券の正当な所持人に引き渡すことを約束する有価証券である。貨物引換証は，運送中の物品の売買・質入れなどの処分を容易にするためのものである。陸上運送が高速化された今日においては運送中の物品の処分の必要性は失われており，むしろ，受戻証券であるこの証券が発行された場合には，証券と引換えでなければ運送品の引渡しを受けることができないことから（584条），運送取引の敏活な処理が阻害されるという弊害が生じる。したがって，実際には貨物引換証は用いられておらず，また今後も用いられる可能性はほとんどない。

(3) 処分義務

荷送人は，運送人に対して，その占有下にある運送品の運送の中止，または運送品の返還その他の処分を請求することができる（582条1項）。これを荷送人の運送品処分権という。運送人はこの指図に従うことを要し，これを運送人の処分義務という。積荷処分権を有する者は，荷送人または貨物引換証の所持人である（582条1項）。この運送品処分権は，荷送人等が市況の動向や買主の信用状態の悪化に対処し運送品についての売買契約の解除等を行うような場合のために認められたものである。

積荷処分権の範囲は，運送の中止，運送品の返還その他の処分である。運送品の返還というのは運送品の現在地において処分権を行使した荷送人または証券所持人へ引渡すことであり，その他の処分は，荷受人の変更，運送路の変更等，広く運送に関する処置を含む。この処分権は，運送契約上の給付と同一の範囲において認められるものであり，処分は運送人の義務を加重するものであってはならない。

この義務にもとづいて処分を行った場合，運送人はすでに行った運送の割合に応ずる運送賃（割合運送賃），立替金およびこの処分によって生じた費用（た

とえば，積換費用・保管費用）の弁済を請求することができる（582条1項）。

2.3 物品運送人の責任

(1) 運送人の責任に関する特則

(a) 運送人の責任の性質および責任原因　運送人は，運送契約の本旨に従い善良な管理者の注意をもって運送をなす義務を負うほか，貨物引換証交付義務および処分義務のような付随的義務も負い，そのいずれに違反したときも，民法の一般原則により債務不履行による損害賠償の責任を負うべきものである。商法は，運送人は自己もしくは運送取扱人またはその使用人その他運送のために使用した者が，運送品の受取り・引渡し・保管および運送に関して注意を怠らなかったことを証明するのでなければ，運送品の滅失・毀損または延着につき損害賠償の責を免れえないものとし（577条），債務不履行に関する一般原則を運送人につき具体的に明確化している。

運送人は，運送品の滅失・毀損または延着につき損害賠償の責任を負う。ここに滅失とは，運送品の物理的滅失のみならず，盗難・無権利者への引渡しなどにより返還不能となったすべての場合をいう。毀損とは物質的に損敗が加えられたことを指し，また延着とは通常到達すべき時期に到達しないことをいう。

次に，これらの事故は，運送人自身または運送取扱人・使用人その他運送のために使用した者が，運送品の受取り・引渡し・保管または運送に関し注意を怠ったことによるものであることを要する。ここに運送取扱人とは運送人の使用した中間運送取扱人・到達地運送取扱人のような者をいい，使用人とは運送人と雇傭関係にある業務上の使用人をいい，また運送のために使用した者とは雇傭関係なくして運送に関与した者（たとえば下請運送人）をいう。いずれも運送人の履行補助者である。そして運送人がその責任を免れるためには，単にこれらの者の選任および監督につき過失がなかったことを証明するのみでは足りず，滅失・毀損または延着がこれらの者の過失によって生じたのでないことを証明しなければならない（大判昭5・9・13新聞3182号14頁）（民715条参照）。運送品の滅失・毀損または延着につき荷送人にも過失があるときは，過失相殺が認められる（民418条）。

(b) 損害賠償額の制限・定型化　運送品が滅失または毀損した場合においてはその賠償額は，一般の債務不履行の場合と異なり，運送品の客観的価値

（積極的損害）のみに制限され，得べかりし利益（消極的損害）には及ばないとされ，しかも定型化されている。すなわち，運送人の賠償すべき損害額は，運送品が全部滅失した場合にはその引渡あるべかりし日における到達地の価格により（580条1項），また一部滅失または毀損の場合には引渡しがあった日における到達地の価格により，また一部滅失または毀損の上延着した場合には引渡しあるべかりし日における到達地の価格によって定められる（580条2項）。したがって，全部滅失したときは引渡しあるべかりし日における到達地の価格そのものとなり，一部滅失または毀損したときはその状態における価格と完全であれば有したであろう価格との差額となり，また一部滅失または毀損した上延着したときは引渡しのあった日におけるその状態での価格と引渡しあるべかりし日における完全な運送品の価格との差額となる。ただ，到達地における運送品の価格の中には，通常，運送賃その他の費用が含まれていることから，そのいずれの場合においても，運送品の滅失または毀損のために支払うことを要しない運送賃その他の費用は賠償額から控除される（580条3項）。

　このように運送品の滅失または毀損の場合の運送人の損害賠償額を定型化し軽減するのは，大量の運送品を低廉かつ迅速に運送しなければならないという運送営業の性質を考慮して，法律関係を簡明にすると同時に，運送人の保護をはかる趣旨に出たものである。したがって，運送人が，悪意または重大な過失によって運送品を滅失・毀損させた場合には，運送人を保護する必要はなく，民法の一般原則により（民416条），特別の事情により生じた損害であっても，予見しまたは予見することをうべかりし場合には，運送人は一切の損害を賠償しなければならない（581条）。運送人の履行補助者に悪意または重大な過失がある場合も同様に解される（通説・判例）。

　(c) 高価品の特則　　貨幣・有価証券その他の高価品については，荷送人が運送を委託するに当たりその種類および価格を明告しなければ，運送人は一切の損害賠償責任を免れる（578条）。高価品とは，重量および容積に比して著しく高価な物品をいい（最判昭45・4・21判時593号87頁），貨幣，有価証券のほか，貴金属，宝石，高級美術品等があげられる。高価品について事前の明告のない場合に運送人に損害賠償責任を免れさせるのは，高価品は運送中に盗難等の事故に遭う可能性が高く，また損害額も高額に上ることから，その種類および価

額が明告されたならば，運送人は普通よりも高い運送賃を請求すると同時に，それ相当の注意を行って運送するはずであると考えられるからである。明告がないときは運送人は普通品としての損害の賠償義務も負わないのは，普通品としての価額というものが定められえないからである。

　明告は契約成立の時までになされることを要し，かつ運送品の種類および価額についてなされなければならない。明告された価額は，損害が発生した場合の賠償額として運送人を拘束するものではない。運送品の価額が明告された価額を下回る場合は，運送人の賠償すべき損害額は実際の価額である。これに反して，運送品の価額が明告の価額を上回る場合は，価額の明告は運送人が賠償すべき損害賠償額の最高限度を予知させる趣旨でなされるものであるから，運送人にはその超過額の賠償に応じる義務はない。

　明告がなかったにもかかわらず運送人がたまたま高価品であることを知っていた場合には，普通の運送品として必要な注意を怠ったかぎり，高価品としての損害賠償義務を免れないと解されている。運送人は普通品としての運送を引受けているのであるから，それに必要な注意をなすのは当然であると同時に，これを怠った場合における損害額についても予知していたものといえるからである。

　(d) 運送品の延着損害　　運送品の滅失または毀損の場合と異なり，一部滅失や毀損のない運送品が延着した場合の賠償額については特別の規定がなく，運送人は民法の一般原則（民415条・416条）に従い一切の損害を賠償しなければならない。運送品の延着の場合に，運送人は一切の損害を賠償しなければならないことは運送人に悪意または重過失があるときも同様であることは自明のことであり，商法581条の延着は不必要な文字である。

　(2) 責任の消滅および時効
　(a) 運送人の責任の特別消滅事由　　運送人の責任は，荷受人が留保をしないで運送品を受取り，かつ，運送賃その他の費用を支払ったときは消滅する（588条1項本文）。ただし，運送品にただちに発見できない毀損または一部滅失があった場合には，荷受人が引渡しの日から2週間内に運送人に対してその通知を発したときは，運送人の責任は消滅しない（588条1項但書）。運送品が全部滅失した場合には，運送品の受取りということがないから，この規定は，適

用されない。ここに留保をするとは，運送品の一部滅失または毀損の事実およびその概要を運送人に通知することをいい，その通知は口頭・書面その他方式を問わない。運送人に悪意があったときは，運送人の責任は消滅しない（588条2項）（【展開講義　41】参照）。

　商法588条は，運送品の一部滅失・毀損による運送人の損害賠償責任の免責規定にとどまるから，全部滅失または延着による損害賠償責任には適用がなく，運送人のその他の義務違反による損害賠償責任についてはもとより適用がない。

　(b)　短期消滅時効　　運送人の責任は，荷受人が運送品を受け取った日から，また運送品が全部滅失した場合には引渡しあるべかりし日から，1年を経過したときは，運送人に悪意があった場合を除いて，時効により消滅する（589条・566条）。この短期消滅時効は，運送取扱人についてと同様に，運送品の滅失・毀損または延着による運送人の損害賠償責任のみに適用される。それ以外の運送人の損害賠償責任は5年の商事時効（522条）によって消滅する。運送人の悪意の意義については，判例は，運送人の責任の特別消滅事由（588条）の場合と同様に，これを単なる損害の認識であると解しているが（最判昭41・12・20民集20巻10号2106頁），ここにいう悪意は，運送人が故意に運送品の滅失・毀損・延着を生ぜしめ，または運送品の滅失・毀損・延着をとくに隠蔽することを意味するものと解するべきである（通説）。運送人の悪意を単なる損害の認識と解するならば，運送品の滅失・延着については，運送人に当然に悪意があることになり，短期消滅時効の適用はなく，そうであるならば1年の時効期間は運送品の全部滅失の場合にはその引渡しあるべかりし日から起算するものとする規定（589条・566条2項）は，無意味なものとなるからである。

　(3)　免責約款

　運送人の商法上の責任について，実際には，運送契約や運送約款の中で，これを免除もしくは軽減する特約がなされる場合が少なくない。そのような特約条項を免責約款という。かかる免責約款は，商法577条は任意規定であると解されることから，一般には有効と解されている（通説，大判昭7・3・2新聞3390号13頁）。しかし，これを無制限に認めると不都合な結果を生ずる。ところが，陸上運送には海上運送におけるような免責約款の制限に関する明文の規定（739条，国際海上物品運送法15条）がないから，その効力については公序良

俗（民90条），信義誠実（民１条２項），権利濫用（民１条３項）などの一般原則によって判断するしかない。一般的には，運送人自身またはその履行補助者の故意について運送人を免責する特約は無効と解されている。

(4) 不法行為との関係

運送人（またはその履行補助者）の過失より運送品が滅失・毀損した場合，運送人は運送契約上の債務不履行にもとづき損害賠償責任を負う。その場合には，通常は，同時に不法行為の要件を備えることになる（民709条・715条）。債務不履行責任と不法行為責任の両要件をともに具備するときは，相手方は２つの損害賠償請求権のいずれをも選択して行使することができるかが問題となる。学説は分かれているが，判例は，損害賠償請求者はそのいずれをも選択して行使することができるとしている（【展開講義 42】参照）。

【展開講義 41】 商法588条２項の運送人の「悪意」の意義

(1) 運送人に悪意があったときは，運送人の責任は消滅しない（588条２項）。この悪意の意義については，多数説は，運送人の責任の短期消滅時効の場合と同様に，運送人が故意に一部滅失・毀損を生ぜしめ，または一部滅失・毀損をとくに隠蔽することを意味するものであって，一部滅失・毀損を知って運送品を引き渡す場合をいうものではないと解している(1)。少数説は，商法588条２項にいう悪意とは，運送人が損害の事実を知っていることを意味するものと解すべきであるとする(2)。

(2) 多数説の立場からは，商法588条２項は速やかに法律関係を解決して運送人の証拠保全の困難を除くことを目的とするものであるから，荷受人が留保をなさずして運送品を受け取りながら法定期間内の通知をしない場合には，たとい運送人が損害発生の事実を知っていたとしても，運送人としては荷受人が賠償請求しないものと考えて，証拠保全について必ずしも万全の措置をとらずにすむようにすることが必要である。ゆえに588条２項の悪意は，566条３項の悪意と同じく，運送人に不徳義な点があって免責を与えることが適当でない場合，すなわち運送人が故意に損害を生ぜしめた場合や故意に損害を隠蔽した場合に限ると解すべきである，と説かれている（鴻・法協84巻12号1725頁）。これに対して，少数説の立場からは，運送人の責任の特別消滅事由は，証拠保全の困難から運送人を保護する趣旨のものであるから，運送人は，一部滅失・毀損を知っていれば，受取人から損害賠償の請求がなされることを予想すべきであり，荷受人が受取の際に留

保せず，または2週間内に通知をしなくても，運送人の責任が1年の短期時効により消滅するまでは，当然に証拠を保全すべきものであり，商法588条2項にいう悪意とは，運送人が損害の事実を知っていることを意味するものと解すべきである，と説かれている（川又・民商57巻1号76頁）。判例は，商法588条2項の場合も短期時効の場合も同様に，運送人が運送品に一部滅失または毀損のあることを知って引き渡したことをいうものと解しており(3)，これを支持する学説もある(4)。

(1) 小町谷・商行為284頁，西原・305頁，大隅・商行為144頁，石井＝鴻・商行為156頁。
(2) 川又・民商57巻1号76頁，平出・477頁。
(3) 最判昭41・12・20民集20巻10号2106頁（百選・178頁）。
(4) 田中・海商法詳論322頁，田中他・コンメ商行為364頁。

【展開講義 42】 運送人の契約責任と不法行為責任

　運送人の債務不履行責任と不法行為責任の関係については，次のように説が分かれている。請求権競合説は，債務不履行と不法行為とは要件と効果を異にするから，債務不履行にもとづく損害賠償請求権と不法行為にもとづく損害賠償請求権とはまったく別個の権利であり，損害賠償請求者はそのいずれをも選択して行使することができるとする（1）。この説は，被害者の保護を厚くしようとするものであるが，運送人の責任に関する商法の特則が運送人の運送契約上の責任についてのものであり，不法行為責任には適用されないことから，不法行為責任が追及された場合には，商法のかかる特則は適用されないこととなり，商法が規定を設けた趣旨が没却されるという問題が残る。
　修正請求権競合説は，基本的には請求権競合を認めながら，高価品についての免責や損害賠償額の制限のように，運送人の債務不履行責任を減免している商法の規定は不法行為にも適用すべきものと解している(2)。
　折衷説は，基本的には請求権競合を認めながら，運送品の取扱に通常伴うような原因による損害については，荷送人が運送人の不法行為責任を黙示的に免除していると解することができるから，契約の存在が行為の違法性を阻却し，不法行為責任の成立は否定されるが，契約に予想された程度を逸脱する行為（故意または重過失による行為など）によって損害が発生した場合には，不法行為責任が成立すると解している(3)。この説に対しては，なぜ契約が存在すれば不法行為の違法性が阻却されるのか，その理由が不明確であるという批判がなされている。
　法条競合説は，債務不履行は不法行為の特殊な態様にすぎないものと解されるから，その点で契約法と不法行為法とは特別法と一般法の関係に立ち，前者によ

り後者の適用は排除され，それゆえ契約法上の債務不履行による損害賠償請求権のみが発生するとして，不法行為責任の成立を否定している[4]。

---

(1) 大判昭3・6・13新聞2864号6頁，最判昭44・10・17判時575号71頁。
(2) 鈴木・43頁。
(3) 小町谷・商行為279頁。なお，最判昭38・11・5民集17巻11号1510頁参照。
(4) 大隅・商行為142頁，石井＝鴻・商行為155頁。

3 相次運送

◆ 導入対話 ◆

学生：相次運送というのは，複数の運送人が運送に関与する運送のようですので，今後ますます盛んに行われるように思われるのですが。
教師：確かに，そのとおりです。国内の陸上運送においても発送地から到達地まで多くの運送人が関与するものが多いですね。でもここで学ぶ578条の適用される狭義の「相次運送」ですが，それがどのような運送形態なのか皆さんにはイメージしにくいだけでなく，実際にも運送のネットワーク化の発展した今日においては，狭義の「相次運送」は時代遅れのような気がします。

3.1 相次運送の意義および種類

取引の地域が拡大して長距離の運送が必要となるとともに，一運送人が単独で発送地から到達地までの全区間の運送を行うことは不可能な場合を生ずるのが自然である。その結果，同一の運送品につき数人の運送人が相次いで運送をなす場合を生ずる。広義においてはそのすべての場合を相次運送といい，次の4つの形態があるが，それらのうち下請運送がもっとも一般的である。

(1) 下請運送

これは，一運送人がその引き受けた運送を実行するために，他の運送人と運送契約を締結する場合である。この場合，第1の運送人を元請運送人，第2の運送人を下請運送人という。元請運送人は荷送人に対して全区間の運送を引き受け，その全部または一部の実行を下請運送人に行わせるのであって，下請運

送人は元請運送人の引き受けた運送義務の履行補助者にすぎない。
　(2) 部 分 運 送
　これは，数人の運送人が同一の運送品につき各自独立して運送の一部を引き受ける場合である。これには，荷送人みずから相次ぐ数人の運送人と各区間につきそれぞれ独立の運送契約を締結する場合，あるいは荷送人が第1の運送人と運送契約を締結すると同時に，その運送人を自己の代理人として第2の運送人と運送契約を締結させる場合などがある。部分運送の場合には，各運送区間ごとに独立の運送契約が成立し，各運送人はそれぞれ自己の引き受けた区間の運送についてのみ責任を負うのであって，各運送契約相互の間には何の関係もない。
　(3) 同 一 運 送
　これは，数人の運送人が共同して全区間の運送を引き受け，内部的に各担当区間を定める場合である。この場合には，1個の運送契約が存するにすぎないが数人の運送人が同一の運送契約の当事者であるから，運送人全員が連帯債務者となる（511条1項）。
　(4) 連 帯 運 送
　これは，数人の相次ぐ運送人がいずれも全区間の運送を引き受けたものと認められる場合である。すなわち，荷送人は第1の運送人と全区間について運送契約を締結し，その運送人は全区間中の一部の運送のみを実行して，運送品を第2の運送人に引き渡し，このような方法で順次数人の運送人が運送をなすが，その各運送人が運送を引き継ぐに当って，最初の運送人の引き受けた全区間の運送関係に加入する場合である。荷送人との関係では単一の運送契約が存するにとどまり，これによって全区間についての運送の引受がなされる。1通の運送状すなわちいわゆる通し運送状によって運送が引き継がれる場合が，これにあたると解されている。

3.2　相次運送人の責任

　数人が相次いで運送をなす場合には，各運送人は運送品の滅失・毀損または延着につき連帯して損害賠償の責を負う（579条）。この規定は，相次運送の場合には，損害がいかなる運送人の運送する区間で発生したのかを証明することが困難であることに鑑み，損害賠償請求者にその証明責任を免れさせ，損害賠

償請求者を保護するために設けられたものである。この規定は，一見数人の運送人が事実上相次いで運送するすべての場合に関するかのようであるが，下請運送および部分運送の場合には各運送人の連帯責任を認めるべき理由はないから，この規定の適用はないものと解される。また共同運送の場合にも，共同して運送を引き受けた数人の運送人はこの規定の適用を待つまでもなく，連帯して義務を負う（511条1項）。したがって，ここに数人が相次いで運送をなす場合とは，連帯運送を指すものと解されている。この規定により，連帯運送の場合には，荷送人または荷受人は運送品の滅失・毀損または延着がいずれの区間において生じたかを問わず，またその証明を要しないで，いずれの運送人に対しても損害の賠償を請求することができる。

3.3 相次運送人の権利

ひろく数人の運送人が相次いで運送をなす場合においては，後者たる運送人は前者たる運送人に代わってその権利，たとえば運送賃請求権・留置権などを行使する義務を負う（589条・563条1項）。したがって，後者は前者に代ってこれらの権利を行使する法定代理権を有するものと解される。そして後者が前者に対し運送賃・立替金その他の費用などを弁済したときは，後者は当然に前者の権利を取得する（589条・563条2項）。この規定は，商法579条と異なり，数人が相次いで運送を行うすべての場合に適用がある。

3.4 複合運送

複合運送（combined (multimodal) transport）とは，広く，2以上の異なる運送方法（たとえば海上運送と鉄道運送・貨物自動車運送など）が使用される物品運送をいうこともあるが，一般には，このうち1人の運送人が複合運送の全区間につき履行の責任を負う運送を複合運送といい，それを引き受ける契約を複合運送契約という。国内においても貨物自動車運送と鉄道運送・国内航空運送・内航運送の中のいずれか1つとを組み合せた複合運送が行われている。国内の複合運送も広義の相次運送ではあるが，下請運送の形態がとられており，その場合は商法579条の適用はない。海陸相次運送については，陸上運送・海上運送のそれぞれの区間により運送人の責任についての法規整が異なるため問題であるが，学説は商法579条を類推適用すべきものと説いている（反対の判例がある）。

第17章　場屋営業

1　場屋営業者の特別責任

────────◆　導入対話　◆────────
学生：サークルの合宿の際，集金した合宿費をホテルに備え付けの紙袋に入れてホテルのフロントに預けていたのですが，出発の日に返還を求めたところ，その紙袋が盗難にあったといって返してくれませし，損害賠償もしてくれません。ホテルが損害賠償しないのは許せません。何とかなりませんか。
教師：ホテルはどのようにその紙袋を保管していたのですか。
学生：ホテルのフロントの金庫に入れて保管していたそうですが，金庫が金庫破りによって開けられたそうです。
教師：それで，紙袋をホテルのフロントに預けるときには，何が入っていると告げたのですか。
学生：袋の中身については何もいわず，ただ預かってほしいとだけいいました。
教師：これは，簡単に決着がつく問題ではないようですね。ただ，紙袋の中身が金銭であることをホテルの従業員が知っていたかどうかがポイントになりそうですね。

1.1　総　　説

　場屋営業は，飲食店営業，映画館・演劇場等の興行場営業，パチンコ店等の遊技場営業，理髪店・美容院の理容業・美容業等を含むものと一般に解されている。ただし，判例は，理髪業については，理髪業者の営業的設備は理髪のための設備であって客に利用させるための設備ではないとして，場屋営業に属しないとしている（大判昭12・11・26民集16巻23号1681頁）。
　場屋営業者と客との間に成立する契約の性質は，それぞれの営業の態様に応

じて，売買，賃貸借，請負，労務の提供，その他これらの混合契約等，種々さまざまである。

　場屋営業に共通の性質は，いずれも公衆の来集に適する物的・人的設備を設け，そこには多数の客が出入し，少なくとも若干の時間そこにとどまってその施設を利用することである。商法は，来集する客の携帯品につき紛失，盗難等の危険が少なくないことから，来集する客が安心してこれを利用しうるように，場屋営業者の責任を強化する規定を設けている。

1.2　場屋営業者の物品に関する責任

(1)　寄託を受けた物品に関する責任

　商人は，その営業の範囲内において寄託を受けたときは，報酬を受けない場合であっても，善良な管理者の注意をもって受寄物を保管すべき義務を負い（593条。民659条対照），したがって，自己および履行補助者の無過失を証明しない限り，損害賠償責任を免れえない。しかし，商法は，場屋営業者については，これにとどまらず，客から寄託を受けた物品の滅失または毀損について，それが不可抗力によって生じたことを証明しない限り，損害賠償責任を免れえないものとしている（594条1項）。これはローマ法のレセプトゥム（receptum）責任を由来したものである。

　ここにいう客とは，場屋の施設の利用者であるが，必ずしも利用契約が成立していることを要せず，客観的にみて施設の利用の意思をもって場屋にはいったと認められる者は，たとえば，ホテルの利用のためそのロビーで待ったが結局宿泊できなかった者のように，現実には利用をするに至らなかった者も含むものと解されている。不可抗力の意義については見解が分かれているが，特定事業の外部から発生した出来事で，かつ通常の注意を尽してもその発生を防止できないものと解されている（通説）（【展開講義　43】参照）。場屋営業者のかかる特別責任を定める商法の規定は強行規定ではないから，場屋営業者は客との特約によってこの責任を減免することができる。ただし，場屋営業者が客の携帯品について責任を負わない旨を一方的に告示しただけでは，免責の特約が成立したとは認められず，場屋営業者はこの責任を免れることができない（594条3項）。

(2)　寄託を受けない物品に関する責任

客がとくに寄託しない物品であっても，場屋内に携帯した物品が場屋営業者またはその使用人の不注意によって滅失または毀損したときは，場屋営業者は損害賠償の責に任じなければならない（594条2項）。ここにいう不注意とは，過失のことであり，必要な注意義務の程度は，善良な管理者の注意と解されており，かかる注意義務を尽さなかったことは，客の側で証明しなければならない。場屋内に携帯した物品とは，室内に置いたか身辺に付けていたかを問わない。ここにいう客とは，寄託を受けた物品に関する責任の場合と同様であって，必ずしも場屋の施設の利用契約が成立した客に限られるものではない。ここにいう使用人とは，場屋において事実上使用する一切の者を含み，場屋営業者との間に雇傭関係の存在する者であることを要しない。

場屋営業者が寄託を受けない客の携帯物品について負担する責任は，寄託契約上の責任ではないが，場屋営業者と客という特殊な関係にもとづいて生ずる責任であるから，不法行為責任でもなく，場屋の利用関係にもとづいて法が認めた特別の責任と解される。

場屋営業者のかかる特別責任を定める商法の規定は強行規定ではないから，場屋営業者は客との特約によってこの責任を減免しうるが，単なる免責の掲示によっては，この責任を免れることができないのは寄託を受けた物品に関する責任の場合と同様である（594条3項）。

1.3 高価品に関する責任

商法によれば，貨幣・有価証券その他の高価品については，客がその種類および価額を明告して場屋営業者に寄託したのでなければ，場屋営業者はその物品の滅失または毀損によって生じた損害を賠償する責に任じないものとされている（595条）。これは運送人および運送取扱人の場合と同趣旨の規定である（578条・568条）。客が寄託しない高価品については，場屋の主人は，商法594条2項の責任を負担せず，客が寄託した高価品についても，その明告がなければ，商法594条1項の責任を負担しないことになる。しかし，場屋営業者は，客が高価品であることを明告しなくても，高価品であることを知った場合には，免責されないものと解すべきである。高価品であることを知らなかった場合には，場屋営業者が寄託を受けた物品を故意に滅失・毀損したときも免責されるものとすれば，著しく衡平に反することになるから，商法595条の規定は，場屋営

業者に故意がある場合には，適用がないものと解すべきである。

商法594条2項の責任は不法行為責任とは異なる特別な法定責任であり，同条1項の責任は寄託契約上の債務不履行責任を法の規定によって特に強化したものと解すると，商法595条の規定により，高価品については，客が明告して寄託しない限り，場屋の主人は不法行為責任をも免れうることになるのか否かが問題となる。つまり商法594条の責任と不法行為責任の請求権競合が問題となるが，この問題については運送人の責任の場合と同様に解すべきである（【展開講義　42】参照）。

1．4　責任の消滅

商法に定める場屋営業者の責任は，場屋営業者が寄託物を返還し，または客が携帯品を持ち去った時から1年，物品の全部滅失の場合には客が場屋を去った時から1年を経過したときは，時効により消滅する（596条1項2項）。しかし，場屋営業者に悪意があった場合には，この短期消滅時効の規定は適用されず（596条3項），この場合には5年の商事時効（522条）によって消滅する。場屋営業者の悪意とは，運送人や運送取扱人の場合と同様に（589条・566条3項），滅失・毀損についての認識ではなく，故意に滅失・毀損すること，または故意に滅失・毀損を隠蔽することを意味する。また使用人に悪意のある場合にも同様である。

|||||||||||||||||||||||||||||||||||||||||||||||||||||||||||||||||||||||||||||||||

【展開講義　43】　商法594条の「不可抗力」の意義

商法594条1項の「不可抗力」の意義については，説が分かれている。主観説は，事業の性質に従い最大の注意をしても避けえない危害と解するが，これでは結局無過失と同じことになる。古代および中世においては強盗の危険が多く，かつ，旅店の主人が往々にして強盗と通謀したため，これに重い責任を負わせたという沿革上の理由は現在では消滅したこと，場屋の主人の責任と運送人または倉庫営業者の責任との間に差異を認めるのは権衡を失することなどを理由に，商法594条1項の不可抗力についても，576条1項の不可抗力と同様に，「責に帰すべからざる事由」の意義に解すべきであるとする見解もこの説に属する[1]。客観説は，特定事業の外部から発生した出来事で，通常その発生を予期しえない危害と解する。この立場が場屋営業を利用する一般顧客をもっとも保護するものであるが，危害の発生を予期しうる場合には，経済的・技術的にこれを防止しえない

ときも責任を免れえず，場屋営業者に酷なことを強いることなる(2)。折衷説は，特定事業の外部から発生した出来事で，かつ通常の注意を尽してもその発生を防止できないものと解する。この説によれば，場屋営業者は，客から寄託を受けた物品については，その滅失または毀損が自己または履行補助者の責に帰すべからざる事由によって生じたことを証明するだけでは，その責任を免れることはできない(3)。

(1) 小町谷・商行為422頁。
(2) 田中・商行為270頁。
(3) 西原・414頁，大隅・商行為168頁，石井＝鴻・商行為191頁。

第18章 倉庫営業

1 倉庫営業者の意義

──── ◆ 導入対話 ◆ ────

学生：外国の大学に2年間留学することになりました。
教師：それはよかったですね。おめでとう。
学生：でも，めでたいことばかりではないんです。実は今住んでいるアパートを引き払って，留学中，家財道具を倉庫に保管してもらおうと思ってある倉庫業者に電話で保管を頼んだのですが，保管料が他の業者より少し割高なんです。それで別の業者に保管してもらおうと思っているのです。ところが，例の倉庫業者から保管するから家財道具を引き渡せと請求されたのですが，法律上そのような引渡義務はあるのですか。
教師：そのような法律上の義務があるかどうかは，倉庫業者との間にいかなる合意が成立しているかにかかっています。
学生：自らに不利な結論ですが，いったん保管を委託し，倉庫業者がそれを承諾した以上は倉庫寄託契約が成立していると思うのですが。
教師：そんなに簡単に結論はでません。少なくとも，倉庫寄託契約が成立したか否かは，倉庫寄託契約の性質をどのように解するかによりますね。ただ，倉庫寄託契約が成立していなくても，倉庫営業者との間に倉庫寄託の予約が成立していることも考えなければなりません。

1.1 倉庫営業

　倉庫営業は，商品の取引やその輸送の際の積換えにおいて時間差を調整することによって他人の商業を補助する営業であって，物品運送営業などとともに，大量取引の円滑化に重要な役割を果たす代表的な補助商である。また，倉庫営業においては，倉庫証券の利用により倉庫に保管中の物品を円滑迅速に処分す

ることおよびこれを担保として金融を受けることが容易にされている。

商法は，597条以下に倉庫営業に関する規定を設けている。

倉庫営業は，経済活動に不可欠なものであり，公共的性格を強く有しており，行政的監督を通じて倉庫営業の適正な運営と倉庫証券の円滑な流通を確保するため，行政法規として，倉庫業法（昭31法121号）が制定されている（倉庫1条参照）。倉庫業法は，倉庫営業を営む者は運輸大臣の許可を受けなければならないものとしている（倉庫3条）。また，同法は運輸大臣の特別な許可を受けた倉庫業者でなければ，倉庫証券（倉荷証券または預証券・質入証券）を発行できないものとしている（倉庫13条）。

倉庫業法にもとづく営業許可を受けた事業者は，倉庫保管料などの料金を運輸大臣に届け出なければならず，一定の場合にはその料金の変更を命じられ（倉庫6条），倉庫寄託約款についても，運輸大臣に届け出なければならないものとされている（倉庫8条）。

1.2 倉庫営業者の意義

倉庫営業者とは，他人のために物品を倉庫に保管することを業とする者である（597条）。ここに物品とは動産に限られるが，貨幣，有価証券その他の高価品でもよく，また動物であってもよい。倉庫とは物品の保管のための工作物または保管のための工作を施した土地もしくは水面をいう。倉庫たりうるためには，寄託物の種類に応じて，物品を蔵置し，かつ保管するに適した設備があればよく，必ずしも屋根のある建物であることを要せず，石置場のような空地や，貯木場のような水面であってもよい。

倉庫に保管するとは，倉庫に物品を蔵置し，かつ保管することをいい，保管の期間の長短を問わない。倉庫の全部または一部を特定人に貸し切って保管の引受けをしている場合には倉庫営業に属するが，倉庫の全部または一部を他人に賃貸して自由に利用させることは，物品の保管ではないから倉庫営業に属しない。

保管する物品は動産に限られるが（民657条対照），倉庫寄託の対象となる物品は特定物であることを要しないから，寄託者が特定物として寄託する受寄物をそのまま返還する特定物寄託（単純寄託）の場合に限らず，油類穀物等のように，複数の寄託者の種類・品質の同等の受寄物を混合して保管し，同数量の

受寄物を返還すればよい混蔵寄託（混合寄託）の場合もその受寄物は倉庫寄託の対象となる。

倉庫に保管することを業とするとは，倉庫における蔵置保管（倉庫寄託）を引き受けることを営業とすることである。倉庫営業者は，自己の名をもって寄託の引受けを営業とすることにより，商人となる（4条1項・502条10号）。したがって，運送人の場合のように，物品の保管が本来の業務に当然に含まれる場合には，倉庫営業者ではない。また，倉庫寄託であっても，官設保税倉庫や農業倉庫（農業倉庫業法3条・4条）などのように，非営利的に行われる場合も，倉庫営業ではない。

1.3 倉庫寄託契約

倉庫営業者が物品を倉庫に蔵置保管することを引き受ける契約を倉庫寄託契約という。この契約は，運送契約と同様に不要式の契約であるが，要物契約であるか諾成契約であるかについては議論が分かれている。通説は，倉庫寄託契約は民法上の寄託契約（民657条）の一種であるから要物契約であって，寄託者が倉庫営業者に寄託物を引き渡すことによって成立すると解する。この要物契約説の立場では，寄託の引受けの合意のみがあって，物品の引渡がいまだなされていないときは，寄託の予約の成立を認めることになる。しかし，近時は，倉庫営業者は倉庫寄託の引受けを営業とする者であって，倉庫寄託契約は倉庫寄託を引き受ける契約であり，引受けは，その性質上，物の引渡しを要素としないから，倉庫寄託契約は諾成契約であると解する見解が有力に主張されている。ただ，この見解も，倉庫寄託契約は諾成契約であるが，このことによって寄託契約としての性質を失うものではないから，商法に規定のないときは，補充的に民法の寄託に関する規定が適用されると解している。

2 倉庫営業者の権利・義務

◆ 導入対話 ◆

学生：父の勤務する商社では，春先に獲れたカズノコを仕入れ，需要期の正月まで冷凍保存するために，倉庫業者の冷凍倉庫に保管させていたのですが，保管中に冷凍機器の故障で温度が上昇して，全部腐敗してしまって大きな損害を蒙

りました。倉庫会社から当然損害賠償してもらえると思っていたのですが，倉庫会社は，冷凍機器会社のメインテナンスの過誤によるものだから責任を負わないというのです。そんなことってあるんでしょうか。

教師：倉庫業者との間の倉庫寄託契約を見てみなければわかりませんが，そういうこともありますね。

学生：メインテナンスを行った冷凍機器会社だって，法律的には倉庫業者の履行補助者でしょう。倉庫業者は，その履行補助者の過失についても責任を負うはずですが。

教師：でも倉庫業者は，通常，倉庫寄託約款を作成して，これを契約内容としているので使用人など履行補助者の過失を免責しているかもしれませんよ。

学生：さっそく倉庫寄託契約の内容を調べてみます。

2.1 倉庫営業者の義務および責任

(1) 保管義務

倉庫営業者は，善良な管理者の注意をもって受寄物の保管を行わなければならない（593条）。その注意の内容は，受寄物の滅失・損傷を防止するため，盗難・火災・風水害・震災等の予防をし，通風・防湿・防虫等の方法を講ずることである。

受寄物の保管期間につき倉庫寄託契約に定めがあるときは，やむをえない事由がある場合を除いて，倉庫営業者はその保管期間内に受寄物の引取りを寄託者に対して請求しえない（民663条2項）。商法は，保管期間の定めがないときでも，やむをえない事由がある場合を除いて，倉庫営業者は受寄物入庫の日から6カ月を経過した後でなければ受寄物の返還をなしえないものとしている（619条）。これは，特約がないときは受寄者はいつでも受寄物を返還しうるという民法の寄託についての原則（民663条1項）によるならば，倉庫寄託の経済的意義を失わせ，寄託者の利益に反するからである。

(2) 返還義務

倉庫営業者は，保管期間の定めがある場合であっても，いつでも寄託者の請求があるときは，受寄物の返還をなすべき義務を負う（民662条）。倉庫証券が発行された場合には，倉庫営業者は，証券を呈示して返還を請求する証券所持

人に対してのみこの義務を負い，かつ，その証券と引換えでなければ受寄物の返還請求に応ずることを要しない (620条・627条2項)。

(3) 倉庫証券交付義務

倉庫営業者は，受寄物の引渡しを受けた後は，寄託者の請求により受寄物について預（あずかり）証券および質入証券を交付しなければならない (598条)。ただし，寄託者の請求があるときは，預証券および質入証券に代えて，倉荷証券を交付することを要する (627条)。わが国では，もっぱら倉荷証券が利用されており，以下においては倉荷証券のみについて述べる。倉庫営業者は，倉荷証券の所持人が，費用を負担して，寄託物を分割し，その各部分に対する倉荷証券の交付を旧証券と引換えに請求するときは，これらの新証券を交付することを要する (601条・627条)。倉荷証券が滅失した場合にその所持人が相当の担保を供して証券の再発行を請求したときは，除権判決がなくても，これに応じなければならない (605条・627条2項)。これは，除権判決には長期間を要し，また倉庫証券は貨物引換証等の有価証券と異なり相当長期間にわたって流通する性質のものであるからである。しかし，証券の盗難・紛失と滅失とをとくに区別すべき理由はなく，ここにいう滅失は喪失と同義に解すべきである。

これらの証券を発行した場合には，倉庫営業者は一定の事項を帳簿（倉庫証券控帳）に記載しなければならない (600条・605条・612条・622条，627条2項・628条)。

なお，倉庫業法は，運輸大臣の許可を受けた倉庫業者のみが倉庫証券を発行しうるものとしているが（倉庫13条），倉庫営業者が許可を受けないで倉庫証券を発行した場合においても，罰金の制裁は課されるものの（倉庫29条2号），発行された倉庫証券そのものは無効とはならない。

(4) 点検・見本摘出・保存行為に応ずべき義務

倉庫営業者は，寄託者または倉荷証券の所持人の請求があれば，営業時間内は何時でも，その寄託物の点検・見本の摘出をなさしめ，またはその保存に必要な処分をなさしめることを要する (616条1項・627条2項)。これは，寄託物を目的とする取引に便宜を与え，かつ，保存行為を完全にさせるためである。倉庫営業者の負担するこの義務は，単にかかる行為を認容すべき義務にとどまらず，必要な協力をなすべき義務である。

(5) 損害賠償責任

　倉庫営業者は，倉庫寄託契約により善良な管理者の注意をもって受寄物の保管をなすべき義務を負担するから（593条），自己の過失にもとづくときはもとよりのこと，履行補助者の過失にもとづくときも，その選任・監督につき過失がなくても，債務不履行による損害賠償の責任を免れえず，これを免れるためには自己または履行補助者の無過失を証明しなければならないのは当然のことである。商法は，この点につき，自己またはその履行補助者が受寄物の保管に関し注意を怠らなかったことを証明しなければ，その滅失・毀損につき損害賠償の責任を免れることができない（617条）との注意的規定を設けている。

　滅失とは，物理的滅失にとどまらず，受寄物が盗まれた場合や倉荷証券と引換えでなしに受寄物を引き渡した場合などのように，受寄物を返還しえない場合をも含むものである。損害賠償の請求をなしうる者は寄託者または倉荷証券所持人であるが，かかる請求権者が寄託物の所有者であることを要しない。

　商法の損害賠償に関する規定（617条）は任意規定であるから，特約により倉庫営業者の責任を免除または軽減することができる。実際にも，普通契約約款（倉庫寄託約款）において，倉庫営業者またはその使用人の故意・重過失によって生じた損害についてのみ賠償責任を負い，その軽過失については責任を負わないなど寄託者または証券所持人に不利な条項を定めている。約款中のかかる条項の効力については，公序良俗（民90条），信義誠実（民1条2項）などの一般原則により判断するほかないが，倉庫営業者の無制限な免責を認めるべきではない。

　損害賠償額については，物品運送人の場合のような規定（580条）はなく，民法の債務不履行についての一般原則が適用される。

　倉庫営業者の責任については，商法は，物品運送人の場合と同様に，特別消滅事由を規定しており（625条・588条），寄託者または倉庫証券所持人が留保をしないで寄託物を受取り，かつ，保管料その他の費用を支払ったときは，受寄物の毀損または一部滅失につき倉庫営業者に悪意がある場合を除いて，その責任は消滅することになる。ただし，寄託物に直ちに発見することのできない毀損または一部滅失があった場合に，寄託者または証券所持人が引渡の日から2週間内に倉庫営業者にその通知を発したときは，倉庫営業者の責任は消滅しな

い。かかる特別消滅事由のほかに，商法は，物品運送人の場合（589条・566条）と同様に，短期消滅時効を規定しており，寄託物の滅失または毀損によって生じた倉庫営業者の責任は，出庫の日から1年を経過するときは，時効によって消滅する（626条1項）。この期間は，寄託物の全部滅失の場合には，倉庫営業者が倉荷証券の所持人，もしその所持人が知れないときは寄託者に対して，滅失の通知を発した日から起算される（626条2項・627条2項）。もっとも，倉庫営業者に悪意がある場合，すなわち倉庫営業者が故意によって滅失・毀損を生ぜしめた場合，または故意に滅失・毀損を隠蔽した場合には，この短期時効の規定は適用されない（626条3項）。

2.2 倉庫営業者の権利

(1) 保管料・費用償還請求権

倉庫営業者は，報酬を請求することができる（【展開講義 44】参照）。この報酬を保管料（倉敷料）という。商法によれば，倉庫営業者は受寄物出庫の時でなければ保管料の支払いを請求できない（618条）。保管期間経過前に一部出庫がなされた場合には，出庫の割合に応じて保管料を請求することができる（618条但書）。しかし，保管期間が経過した後は，出庫前でも保管料を請求できるものと解されている。

倉庫営業者は，受寄物について輸入税，運送賃，保険料など立替金その他の費用を支出したときは，その償還を請求しうるが（民665条・650条），その請求しうる時期は保管料についてと同様である（618条）。

(2) 留置権・先取特権

倉庫営業者は，保管料請求権および費用償還請求権について，受寄物の上に民商法上の留置権（民295条・商521条）および動産保存の先取特権を有し（民321条），受寄物競売の場合に競売代金について優先弁済受領権を有する（611条）。

(3) 供託権・競売権

倉庫営業者は，保管期間満了のとき，または保管期間中であってもやむことをえない事由があるときは，受寄物の引取りを請求する権利を有するから，寄託者または倉荷証券の所持人が寄託物を受け取ることを拒み，またはこれを受け取ることができないときは，商人間売買における売主に準じて，受寄物の供

託権・競売権が認められる（624条・524条1項2項・627条2項）。

【展開講義　44】　倉荷証券所持人は保管料支払義務を負うのか

(1)　倉荷証券が発行された場合の保管料等の支払いにつき，証券所持人が支払義務者となるかどうかについては，学説にはこれを肯定するものが多い。肯定説には，保管料の支払義務は寄託契約によって生じるものであるから寄託者が負担するのが原則であって，運送契約におけるような特別規定（583条2項）がない以上，当事者間の特約がなければ証券所持人にこのような義務を認めることはできないとの前提の立ちながらも，証券所持人に支払義務を認めようとする立場があるが，その理論構成は，倉庫営業者が受寄物の上に留置権，先取持権を有し，保管科等の支払をなすのでなければ寄託物の返還を受けられないのであるから，証券の譲受人は常に保管科等の支払いをなす意思をもってこれを譲り受けるものと解することにより証券所持人の債務引受があったとし，証券所持人の支払義務を認めようとするものと[1]，保管料が証券に記載されているところから，これを引渡請求権を制限する1つの付款と見るものとに分かれている[2]。

(2)　これに対して，肯定説には，寄託物の寄託と出庫請求が同じ場所でなされるとはいえ，倉荷証券が発行された場合にはその当事者は別人であり，しかも保管料等の支払は出庫の時になされるのを原則とする点で，運送契約と事情を同じくするから，物品運送における商法583条2項の規定の趣旨を類推適用して支払義務を認めるべきであるとする見解もある[3]。

(3)　倉庫証券所持人に商法583条2項を類推適用する立場に対しては，運送契約と事情を同じくするとの実質論からは合理的であるが，法文上の根拠に乏しいとの批判がある。さらに，証券所持人に支払義務を認めるのでなければ，倉荷証券における保管料の記載（599条4号）は無意味になるとの説もあるが，この記載は，留置権，先取特権により対抗される債務を明らかにする意味をも有し，証券所持人に支払義務を課さない場合でも記載の実益はあり，その理論的根拠にはなりえないとの反論がある。

---

[1]　平出・579頁他，最判昭32・2・19民集11巻2号295頁（百選・216頁）。
[2]　田中・289頁。
[3]　西原・360頁，大隅・商行為178頁。

3 倉庫証券

> ◆ **導入対話** ◆
>
> 学生：私の父の勤務先である商社が鋼材問屋から鋼材を購入し代金を支払ったのですが，鋼材は目下倉庫会社に寄託中ということで，代金と引換えに荷渡指図書を受け取ったということです。
> 教師：それは鋼材や木材の取引にはよくあることですね。
> 学生：ところが先生，大変なことになったのです。売主の鋼材問屋が倒産したため，その鋼材は売主の債権者が先に倉庫会社から返還を受けてしまったのです。父の会社は，鋼材を占有している売主の債権者に鋼材の返還を請求できますか。
> 教師：返還を求めることは難しいと思いますよ。荷渡指図書を受け取ったならすぐに寄託者台帳の名義変更をすべきでしたよ。代金と引換えには荷渡指図書よりも倉荷証券を受け取った方がよかったのではないですか。
> 学生：それはどうしてですか。
> 教師：倉庫証券について学べばわかります。

3.1 倉庫証券（倉荷証券）の意義

(1) 総　　説

　倉庫営業者は，寄託者の請求があるときは，倉庫証券を交付しなければならないことは，さきに述べたとおりである。倉庫証券は，運送中の物品について発行される貨物引換証または船荷証券と同様に，これにより寄託中の物品を簡易迅速に譲渡または質入れすることを可能にするためのものである。商法の定める倉庫証券は，預証券および質入証券，または倉荷証券であるが，実際には倉庫証券としてはもっぱら倉荷証券が発行されており，預証券および質入証券は用いられていない。以下においては，倉庫証券としては倉荷証券のみをとりあげる。

　倉荷証券は，倉庫営業者が寄託物を受け取ったことを認証し，かつ，これを権利者に返還することを約する証券である。倉荷証券は，単なる証拠証券ではなくして，倉庫寄託契約上の寄託物返還請求権を表章する有価証券である。そして倉荷証券は，要式証券・法律上当然の指図証券・有因証券・文言証券・処

分証券・受戻証券としての性質を有している。

(2) 発　　行

　倉荷証券は，寄託者の請求により倉庫営業者が作成して交付する（627条1項）。その作成は倉庫寄託契約成立の要件ではなく，またこれを作成させるか否かは寄託者の自由である。寄託者が倉荷証券の交付を請求することができるのは，寄託のために寄託物を引き渡した後においてである。なお，倉荷証券所持人は，寄託物を分割し各部分に対応する倉荷証券の交付を請求できる（627条2項・601条1項）。ただし，倉荷証券所持人は旧証券を返還し，かつ，分割および証券の交付の費用を負担しなければならない（627条2項・601条1項2項）。また倉荷証券が滅失したときは倉荷証券所持人は，相当の担保を提供してその再発行を請求することができるが，この場合には倉庫営業者はその旨を帳簿に記載しなければならない（627条2項・605条）。

(3) 形　　式

　倉荷証券は，貨物引換証と同様に要式証券性を有し，その作成方式は，預証券と質入証券の2枚1組として作成する場合と，この両者に代えて1枚の倉荷証券を作成する場合とに共通して，次のように定められている。すなわち，(1)受寄物の種類，品質，数量およびその荷造の種類，個数ならびに記号，(2)寄託者の氏名または商号，(3)保管の場所，(4)保管料，(5)保管の期間を定めたときはその期間，(6)受寄物を保険に付したときは保険金額，保険期間および保険者の氏名または商号，(7)証券の作成地およびその作成の年月日，(8)番号，を記載して，倉庫営業者が署名または記名捺印しなければならない（627条2項・599条）。

　これらの法定事項の記載に欠けるところがあっても，倉荷証券と認めうるものであって，権利の目的物たる受寄物の同一性が示されており，義務者たる倉庫営業者が署名・記名捺印しておれば，倉荷証券としての効力が認められ，その要式証券性は手形のように厳格なものではない。

　また，倉荷証券は，権利者を氏名・商号で特定することを要せず，指図式および記名式のほか，選択無記名式で発行することもできる。選択無記名式の場合には無記名式のものとみなされるが（519条，小5条2項），選択無記名式のものが認められる以上，これと同一の効力をもつ無記名式のものもまた許される。法定事項以外の記載も，貨物引換証の場合と同様に，証券の本質に反しな

い限り，その効力を有する。

(4) 流　　通

倉荷証券は，法律上当然の指図証券であって，記名式のときでも裏書によって譲渡することができ，倉庫営業者が裏書を禁止しようとするときは，とくにその旨を証券に記載しなければならない（627条2項・603条1項但書）。裏書の方式（519条，手形12条ないし14条2項）ならびにその効力として移転的効力および資格授与的効力（519条，小19条）があることは手形の場合と異ならないが，担保的効力はない。無記名式のものおよび無記名式のものとみなされる（519条，小5条2項）選択無記名式のものは，引渡しによって譲渡される。

なお倉荷証券の裏書・引渡しによる移転の場合においても善意取得が認められる（519条・小切手21条）。この場合，善意取得者が証券上の債権を取得することについては問題がない。しかし，同時に寄託物の上の所有権などの物権を取得するか否かについては，これを肯定する見解と否定する見解に分かれている。これを否定する見解も，証券の取得者は，後述のように，これにより寄託物の占有を取得することとなり（627条2項・604条・575条），したがって，その者が同時に譲渡人を寄託物上の物権者と信じていたときは，その物権をも取得すると解するが，この場合の物権の取得は，民法192条以下の規定によるのであって，証券の善意取得に関する商法519条，小切手法21条の規定の直接の効果ではないとする。つまり，この見解は，商法の規定により債権を善意取得する結果寄託物の占有を取得し，ひいては民法の規定により物権をも善意取得すると解するのであり，結果は肯定説とほとんど変わりがない。

(5) 倉荷証券の質入れ

商法には，倉荷証券が寄託物の質入れのために利用される場合の質入れの方法についての規定が存しない。倉荷証券には質入証券に関する規定が準用されておらず，また，手形以外の一般の有価証券については質入裏書が認められていない（519条参照）。しかし，寄託物を質入れするためには倉荷証券所持人が債権者と質権設定契約を結び，かつ，倉荷証券を裏書交付し，または引き渡たせば足りる（民344条，商627条2項・604条・575条）と解されている。

倉荷証券の所持人が寄託物を質入れした場合には，倉荷証券は質権者の占有のもとにあるから，質権設定者は倉庫営業者に寄託物の返還を請求できない。

しかし，商法は，質権者の利益を害しない範囲で質権設定者たる寄託物返還請求権者の便宜を図るため，質権者の承諾があるときは，寄託者は債権の弁済期前であっても寄託物の一部の返還を請求しうるものとし，この場合には，倉庫営業者は返還した寄託物の種類，品質および数量を倉荷証券に記載し，かつ，その旨を倉庫証券控帳に記載すべきものとしている（628条）。

3.2 倉荷証券の性質および効力

(1) 指図証券性

倉荷証券は法律上の当然の指図証券であって，とくに裏書禁止文句の記載がないときは，記名式で発行したときでも裏書によって譲渡することができる（627条2項・603条）。

(2) 債権的効力

倉荷証券の債権的効力とは，倉庫営業者と倉荷証券の所持人との間の権利義務関係を定める効力をいう。商法は，倉荷証券の債権的効力について，倉荷証券が発行されたときは，寄託に関する事項は倉庫営業者と証券所持人との間においては倉荷証券の定めるところにより決定すべきものと定め（627条2項・602条），倉荷証券にいわゆる文言的（証券的）効力を認めている。倉荷証券は倉庫寄託契約にもとづき倉庫営業者が発行するものであるが，かりにその表章する権利がつねに実際に成立した倉庫寄託契約によってのみ定まるものとするならば，実際の契約と証券の記載とが異なる場合には，証券の記載を信頼して倉荷証券の譲渡を受けた所持人は，記載どおりの権利を取得することはできず，不測の損害を蒙ることになり，倉荷証券の流通は害される。そこで，証券の記載を信頼して証券を取得した倉荷証券所持人を保護するために，法は倉荷証券に文言的効力を認めたのである。

倉荷証券に文言的効力が認められる結果として，①倉庫営業者は証券に記載のない事項をもって証券所持人に対抗することはできない（貨物引換証について，大判大9・2・30民録26輯149頁）。したがって，たとえば，証券に保管料の記載がないときは，証券所持人に対してそれを請求することができない。また寄託者の約した保管料の額が証券記載の金額より高い場合にも，証券所持人に対しては証券の記載どおりの保管料しか請求できない。それと同時に，②倉庫営業者は証券に記載のある事項についてはその記載どおりの責任を負い，真の

事実がこれと異なる場合においても，その事実をもって証券の所持人に対抗することはできない。たとえば，証券記載の寄託物と倉庫営業者が実際に受け取った寄託物とが異なっている場合，またはまったく寄託物を受け取らないで証券を発行した場合（いわゆる空券の場合）にも，倉庫営業者はつねに証券記載どおりの寄託物を返還する義務を負うのであって，実際に受け取った寄託物を返還すれば足りるのではない（【展開講義 45】参照）。

倉庫営業者はこの文言責任を免れようとするならば，証券上に寄託物の内容につき責任を負わない旨，たとえば計量未済，内容不知等の不知約款の記載をなすべきであり，実際にも「受寄物の内容を検査しないときは，その内容と証券に記載した種類，品質または数量との不一致につき，責を負わない」とするなどの不知約款が用いられており，学説も不知約款を有効と解している。ただ，実際上内容不知でない場合には，その効力は認められない（【展開講義 46】参照）。

以上の倉荷証券の文言的効力は証券の流通保護のために認められたものであるから，倉庫営業者と寄託者との間にあっては，たとえ寄託者が証券の所持人となっている場合においても，倉庫営業者は当初の倉庫寄託契約に定めるところを証明し，証券に記載のない事項をもって寄託者に対抗することができる（貨物引換証について，大判昭7・3・2新聞3390号13頁）。証券の所持人が証券の取得に当って証券の記載と事実とが異なることを知っている場合には，倉庫営業者はその事実をもって証券所持人に対抗できる。

(3) 有因証券性

倉荷証券上の権利は証券の記載上特定の倉庫寄託契約にもとづく寄託物返還請求権であって，手形におけるような単純な金銭支払義務とは異なる。したがって，証券上の権利の運命は倉庫寄託契約自体の運命に従う。たとえば，倉庫寄託契約が無効であるかまたは取り消された場合には，証券上の権利も存在せず，寄託物が不可抗力によって滅失した場合には，証券上の権利は消滅することとなる。かかる意味において倉荷証券は有因証券である。

(4) 受戻証券性

倉荷証券が発行された場合には，これと引換えでなければ寄託物の返還を請求することはできない（627条2項・620条）。すなわち，倉荷証券は受戻証券で

ある。これは，倉庫営業者が倉荷証券と引換えでなしに寄託物を返還するときは，後日真の証券所持人から再びその引渡しを請求される危険があるからである。証券と引換えにのみ寄託物の返還をなすべき義務を課すものではないと解されている。したがって，倉庫営業者が自己の危険において倉荷証券と引換えでなしに寄託物を返還することは妨げない（貨物引換証について，大判昭10・3・25民集14巻395頁）。

(5) 物権的効力

倉荷証券の物権的効力とは，倉荷証券が寄託物の上における物権関係を定める効力をいう。倉荷証券の物権的効力につき，商法は，倉荷証券により寄託物を受け取ることをうべき者に倉荷証券を引き渡したときは，その引渡しは寄託物の上に行使する権利の取得につき，寄託物の引渡しと同一の効力を有すると定めている（627条2項・604条・575条）。ここに倉荷証券により寄託物を受け取ることをうべき者とは，証券の記載により証券上の権利者たる資格を有する者という意味であって，指図式の証券にあっては連続する裏書による被裏書人，選択無記名式および無記名式の証券にあっては証券の所持人がこれにあたる。これらの者に倉荷証券を引き渡すときは，その引渡は寄託物の引渡しつまり寄託物の占有移転と同一の効力を有する。したがって，寄託物の売買契約と同時に倉荷証券を引き渡すときは，寄託物の引渡しがあったと同様その所有権の移転をもって第三者に対抗することができることとなる（民178条），また質権設定の場合も証券を引き渡すときは，現実に運送品を引き渡したのと同じく，寄託物の上に動産質権が成立する（民344条）。

(6) 処分証券性

倉荷証券が物権的効力を有する結果として，これが発行された場合には，寄託物の処分は倉荷証券をもってしなければならない（627条2項・604条・573条）。したがって，倉荷証券が発行された場合には，寄託物の処分をできる者は適法な証券所持人に限られる（貨物引換証について，大判大13・7・18民集3巻404頁）。しかし，この規定は寄託物の処分権限を制限しているだけであって，倉荷証券が発行されている場合に，直接寄託物についてなされた処分までも無効とするものではない。したがって，直接寄託物の引渡しを受けた者は，倉荷証券が発行され運送品の処分権限が制限されていることにつき善意無過失であるかぎり，

その寄託物を善意取得する（民192条）。そして，もしこの善意取得と証券の引渡しによる善意取得とが競合する場合には，前者が優先するものと解すべきである（大判昭7・2・23民集11巻153頁参照）。物自体の流通の保護を重視する必要があるからである。

3.3 荷渡指図書

(1) 意義および性質

荷渡指図書（delivery order, D/O）とは，発行者が物品保管者（たとえば倉庫営業者または運送人）に宛ててその正当な所持人に対しそこに記載された物品の引渡を委託する証券である。荷渡依頼書・出庫指図書・出庫依頼書などさまざまな名称が用いられ，倉庫業界・海運業界などにおいて広く利用されている。荷渡指図書には，①物品保管者が発行する自己宛てのもの（第1類型），②物品の保管委託者が物品保管者に宛て発行し，物品保管者が副署をしているもの（第2類型），③物品の保管委託者が物品保管者に宛て発行したもので，物品保管者の副署のないもの（第3類型）の3つのタイプがある。法定の証券でなく，その内容・形式は一定しない。

荷渡指図書はすべて免責証券である。第1・2類型の荷渡指図書は保管者に対する物品引渡請求権を表章し，第3類型のものはその所持人の物品の受領資格を表章している。第1・2類型の荷渡指図書は有価証券であり，第3類型のものは有価証券でないと解するのが多数説である。問題となるのが物権的効力の有無，つまり荷渡指図書の引渡は物品の引渡と同一の効力を有するかという問題であるが，すべてのタイプの荷渡指図書につきその物権的効力を認めないのが通説・判例である。

(2) 譲渡・撤回

荷渡指図書の有価証券性が認められるときは，その流通につき商法519条が適用され，指図式であれば裏書により譲渡しうる（手形12条～14条）。無記名式・選択無記名式のものは単なる証券の引渡しにより譲渡でき，また記名式のものも，裏書禁止文句のない限り，慣習法上の当然の指図証券として裏書により譲渡できる。その裏書には権利移転的効力と資格授与的効力が認められるが，担保的効力は有しない。荷渡指図書の裏書には善意取得（519条，小21条）・抗弁の制限の効果（民472条・473条）が認められる。

第1・2類型の荷渡指図書による荷渡指図の撤回は認められないが，第3類型の場合は，荷渡の依頼の撤回は可能であり，その撤回は荷渡指図書の呈示後であっても，受寄者による引受けまたは受寄物の引渡しのない限り，有効に荷渡しの依頼の撤回ができる（最判昭48・3・29判時705頁113頁）。

【展開講義　45】　倉荷証券の文言性と要因性

(1)　倉荷証券は，倉庫寄託契約の存在を前提とし，寄託物の受取りを原因として発行される証券である（要因証券）。他方，倉荷証券には文言的効力が認められている（627条2項・602条）。証券の要因性と文言性とは，本来矛盾する性質であるため両者がどのような関係にあるかが問題となる。この問題は，とくに寄託物の受取りなしに倉荷証券が発行された場合（いわゆる空券），または倉庫営業者が現実に受け取った受寄物と証券の記載とが相違する場合（いわゆる品違い）について論じられ，見解が分かれている。学説は要因性を重視する要因性説，文言性を重視する文言性説および折衷説に大別できる。主要な学説としては次のようなものがあげられる。

①　要因性説は，空券の場合は原因を欠いたものとして無効であり，品違いの場合は受け取った物品を引き渡せばよく，いずれの場合も証券所持人は倉庫営業者の不法行為責任を追及するほかないとする。古くは，この説が通説であった。しかし，この立場を貫くと，立証の点で倉庫営業者に有利となって証券の流通性が害されることになり，また，流通確保のための規定（602条・572条）になんらの意義を認めない結果となる。

②　文言性説（証券権利説）はいくつかの見解に分けられるが，その代表的なものは，要因性の意味を極端に形式化して，要因性とは証券の文言に原因の記載を要する意味にすぎないと解し，文言性（証券的効力）は証券の流通助長をはかるものであるから善意の所持人に対しては証券外の事実の存否は関係がなく，空券の場合にも品違いの場合にも証券は記載された文言どおりの効力を有し，倉庫営業者はその記載に従った受寄物の引渡義務を免れ得ないとする見解である[1]。この説は，最近では通説とされている。しかし，空券についても絶対的効果を認めることとなり，この立場を徹底すると証券を無因証券（ないし設権証券）とみることになるとの批判がある。

③　折衷説は，2つに分けられる，その1は，空券の場合は要因性から無効としてその救済を不法行為責任にもとめ，品違いの場合は文言性を認めて債務不履

行責任で救済をはかる説である(2)。この説は，あまりにも形式的にすぎ瓦礫でも受け取れば空券でなくなると批判されている。その2は，基本的には，倉荷証券は通常の意味における要因証券であると解しながら，商法602条・572条の規定は，法が証券の善意の所持人保護のため禁反言の原則ないし外観理論を宣言したものと解する説である(3)。

(2) 判例は，一般に，空券の場合は要因性を重視して無効とし，品違いの場合には文言性を認めている(4)。

(1) 小町谷・運送法の理論と実際201頁，田中・商行為252頁，大隅・156頁。
(2) 戸田・前掲873頁。
(3) 西原・321頁，菅原・ジュリ300号221頁。
(4) 平出・525頁，菅原・前掲221頁。倉庫証券の空券について，大判大12・8・2新聞2177号19頁。

【展開講義 46】 不知約款

倉庫営業者が倉荷証券の文言責任を回避するため受寄物を逐一調査した上で倉荷証券を発行しなければならないのであれば，その調査のために保管料の騰貴と事務の渋滞を招く。そこで，通常，倉庫営業者は，文言責任を回避するため，倉荷証券に「受寄物の内容を検査しないときは，その内容と証券に記載した種類，品質または数量との不一致につき，責を負わない」とする不知約款を挿入している。学説は，不知約款につき，商法上免責約款を禁じる規定がなく，商法602条も任意規定であるとの理由から，原則的にその有効性を肯定してきた。ただ，倉庫営業者が受寄物の内容を知らず容易にその内容を知り得ない場合にのみ，不知約款を有効と解するするのが判例（大判昭14・6・30民集18巻729頁）および学説の立場である。近時の判例は，不知約款は，倉荷証券に表示された荷造の方法，受寄物の種類からみて，「内容を検査することが容易でない」か，「荷造を解いて内容を検査することにより受寄物の品質，価格に影響を及ぼすこと（が）一般取引の通念に照らして明らかな場合に限り」，有効と解している（最判昭44・4・15民集23巻4号755頁）。

事項索引

い

異次元説 ………………………… 92
委託者の指図 ……………… 194, 195
委託者の取戻権 ………………… 195
一任勘定取引 …………………… 204
一括表示の原則 ………………… 141
一方的商行為 …………………… 27

う

受戻証券性 ……………………… 249
運送 ……………………………… 30
運送営業 ………………………… 215
運送状 …………………………… 219
運送取扱営業 …………………… 207
運送取扱契約 ……………… 208, 209
運送取扱人 ……………………… 207
運送人 …………………………… 215
　──の「悪意」……………… 226
　──の意義 ………………… 215
　──の契約責任 …………… 227
　──の責任の特別消滅自由 … 224
　──の不法行為責任 ……… 227
運送品の延着損害 ……………… 224
運送品処分権 …………………… 221
運送品引渡請求権 ……………… 219

え

営業 ……………………………… 95
　──に対する侵害 …………… 98
　──の自由 …………… 99, 102
　──の担保化 ……………… 107
　──の賃貸借 ……………… 107
　客観的意義における── …… 96
　主観的意義における── …… 96
営業活動 ………………………… 98
営業所 ……………………… 46, 96
営業譲渡 …………………… 103, 108
　──と競業避止義務 ……… 108
営業的商行為 ……………… 24, 26
営業能力 ………………………… 35
営業避止義務 …………………… 44
営業報告書 ……………………… 72
営利主義 ………………………… 10

か

海外代理店 ……………………… 170
外観主義 ………………………… 11
開業準備行為 …………………… 34
会計帳簿 …………………… 72, 75
介入義務 ………………………… 186
介入権 ……………………… 201, 211
買主の検査・通知義務 ………… 123
隔地者間の申込 ………………… 110
確定期売買 ……………………… 131
割賦購入あっせん ……………… 139
割賦販売 ………………………… 137
割賦販売法 ………………… 137, 138
貨物引換証 ……………………… 221
簡易迅速主義 …………………… 11
勘定式 …………………………… 78
完全商人 ………………………… 26

き

期間収益力 ……………………… 71
企業 ……………………………… 5
　──の維持 …………………… 13
企業会計原則 …………………… 72
危険の分散 ……………………… 13
擬制商人 ………………………… 24

寄託の引受	31	──の消極的効力	157
基本的商行為	24, 33	──の積極的効力	158
休眠会社	87	交互計算期間	156
競業避止義務	44	交互計算不可分の原則	157
供託	123	公示主義	12
供託・競売権	200	公正な会計慣行	71
供託権	124	抗弁の対抗	142
共同支配	43	小商人	26
共同支配人	43	固定資産	78
業務提供誘引販売	148, 152	固定性配列法	78
緊急売却	129	固有の商	5
銀行取引	31	固有の商人	24

く

倉荷営業者の権利	243
倉荷証券	241
──の質入	247
──の性質および効力	248
──の文言性と要因性	252
クーリングオフ	141, 149
クレジット	139

さ

債権的効力	248
債務引受の広告	106
債務履行の場所	121
作業の請負	30
指図証券性	248
指値順守義務	199
指値注文	203
指値売買	199

け

経営委任	107
計算書類規則	78
形式的審査主義	87
競売権	123
契約自由主義	11
結約書	185
厳格責任主義	12
原価主義	80

し

時価主義	80
仕切書	185
資産の部	78
自助売却権	124
下請運送取扱人	213
実質的審査主義	87
支配権	40
支配人	39
──と代表取締役の法的地位	48
──に選任・終任	40
──の意義	40
──の営業避止義務	42
──の介入権	45
──の競業避止義務	42

こ

公益法人	34
高価品	209
──に関する責任	233
──の特則	223
交互計算	155

事項索引　257

──の義務……………………44
──の代利権…………………42
私法人………………………34
資本の部……………………79
資本の結集…………………12
受託契約準則 ……………203
受領拒絶…………………123
準商行為……………………29
準問屋……………………193
場屋営業…………………231
場屋営業者の特別責任 …231
場屋営業者の物品に関する責任 ………232
場屋の取引…………………31
商慣習法……………………21
商業証券……………………28
商業使用人…………………38
──の意義……………………38
──の種類……………………38
商業帳簿………………69, 72
──の作成……………………73
商業登記……………………83
──の効力……………………90
──の消極的公示力…………90
──の積極的公示力…………91
商業登記簿…………………83
証券会社…………………191
証券取引…………………202
証券取引所………………191
商　号………………………53
──の意義……………………53
──の仮登記…………………59
──の譲渡……………………66
──の数………………………56
──の相続……………………67
──の続用…………………106
──の廃止・変更……………67
商行為………………………26
商号記号の効力……………57

商号記号の手続……………57
商号権………………………60
──の性質……………………60
商号自由主義………………54
商号自由に対する例外……55
商号真実主義………………54
商号選定の自由……………55
商号専用権…………………60
商号単一の原則……………56
商事委任…………………114
商事時効…………………121
商事自治法…………………20
商事条約……………………20
商事制定法…………………19
商事代理…………………114
商事特別法令………………20
商事留置権………………119
譲渡人の競業避止義務 …105
商　人………………………23
商人資格の取得時期………34
商人適格……………………33
消費者契約法……………136
消費者保護………………135
消費者保護基本法………136
商品取引所………………145
──の商品仲買人…………191
商　法
──と経済法…………………16
──と証券取引法……………16
──と税法……………………17
──と民法……………………15
──と民事訴訟法・民事執行法・民事保全法…………18
──と労働法…………………16
──の地位……………………14
──の特色……………………9
──の法源……………………18
──の歴史（外国）……………6

──の歴史（日本）……………7
　　　形式的意義における──……4
　　　実質的意義における──……5
商法典 ……………………………4
処分証券性 ……………………250
信託の引受 …………………29, 32
信用販売 ………………………137

せ

絶対的記載事項 ………………85
絶対的商行為 ………………24, 26

そ

倉庫営業 ………………………237
倉庫営業者 ……………………238
　　　──の意義 …………………238
　　　──の義務 …………………240
　　　──の権利 …………………243
　　　──の責任 …………………240
倉庫寄託契約 …………………239
倉庫証券 …………………242, 245
　　　──（倉荷証券）の意義 …245
相次運送 ………………………228
相次運送取扱 …………………213
相次運送人の権利 ……………230
相次運送人の責任 ……………229
創設的記載事項 ………………85
創設的効力 ……………………93
相対的記載事項 ………………85
送付売買 ………………………128
双方的商行為 …………………26
損害賠償額の制限・定型化 …222
損害保険代理店 ………………175

た

貸借対照表 …………………72, 76
代理商 …………………………167
諾否の通知義務 ………………112

多数債務者間の連帯 …………117
段階的交互計算 ………………156
短期消滅事項 …………………225

ち

中間（継）運送取扱人 ………213
中間法人 ………………………34

つ

通運事業 ………………………210
通信販売 …………………147, 150
通知義務 …………………125, 198

て

低価主義 ………………………80
締約代理商 ……………………168
手代 ……………………………49
電話勧誘販売 ……………147, 150

と

問屋 ……………………………191
問屋契約 ………………………193
登記官の審査権 ………………87
投機購買 ……………………27, 28
投機貸借 ………………………29
登記の更正 ……………………88
投機売却 ………………………27
当事者申請主義 ………………87
特定商取引 ……………………145
匿名組合 ………………………160
特殊法人 ………………………34
特約店 …………………………168
特約店契約の解除 ……………177
取次 …………………………32, 192
取引所 …………………………28

な

名板貸 ……………………………… 62
仲 立 ……………………………… 31
仲立営業 ………………………… 181
仲立契約 ………………………… 183
仲立人 …………………… 181, 182
仲立人日記帳 …………………… 185
仲立料 …………………………… 187
成行注文 ………………………… 203

に

荷受人 …………………… 212, 215
　　──の義務 ………………… 218
　　──の権利 ………………… 217
　　──の地位 ………………… 217
荷渡指図書 ……………………… 251

ね

ネガティブ・オプション ……… 147, 151

の

呑み行為 ………………………… 201

は

媒介代理商 ……………………… 168
番 頭 ……………………………… 49

ひ

表見支配人 ……………………… 46
表見番頭手代 …………………… 50

ふ

不可抗力 ………………………… 234
複合運送 ………………………… 230
負債の部 ………………………… 78
附属的商行為 …………………… 26
不知約款 ………………………… 253

事項索引

普通取引約款 …………………… 22
物権的効力 ……………………… 250
物品運送契約 …………………… 216
物品運送人 ……………………………
　　──の義務 ……………… 218, 220
　　──の権利 ……………… 218, 219
　　──の責任 ………………… 222
部分運送取扱 …………………… 213
フランチャイズ ………………… 170

ほ

訪問販売 ………………………… 146
訪問販売法 ……………………… 146
補完的効力 ……………………… 93
保管料支払義務 ………………… 244
保 険 ……………………………… 31
保証債務 ………………………… 121
補助商 ……………………………… 5
補助的商行為 …………………… 26, 33

ま

マルチ商法 ……………………… 148

み

見本保管義務 …………………… 184
民事会社 ………………… 25, 26, 30
民事仲立人 ……………………… 181

む

無 尽 ……………………………… 32
無店舗販売 ……………………… 146

め

免責的記載事項 ………………… 86

も

申込の効力 ……………………… 112
目的物の瑕疵 …………………… 125

目的物の数量不足 …………… *125*	流動性配列法 ……………………*78*
目的物の保管・供託 …………… *128*	利　率 …………………………*119*
文言的（証券的）効力 ………… *248*	

ゆ

有因証券性 ……………………… *249*
有限責任 ………………………… *13*

り

陸上運送営業 …………………… *215*
履行担保義務 …………………… *198*
履行担保責任 …………………… *186*
リボルビング方式 ……………… *138*
流質契約 ………………………… *120*
留置権 …………………… *200, 210*
流動資産 ………………………… *78*

る

類型商 …………………………… *5*

れ

連鎖販売 ………………… *148, 152*
連帯運送 ………………………… *229*

ろ

労働者派遣事業 ………………… *30*
労務の請負 ……………………… *30*
労力の補充 ……………………… *12*
ローン提携販売 ………………… *138*

判例索引

大判明治41年2月17日民録14輯108頁 … 48
大判明治41年7月3日民録14輯820頁 … 187
大判大正6年5月23日民録23輯917頁 … 166
大判大正6年11月14日民録23輯1965頁
　……………………………………… 166
大判大正9年2月30日民録26輯149頁 … 248
大判大正9年4月27日民録26輯606頁 … 48
大決大正10年12月12日民録27輯2113頁 … 88
大判大正12年8月2日新聞2177号19頁
　……………………………………… 253
大判大正13年7月18日民集3巻404頁 … 250
大判大正14年2月10日民集4巻56頁
　………………………………………… 35
大判昭和3年6月13日新聞2864号6頁
　……………………………………… 228
大判昭和5年9月13日新聞3182号14頁
　……………………………………… 222
大判昭和7年2月23日民集11巻153頁 … 251
大判昭和7年3月2日新聞3390号13頁
　…………………………………… 225, 249
大決昭和8年7月31日民録12巻1968頁
　………………………………………… 88
大判昭和10年3月25日民集14巻395頁 … 250
大判昭和11年3月11日民集15巻320頁 … 159
大判昭和11年7月14日新聞4022号7頁
　……………………………………… 133
大判昭和12年11月26日民集16巻1681頁
　…………………………………… 31, 231
大判昭和14年6月30日民集18巻729頁 … 253
大判昭和15年3月12日新聞4556号7頁
　……………………………………… 169
大判昭和15年4月5日新聞4563号13頁 … 88
福岡高判昭和25年3月20日下民集1巻3号
　371頁 ………………………………… 51
最判昭和28年10月9日民集7巻10号1072頁

　……………………………………… 113
最判昭和29年6月22日民集8巻6号1170頁
　………………………………………… 47
最判昭和29年9月10日民集8巻9号1581頁
　……………………………………… 121
東京高判昭和30年2月28日高民集8巻2号
　142頁 ………………………………… 85
最判昭和30年9月9日民集9巻10号1247頁
　………………………………………… 65
最判昭和30年9月27日民集9巻10号1444頁
　………………………………………… 31
最判昭和31年1月31日民集11巻1号161頁
　………………………………………… 63
最判昭和31年7月20日民集10巻8号1022頁
　………………………………………… 21
最判昭和31年10月12日民集10巻10号1260頁
　…………………………………… 193, 194
最判昭和32年2月19日民集11巻2号295頁
　……………………………………… 244
最判昭和32年3月5日民集11巻3号395頁
　………………………………………… 48
最判昭和33年2月21日民集12巻2号282頁
　………………………………………… 63
最判昭和33年5月20日民集12巻7号1042頁
　………………………………………… 48
最判昭和33年6月19日民集12巻10号1575頁
　………………………………………… 35
札幌高判昭和33年11月12日判時174号26頁
　……………………………………… 210
名古屋地判昭和34年9月30日判時208号
　55頁 ………………………………… 205
最判昭和35年4月14日民集14巻5号833頁
　………………………………………… 91
最判昭和35年10月21日民集14巻12号2661頁
　………………………………………… 63

最判昭和35年12月2日民集14巻13号2893頁 ……………………………………… 127

最判昭和36年9月19日民集15巻8号2256頁 ……………………………………… 57

東京地判昭和36年10月20日下民集12巻10号2490頁 …………………………… 188

最判昭和36年12月5日民集15巻11号2652頁 ……………………………………… 64

最判昭和37年5月1日民集16巻5号1031頁 ……………………………… 46, 47

最判昭和37年9月13日民集16巻9号1905頁 ……………………………………… 46

大阪地判昭和37年9月14日下民集13巻9号1878頁 ……………………………… 21

東京高判昭和38年6月29日判タ148号70頁 ……………………………………… 188

京都地判昭和38年7月10日法時35巻11号96頁 ………………………………… 188

最判昭和38年11月5日民集17巻11号1510頁 …………………………………… 228

大森簡判昭和38年11月29日判時371号55頁 …………………………………… 188

最判昭和40年9月22日民集19巻6号1500頁 …………………………………… 108

最判昭和41年6月10日民集20巻5号1029頁 ……………………………………… 65

最判昭和41年12月20日民集20巻10号2106頁 ………………………… 210, 225, 227

最判昭和42年2月9日判時483号60頁 … 63

最判昭和42年4月20日民集21巻3号697頁 ……………………………………… 43

最判昭和42年6月6日判時487号56頁 … 64

東京高判昭和42年6月30日判時491号67頁 ……………………………………… 50

京都地判昭和42年9月5日判時504号79頁 ……………………………………… 188

大阪高判昭和42年9月26日民集23巻7号1273頁 ………………………………… 188

最〔大〕判昭和43年4月24日民集22巻4号1043頁 ……………………………… 117

最判昭和43年6月13日民集22巻6号1171頁 ……………………………………… 64

最判昭和43年7月11日民集22巻7号1462頁 …………………………………… 196

最判昭和43年10月17日民集22巻10号2204頁 …………………………………… 46

最判昭和43年11月1日民集22巻12号2402頁 …………………………………… 92

最判昭和43年12月12日民集22巻13号2943頁 ………………………………… 196

最判昭和43年12月24日民集22巻13号3349頁 ……………………………… 43, 92

京都地判昭和44年3月8日判タ236号149頁 …………………………………… 188

大阪地判昭和44年3月28日判タ239号274頁 …………………………………… 188

最判昭和44年4月15日民集23巻4号755頁 …………………………………… 253

最判昭和44年6月26日民集23巻7号1264頁 …………………………………… 188

最判昭和44年8月29日判時570号49頁 … 132

大阪地判昭和44年8月6日判時591号91頁 …………………………………… 187

最判昭和44年8月29日判時570号49頁 … 132

最判昭和44年10月17日判時575号71頁 … 228

最判昭和45年4月21日判時593号87頁 … 223

最判昭和45年10月22日民集24巻11号1599頁 ………………………………… 189

最判昭和47年1月25日判時662号85頁 … 128

最判昭和47年2月24日民集26巻1号172頁 ……………………………………… 35

最判昭和47年6月15日民集26巻5号984頁 ……………………………………… 94

大阪地判昭和47年11月20日判タ291号346頁 ………………………………… 188

最判昭和48年3月29日判時705号113頁

最判昭和49年3月22日民集28巻2号368頁
……………………………………………92
最判昭和49年10月15日金法744号30頁……195
最判昭和49年11月14日民集28巻8号1605頁
……………………………………………43
最判昭和50年6月27日判時785号100頁……31
最判昭和50年12月26日民集29巻11号1890頁
……………………………………………188
最判昭和51年11月4日民集30巻10号915頁
……………………………………………143
名古屋地判昭和53年11月21日判タ375号
112頁……………………………………165
最判昭和54年5月1日判時931号112頁……48
最判昭和55年9月11日判時983号116頁……94
東京地判昭和57年3月2日判時1054号
153頁……………………………………121
東京高判昭和57年6月29日金商658号17頁
……………………………………………144
高松高判昭和57年9月13日判時1059号81頁
……………………………………………145
東京地判昭和59年3月29日判時1110号13頁
……………………………………………178
最判昭和59年11月16日金法1088号80頁
……………………………………………113

………………………………………………252

最判昭和60年2月21日判時1149号91頁……89
最判昭和62年4月16日判時1248号127頁
……………………………………………94
仙台高判昭和63年2月15日判時1270号93頁
……………………………………………145
最判平成2年2月20日判時1354号76頁
……………………………………………144
東京地判平成2年4月25日判時1368号
123頁，金商860号28頁……………126, 133
京都地判平成3年10月1日判時1413号
102頁……………………………………171
大阪地判平成5年7月7日金商924号28頁
……………………………………………205
大阪高判平成6年12月22日判例未登載
……………………………………………205
最判平成7年11月30日民集49巻9号2972頁
……………………………………………65
東京高判平成9年7月31日判時1624号35頁
……………………………………………178
東京地判平成9年12月1日金商1044号43頁
……………………………………………121
最判平成10年7月14金商1046号3頁……122
最判平成10年12月18日判時1664号3頁
……………………………………………179

判例索引　263

導入対話による 商法講義（総則・商行為法）
〔第2版〕

1999年10月 5 日　第 1 版第 1 刷発行
2001年 6 月15日　第 1 版第 2 刷発行
2003年 4 月15日　第 2 版第 1 刷発行

ⓒ著者　中　島　史　雄
　　　　末　永　敏　和
　　　　西　尾　幸　夫
　　　　伊　勢　田　道　仁
　　　　黒　田　清　彦
　　　　武　知　政　芳

発行　不　磨　書　房
〒113-0033　東京都文京区本郷 6-2-9-302
TEL (03)3813-7199／FAX (03)3813-7104

発売　㈱信　山　社
〒113-0033　東京都文京区本郷 6-2-9-102
TEL (03)3818-1019／FAX (03)3818-0344

制作：編集工房INABA　　　印刷・製本／松澤印刷
2003, Printed in Japan

ISBN4-7972-9084-6 C3332

不磨書房

◆ ファンダメンタル　法学講座 ◆

民　法　〈民法 全5巻 刊行予定〉

1 総則　草野元己(三重大学)／岸上晴志(中京大学)／中山知己(桐蔭横浜大学)　9242-3
　　　　　清原泰司(桃山学院大学)／鹿野菜穂子(立命館大学)　本体 2,800 円 (税別)

2 物権　清原泰司／岸上晴志／中山知己／鹿野菜穂子　9243-1
　　　　　草野元己／鶴井俊吉(駒沢大学)　★近刊

商　法　〈商法 全3巻 刊行予定〉

1 総則・商行為法　9234-2　　　　定価：本体 2,800 円 (税別)
　　今泉邦子(南山大学)／受川環大(国士舘大学)／酒巻俊之(日本大学)／永田均(青森中央学院大学)
　　中村信男(早稲田大学)／増尾均(松商学園短期大学)／松岡啓祐(専修大学)

民事訴訟法　9249-0　　　　定価：本体 2,800 円 (税別)
　　中山幸二(明治大学)／小松良正(国士舘大学)／近藤隆司(白鷗大学)／山本研(国士舘大学)

国　際　法　9257-1　　　　定価：本体 2,800 円 (税別)
　　水上千之(広島大学)／臼杵知史(明治学院大学)／吉井淳(明治学院大学) 編
　　山本良(埼玉大学)／吉田脩(筑波大学)／高村ゆかり(静岡大学)／高田映(東海大学)
　　加藤信行(北海学園大学)／池島大策(同志社女子大学)／熊谷卓(新潟国際情報大学)

～～～～～～～～～～　導入対話　シリーズ　～～～～～～～～～～

導入対話による**民法講義（総則）**【新版】　9070-6　■ 2,900 円 (税別)
導入対話による**民法講義（物権法）**　9212-1　■ 2,900 円 (税別)
導入対話による**民法講義（債権総論）**　9213-X　■ 2,600 円 (税別)
導入対話による**刑法講義（総論）**【第2版】　9083-8　■ 2,800 円 (税別)
導入対話による**刑法講義（各論）**　★近刊　9262-8　予価 2,800 円 (税別)
導入対話による**刑事政策講義**　土井政和ほか　9218-0　予価 2,800 円 (税別)
導入対話による**商法講義**（総則・商行為法）【第2版】　9084-6　■ 2,800 円 (税別)
導入対話による**国 際 法 講 義**　廣部和也・荒木教夫　9216-4　■ 3,200 円 (税別)
導入対話による**医事法講義**　佐藤司ほか　9269-5　■ 2,700 円 (税別)
導入対話による**ジェンダー法学**　浅倉むつ子監修　9268-7　■ 2,400 円 (税別)